F lorian Welle, geboren 1973, studierte Germanistik, Neuere / Neueste Geschichte und Europäische Ethnologie. Anschließend Aufbaustudiengang »Theater-, Film- und Fernsehkritik« an der Bayerischen Theaterakademie August Everding. Promotionsstipendiat des Evangelischen Studienwerks Villigst. Promotion im Fach Germanistik zum Thema »Der irdische Blick durch das Fernrohr. Literarische Wahrnehmungsexperimente vom 17. bis zum 20. Jahrhundert«. Der Autor lebt als Kulturjournalist in München.

edition monacensia
Herausgeber: *Monacensia*
Literaturarchiv und Bibliothek
Dr. Elisabeth Tworek

Florian Welle

»In der Zukunft war ich schon«

Leben für die Literatur. Jürgen Eggebrecht 1898–1982

Mit einem Geleitwort von Harald Eggebrecht

Weitere Informationen über den Verlag und sein Programm unter:
www.allitera.de

Bibliografische Information der Deutschen Nationalbibliothek
Die Deutsche Nationalbibliothek verzeichnet diese Publikation in der
Deutschen Nationalbibliografie;
Detaillierte bibliografische Daten sind im Internet über http://dnb.d-nd.de
abrufbar.

März 2010
Allitera Verlag
Ein Verlag der Buch&media GmbH, München
© 2010 für diese Ausgabe: Landeshauptstadt München / Kulturreferat
Münchner Stadtbibliothek
Monacensia Literaturarchiv und Bibliothek
Leitung: Dr. Elisabeth Tworek
und Buch&media GmbH, München
Umschlaggestaltung: Kay Fretwurst unter Verwendung der Fotografie
»Jürgen Eggebrecht, Berlin 1931« von Julius Gescher
Herstellung: Books on demand GmbH, Norderstedt
Printed in Germany · ISBN 978-3-86906-096-5

Inhalt

»Endlich tiefenscharf« 7
Geleitwort von Harald Eggebrecht

Vorwort 9

Der Lyriker Jürgen Eggebrecht 11

Jürgen Eggebrecht im Dritten Reich 58

Der Rundfunkredakteur Jürgen Eggebrecht 84

Der Schriftsteller Jürgen Eggebrecht 106

Humor und Humanität. Statt eines Nachworts 136

Siglen 140

Anmerkungen 141

Anhang 157
Ausführliche Zeittafel 157
Bibliografie Jürgen Eggebrecht 161
Literaturverzeichnis 168
Quellen 172
Bildnachweis 173
Danksagung 173
Register 174

»Endlich tiefenscharf«

Schier unmöglich ist es für den Sohn, seinen Vater, den er jahrzehntelang aus nächster Nähe erlebt hat, in jene Distanz zu bringen, die es erlaubt, ihn als gleichsam »fremde« historische Persönlichkeit zu sehen jenseits aller familiären Bande. Immer mischen sich in Porträtversuche des Sohnes intime Gefühle, private Anekdoten und die persönlichen Sichtweisen so ein, dass nur ein Bild von Unschärfen entstehen kann. So erscheint mir der Jürgen Eggebrecht auf dem Titelfoto dieser Monografie sehr fern: ein typischer Intellektueller Ende der Zwanzigerjahre. Es wurde 1931 in Berlin aufgenommen, als er noch kein Vater war. Der Jürgen Eggebrecht der späten Münchner Jahre ist mir so nah, dass die vielen Erinnerungen und Details einen objektiven Blick aufs Ganze verstellen. Florian Welle dagegen ist es gelungen, Jürgen Eggebrecht – diesen in meinen Augen hintersinnigen Stegreiferzähler, liebevoll-boshaften, keineswegs perfekten Vater, in seinen Gedichten traumwandlerisch sicheren Poeten und in seinen Prosatexten so knappen, bei allem Assoziationsreichtum präzisen Schriftsteller – in jene Position zu bringen, in der er nun von allen Seiten in seiner literarischen Vielgestaltigkeit, seinem erfahrungsdichten Leben und damit in seiner historischen Bedeutung erkannt und gewichtet werden kann. So lernt der Sohn den Vater als unverwechselbar originellen Charakter, als nicht nur für die Literatur und Literaten dieses Landes, sondern überhaupt als bedeutsame, vielfach vernetzte Persönlichkeit neu kennen. Und Florian Welle entfaltet anhand dieses *homme de lettres* ein spannendes Panorama der Literaturgeschichte des 20. Jahrhunderts von den Zwanzigern bis in die achtziger Jahre. Nichts aber hat den Schriftsteller, Briefschreiber, Dichter und Redakteur Jürgen Eggebrecht so geprägt wie die Erfahrung des Krieges. Das und alles andere daraus zu begreifen, ist Florian Welle und seiner erhellenden, Neugier erregenden Studie mit Bewunderung zu danken.

München, im Januar 2010 *Harald Eggebrecht*

MEINE SCHRITTE WOHIN?

Wo ich bin und was ich werde?
Hier und da und dort hinaus.
Unter mir versinkt die Erde,
das Gewesene wird mein Haus.

Lebt ich nicht in anderen Breiten,
weil mich längst Vergang'nes freut?
Durch den Strudel vieler Zeiten
habe ich mich oft erneut.

Nicht zu sagen, nicht zu denken,
der Verwandlung junger Sohn,
wohin meine Schritte lenken?
In der Zukunft war ich schon.

Schwalbensturz. Gedichte (1956)

Vorwort

Eggebrecht? Was denn, Sie kennen Jürgen Eggebrecht nicht? Aber dann sind Sie ja ein ganz armer Mensch […].« So könnte man in Anlehnung an einen Text von Jürgen Eggebrecht heute auf Mitmenschen reagieren, nachdem diese kopfschüttelnd auf die Frage, ob sie denn den Lyriker, Rundfunkredakteur und Schriftsteller Jürgen Eggebrecht kennen würden, mit Nein geantwortet hätten. Nun, ich kann Sie beruhigen. So geht es vielen. Der gebürtige Altmärker Jürgen Eggebrecht ist heute nur mehr ganz wenigen Literaturbeflissenen ein Begriff. Und auch die neigen dazu, ihn entweder mit seinem Namensvetter, dem 1899 geborenen Journalisten und Schriftsteller Axel Eggebrecht, zu verwechseln oder ihm eine verwandtschaftliche Beziehung mit diesem anzudichten. So geschehen etwa in der 1997 erschienenen Ausgabe »Hans Werner Richter. Briefe«, wo Jürgen Eggebrecht als »Bruder von Axel Eggebrecht« bezeichnet wird. Er ist auch nicht verwandt mit dem bekannten Musikwissenschaftler Hans Heinrich Eggebrecht, der kürzlich wegen seiner NS-Vergangenheit in die Schlagzeilen geraten ist.[1]

Das vorliegende Buch »In der Zukunft war ich schon. Leben für die Literatur. Jürgen Eggebrecht 1898–1982«, das aus Anlass der gleichnamigen Ausstellung in den Räumen des Münchner Literaturarchivs *Monacensia* geschrieben worden ist, möchte diese Wissenslücke schließen. Denn Jürgen Eggebrecht war ohne zu übertreiben eine literarische Zentralfigur, die gute fünfzig Jahre deutscher Literatur miterlebt und mitgestaltet hat. Allerdings tat er dies eher still im Hintergrund – der große Auftritt war seine Sache nicht, weswegen er im stetig lauter werdenden Literaturbetrieb der Bundesrepublik auch zu keiner öffentlichen Figur geworden ist. Die Liste derjenigen, die sich ihm verbunden fühlten, ist trotzdem lang. Und prominent. Walter Jens nannte ihn einen »Mäzen unter lauter Funkgeldverwaltern«, Hermann Kesten verglich ihn mit den »venezianischen Improvisatoren des 18. Jahrhunderts« und Günter Eich lobte seine Lyrik, die »fast mit Hinterlist« ihre »Modernität« verbirgt. Sein Talent zur Freundschaft brachte ihn schon im München der zwanziger Jahre mit Klaus Mann, W. E. Süskind und Ringelnatz zusammen. Wenige Jahre später lernte er in Berlin, wo er bei der Deutschen Verlagsanstalt als Lektor tätig war, Günter Eich

»Erinnerung ist das einzige Paradies,
aus dem wir nicht vertrieben werden können.«

Jean Paul

und Peter Suhrkamp kennen. Sie bleiben ein Leben lang seine Freunde. Während des Krieges war Eggebrecht für das Buchpapierkontingent der Wehrmacht verantwortlich, nach dem Krieg, als er in den fünfziger Jahren die Abteilung »Kulturelles Wort« im NWDR, später NDR, leitete, war er für seine vielen Literatenfreunde, zu denen nun auch Ilse Aichinger und Ingeborg Bachmann zählten, ein wichtiger Ratgeber und Förderer. Ein Hirntumor zwang ihn, 1959 aus dem Funk in Hannover auszuscheiden. Ab den sechziger Jahren lebte Eggebrecht bis zu seinem Tode 1982 in München. Und auch hier nahm er am literarischen Leben teil. Gegen Ende des Lebens wurde er mit dem Bundesverdienstkreuz am Bande ausgezeichnet.

Es gilt also, Jürgen Eggebrecht wiederzuentdecken. Und zwar als Lyriker und Schriftsteller wie als Rundfunkredakteur und Literaturförderer. Das vorliegende Buch nähert sich, zum ersten Mal überhaupt, den vielen Stationen seines bewegten Lebens. Dabei möchte es auch einen ersten Einblick in das Werk liefern. Die Basis für das Buch bildet Eggebrechts umfangreicher Nachlass, der im Frühjahr 2009 von der *Monacensia* erworben werden konnte und eine Fundgrube an Briefen und Dokumenten zur Literaturgeschichte der alten Bundesrepublik ist. Wäre der Verfasser jedem der über 550 Briefwechsel nachgegangen, der Umfang des vorliegenden Buches wäre dreimal so gewichtig geworden. Dies war aber im Rahmen dieser Arbeit, die sich an ein breites Publikum wendet, nicht zu leisten. Ebenso wenig wie Recherchen in anderen Literaturarchiven, die sich nach der Durchsicht des Nachlasses geradezu aufzwingen. Etwa im Deutschen Literaturarchiv in Marbach, wo unter anderem der Nachlass eines der besten Freunde Eggebrechts liegt: Günter Eich. Oder dem NDR-Archiv in Hamburg. Dieses Versäumnis soll in Zukunft nachgeholt werden. Eine große Forschungslücke stellt zudem Eggebrechts Zeit im Oberkommando der Wehrmacht (OKW) in Berlin dar, wo er von 1939 bis 1945 beschäftigt war, von 1942 bis 1945 als derjenige, der über die Vergabe des immer knapper werdenden Papiers im Rahmen des sogenannten Frontbuchhandels entschied. Der bislang kaum untersuchte Frontbuchhandel im Allgemeinen, Eggebrechts Rolle darin im Speziellen, bedürfen der Aufarbeitung. Das Buch konnte nur wenige Aspekte anreißen und den Problemhorizont dieser schwierigen Zeit im Leben Eggebrechts aufscheinen lassen.

Allgemein gilt es festzuhalten: Der Verfasser hat nach Beendigung der Arbeit das Gefühl, dass die Beschäftigung mit Eggebrechts facettenreichem Leben erst jetzt richtig losgehen sollte.

München, im März 2010 *Florian Welle*

Der Lyriker Jürgen Eggebrecht

Das Schloss vor Deinem Mund soll sich öffnen
Georg von der Vring an Jürgen Eggebrecht im März 1959

Die jetzige Jugend hat [...] eine abgekürzte Pubertät«,[2] schreibt Stefan Zweig 1927 in seiner Einleitung zu der von Willi R. Fehse und Klaus Mann herausgegebenen »Anthologie jüngster Lyrik«. Jürgen Eggebrecht veröffentlicht darin seine ersten vier Gedichte: »Der Leuchtturmwärter«, »Auf der Wanderschaft«, »Atem, ein Hauch nur, streift« und »Christus der Jüngling«. Mehr noch als für die anderen achtzehn Jungdichter, die der Band versammelt, trifft das Wort von der »abgekürzten Pubertät« auf Eggebrecht zu. Denn er ist gute acht bis zehn Jahre älter als die meisten der hier Versammelten; etwa sein späterer Freund Günter Eich, der unter dem Pseudonym Erich Günter sein literarisches Debüt gibt. Dieser ist Jahrgang 1907, andere Beiträger wie Martin Raschke sind Jahrgang 1905, und der Herausgeber Willi R. Fehse ist Jahrgang 1906. Eggebrecht hingegen ist noch ein Kind des ausgehenden 19. Jahrhunderts.

Jürgen Eggebrecht als Baby, um 1899

Jürgen Eggebrecht kommt am 17. November 1898 in Baben in der Altmark als zweites Kind von Alwine Eggebrecht, geborene Rademacher, und dem evangelischen Pfarrer Gottfried Eggebrecht zur Welt. Das bedeutet: Eggebrecht gehört der Frontgeneration an, er nimmt also als Soldat am Ersten Weltkrieg teil. Als er kurz vor seinem achtzehnten Geburtstag zur Fußartillerie eingezogen wird, ist sein vier Jahre älterer Bruder Gottfried bereits eineinhalb Jahre tot. Eggebrecht selbst hat mehr Glück. Er überlebt 1917 einen Bauchschuss. Seine Freunde, die oben erwähnten Eich und Raschke, werden den Krieg hingegen erst noch kennenlernen. Und Raschke wird ihn nicht überleben. Er fällt 1943 in Russland.

Die Eltern, Gottfried und Alwine Eggebrecht, als Brautpaar 1886

Die Kriegserfahrung prägt Leben und Werk von Eggebrecht. Mit dem Ausbruch des Ersten Weltkriegs endet schlagartig seine Kindheit und Jugend. Es ist kein Zufall, dass sein einziger Roman, die Kindheitserinnerungen »Vaters Haus« (1971), mit dem Juli 1914 schließt. Doch dazu im Kapitel über den »Schriftsteller Eggebrecht« mehr. Dass die Lyrik Eggebrechts (wie später die Prosa) immer wieder zurückkehrt in die Altmark, in den Kreis

Jürgen Eggebrecht als Soldat, 1917

Brief des vierzehnjährigen Jürgen an seinen Vater, Pastor Eggebrecht, 1912

Visitenkarte des Gefreiten Jürgen Eggebrecht

Stendal, in den Geburtsort Baben und hier in das Pfarrhaus seines Vaters, hat eben mit dem Krieg zu tun, der eine normal verlaufende Sozialisation abrupt kappt.

Am Ende der besagten »Anthologie« konnte jeder, der wollte, Biografisches beitragen. Eggebrecht macht das von allen Beteiligten am ausführlichsten. Geburtsort und -datum lässt er weg, dafür schreibt er: »Engelsstille Kindheit. Ich sehe ein breitgelagertes Haus mit vielen Türen, einen Garten, der des Blühens nicht müde wird. Jemand erzählt und langsam summend erlischt die Stimme. Später lockt mich die Freiheit. Ich bestehe heldische Abenteuer zwischen dunkelnden Föhren und alsbald empfängt mich eine alte überfunkelte Stadt. Der eklige Lehrer! [...]. Der Krieg verändert manches. Aus ihm komme ich [...].«

Statt in der Natur umherzustreifen oder in der Schule zu pauken, findet sich der Achtzehnjährige im Schützengraben wieder – man kann sich ihn, der von kleiner, leicht untersetzter, so gar nicht athletischer Statur ist, dort nur schwerlich vorstellen.[3] Die anfängliche Kriegseuphorie innerhalb der jungen Generation ist da schon weggebombt. Noten gibt es keine mehr, dafür Verwundungen. Gemeinsame Zeit mit Freunden hat man nicht mehr, dafür brechen jetzt Kameraden neben einem tot zusammen. Am 17. August 1918 bekommt Eggebrecht im Königlichen Gymnasium zu Salzwedel doch noch sein »Zeugnis der Reife« überreicht. Oben drüber hat die Königliche Prüfungskommission mit Hand hinzugefügt: »Kriegsprüfung«. Nicht mehr lange, und es ist vorbei mit Königlichen Gymnasien und Kommissionen. Ist es vorbei mit der Monarchie. Aber eben auch mit dem Krieg.

Die Lyrik Eggebrechts ist von Beginn an in Versen gegossene Erinnerungsarbeit. Die zahlreichen Städte-, Natur- und Tierbeschreibungen, die seine Gedichte nach 1945 bis zur schweren Erkrankung 1957/58 kennzeichnen und die sich zu einer, seiner, Landschaft des Gedächtnisses weiten, haben im Ersten Weltkrieg ihren Ursprung. Erst nach 1957 finden sich in der Lyrik auch neue Themen. Allen voran dasjenige der Sprache selbst. Eine direkte Folge des Gehirntumors, den man ihm Ende 1958 in Hamburg erfolgreich entfernt und der zuvor einen fortschreitenden Verlust des Sprechvermögens bewirkte. Erst im Krankenhaus und später dann auf stundenlangen Spaziergängen mit seinem Freund Georg Schneider durch den Englischen Garten in München lernt Eggebrecht mühsam wieder zu sprechen.

Familie Eggebrecht in Baben, Juli 1906

Geburtshaus, um 1900

Krankenakte. Befund: Bauchschuss durch Granate, 1917

Zeugnis der Reife, August 1918

Doch so weit sind wir noch nicht. 1927 publiziert er also seine ersten Gedichte in einer Anthologie, die 1933 der Bücherverbrennung der Nazis zum Opfer fallen wird. Möglich gemacht wurde die Veröffentlichung durch das Engagement von Klaus Mann und Willi Fehse. Sie verschaffen bis dato noch unbekannten Dichtern zum ersten Mal Gehör. Initiator für das lyrische Unternehmen war der junge Erzähler Fehse, ein gebürtiger Altmärker wie Eggebrecht. Er rief 1926 in der *Literarischen Welt* dazu auf, Gedichte für eine Anthologie einzusenden. Er erhielt achttausend.[4] Für ihre Auswahl ist Fehse verantwortlich. »Mit den Manuskripten hatte ich nichts zu tun«, erinnert sich Klaus Mann später. »Ich habe lediglich verschiedene unschöne Sachen abgewiesen, die Fehse nehmen wollte, und ihm verschiedene anständige Sachen zugeführt«.[5] So machte Mann unter anderem auf seinen Freund W. E. Süskind aufmerksam, den er bereits seit 1920/21 kannte, und stellte den Kontakt zu Stefan Zweig her.[6]

Wie schon Stefan Zweig in der Einleitung,[7] so hebt auch Klaus Mann in seinem Nachwort hervor, dass es eine schlechte Zeit für Gedichte sei. Die Gründe liefert er gleich mit. Sie liegen im radikalen Wandel der soziokulturellen Verhältnisse zur Zeit der Weimarer Republik. Das, was die Geschichtswissenschaft später mit dem Terminus der »Krisenjahre der Klassischen Moderne« belegen wird,[8] liest sich bei Mann folgendermaßen: »Wir glauben eingesehen zu haben, dass die Entscheidungen dieser Zeitwende sich nicht hauptsächlich im Geistig-Literarischen abspielten, sondern im Technischen und Sozialen. Wir verstehen, wenn die privat-lyrischen Ergüsse irgendeines suchenden, irrenden ›Ich‹ manch einem nebensächlich, ja, verächtlich scheinen.«[9]

In der Geste des Suchens liegt neben ihrer Jugend die Gemeinsamkeit der Dichter begründet, von denen Eggebrecht bereits einer der älteren ist. Neben den Erwähnten sind in der Anthologie vertreten: Erika Mitterer, Wolfgang Hellmert, Herbert Schlüter, um nur ein paar Namen zu nennen. Noch einmal Klaus Mann: »[...] verbindend ist auch die Richtungslosigkeit, wir sind eine Generation, und sei es, dass uns nur unsere Verwirrtheit vereine«.[10] Eggebrechts Gedichte geben diese Suchbewegung wieder. Das zweite heißt programmatisch »Auf der Wanderschaft«, ein Herbstgedicht, in dem sich das lyrische Ich den Frühling »vorträumt«: »Und das Leben singt an meinem Ohr / altes Lied, dem es verwundert lauscht«.[11] Hier, wie in den anderen Gedichten auch, vor allem in »Atem, ein Hauch nur, streift« (»Atem streifst du

Klaus Mann als junger Mann

Laienbund deutscher Mimiker in München 1921
Reihe oben von links nach rechts: Klaus Mann, W. E. Süskind, Karl Geffcken, Richard Hallgarten
Reihe unten von links nach rechts: Monika Mann, Lisbet Geffcken, Rudolf Morat, Erika Mann, Golo Mann

wieder meine Wange/dunkler Sehnsucht voll, in blauer Nacht«),[12] steht noch deutlich Matthias Claudius und die romantische Lyrik Pate.[13] Trotzdem schwingt ein Gestus in ihm mit, der bereits auf den späteren Eggebrecht vorausweist. Auch wenn dieser rund fünfzig Jahre später – man ist geneigt zu sagen: verständlicherweise – nichts mehr mit diesen Gedichten anzufangen weiß: »Die vier Gedichte sind absolut schlecht. Man schämt sich im Nachhinein und muß es doch gelten lassen.«[14]

Der Gestus besagt: Leben bedeutet unaufhaltsam voranschreitende Zeit. Vergangenheit ist mithin nur durch Erinnerung einholbar, ein ganz und gar persönlicher Vorgang. Bei Eggebrecht rückt er immer in die Nähe des nächtlichen Traumgeschehens: »Bäuerinnen in der bunten Tracht/früher Mütter schritten braune Wege/Rieseln eines Traums! Ich sah sie schreiten/aus den Dörfern meiner Heimat in die Weiten;/sah sie kommen und im Nichts vergehen.«[15]

Und noch etwas ist wichtig: Gerade weil jeder Moment unwiederbringbar ist, ist das Leben eine rätselhafte Kostbarkeit, der man nur »verwundert lauschen« kann. Die Zartheit echter Traurigkeit besitzen alle Gedichte Eggebrechts. Die frühen sind noch ganz unverblümt religiös aufgeladen. Ein Erbe des Vaters, des evangelischen Pfarrers? Da ist der Leuchtturmwächter »unter den Sternen Gott in Ewigkeit verbündet«;[16] da »spricht« Christus »wie der Götter tiefe Harmonien: Frieden, Frieden [...].«[17] Die ganz offene Durchdringung der Gedichte mit christlicher Religion und Frömmigkeit wird sich nach 1945 mehr und mehr verlieren. Bleiben wird aber Eggebrechts grundsätzlich positive Sicht auf das Leben, sein Gefühl, von jemandem/von etwas gehalten zu werden. Und das trotz aller Grausamkeiten, zu denen der Mensch fähig ist, und die der Dichter in seinem Leben zur Genüge kennenlernt. Immer schimmert Transzendentes durch die Gedichte. Ein Satz aus späten Jahren, geschrieben an Hans-Josef Mundt, der für den Kurt Desch Verlag gerade sein Prosabuch »Vaters Haus« herausgebracht hatte, mag als Beispiel für seine Lebenseinstellung stehen. Eggebrecht führt eine vita activa. »Du weißt, ich liebe Witz und Humor in der unauffälligen Art«, schreibt er im September 1971 und fährt fort: »Ich sehe mich darin einig offenbar mit [...] Euch Menschen, die mir behagen und die nicht der Meinung sind, das menschliche Leben sei eine Zumutung. Wenn man es richtig anfasst, ist es ganz etwas anderes, nämlich eine Aufgabe innerhalb der Gesellschaft.«[18]

Lehr- und Wanderjahre München (1926 / 27)

Freilich zeigen die Gedichte auch einen Debütanten, dem vieles noch nicht gelingt. Form und Inhalt etwa ergeben häufig noch keine Einheit. Das zitierte Gedicht »Atem, ein Hauch nur, streift«, mag hierfür exemplarisch stehen. Eggebrecht ist sicherlich kein Frühvollendeter. Es existieren auch keine Gedichte aus seiner Schulzeit und aus dem Krieg. Die ersten Gedichte, die sich im Nachlass finden lassen, stammen von 1926. Eines von ihnen heißt »Einkehr«, ein ebenso einfaches wie frommes Nachtlied. Die erste Strophe: »In der Ferne schläft die Welt/Mond und Sterne kommen/Überreich vom Himmel fällt/jetzt das Glück der Frommen.«[19]

Und doch hat Eggebrecht schon als Jugendlicher stets Lyrik gelesen, sich mit ihr beschäftigt und umgeben; und sich sicherlich an dem einen oder anderen Vers, an dem einen oder anderen Gedicht versucht. Es gibt ein kurzes Feuilleton, das Eggebrecht 1952 – da arbeitet er schon längst in der Abteilung »Kulturelles Wort« des NWDR in Hannover – in der *Eßlinger Zeitung* unter dem Titel »Du und das Gedicht« veröffentlicht. Darin sinniert er, was das Gedicht für eine Bedeutung in der Welt und für die Welt besitzt. Im Nachlass findet sich zu dem Zeitungstext das passende Typoskript. Dort gibt es am Ende eine autobiografische Passage,

Der Verleger Reinhard Piper, ca. 1952

die in der Zeitung aus welchen Gründen auch immer fehlt. Sie handelt vom Krieg und welche lebensnotwendige Kraft Gedichte für den Soldaten Eggebrecht besaßen. »Solange wir jung sind«, heißt es da, »und noch in den Ausbildungsjahren, lesen und lernen wir sogar Lyrik. Später wird sie zur Erinnerung und durchnebelt mit ihren Reimen gern das Ungereimte unserer früheren Lebensepochen. Es gab freilich Zeiten, Kriegszeiten, in denen zu vermuten stand, dass wir schon im nächsten Augenblick tot sein würden. Wenn uns dann ein Vers einfiel, irgendein Vers – und er ist uns eingefallen – dann hatte er etwas von der Wirkung eines reinen Elements und wir begriffen die in ihm gesammelte Kraft menschlicher, zeitüberwindender Natur. Das Gedicht brennt die Angst fort […].«[20] Es ist wohl, neben der großen Liebe zur Literatur, dieser unerschütterliche Glaube an ihre rettende Macht, die Eggebrecht 1926 ein halbjähriges Volontariat bei Reinhard Piper in München beginnen lässt.

Hat er doch zuvor fünf Jahre lang – in Greifswald zunächst, dann in Innsbruck und in Würzburg – Rechtswissenschaften studiert und wurde hierin schließlich auch promoviert. Doch Berufung scheint ihm die Juristerei niemals gewesen zu sein. Noch jemand anderes als Piper bindet ihn freilich an München: Elfi Stiehr aus Freising. Mit ihr verlobt er sich im Januar 1925.[21]

Die damals zwanzigjährige Elfi ist eine Tochter aus gutbürgerlichem Hause, ebenso wie Erika Mann besucht sie das Luisengymnasium in München. Anfang der zwanziger Jahre lässt sie sich an der »Staatlichen Akademie der Tonkunst« zur Pianistin ausbilden. Ihr Vater Dr. phil. Gustav Stiehr ist Chemiker und Regierungsrat, der 1905/06 eine Stelle in der »Bayerischen Landesanstalt für Pflanzenbau und Pflanzenschutz« antrat und später »Dr. Stiehrs Kalkprüfer« erfand – ein Gerät zur Messung des Kalkgehaltes des Bodens. Aus diesem Grund siedelte die Familie 1905 nach München über, wo sie eine Wohnung in der Ungererstraße Nummer 30 mietet. In ihr wird Eggebrecht mit Elfi dann ab 1960 bis zu seinem Tode 1982 wohnen.[22] Bis es jedoch so weit ist, werden seine Schwiegereltern immer wieder Anlaufstelle für das junge Paar sein, das sich am 30. August 1928 schließlich das Ja-Wort in der Münchner Erlöserkirche gibt. Pastor Gottfried Eggebrecht, Jürgens Vater, vollzieht die Trauung. Ihr erster von insgesamt drei Söhnen, Arne, der später jahrzehntelang das »Roemer- und Pelizaeus-Museum« in Hildesheim leiten wird, kommt im März 1935 in München zur Welt.[23]

Jürgen und Elfi nehmen ein Bad auf ihrer Hochzeitsreise.
Herrenchiemsee, September 1928

Das junge Paar in Warberg, um 1928

Das heißt aber auch: Eggebrecht scheint sich Anfang der zwanziger Jahre nicht nur an seinen Studienorten aufgehalten zu haben, sondern hat sich auch im Münchner Künstlerviertel Schwabing herumgetrieben. Ein Lebensabschnitt des Autors, der sich nur über die wenigen Andeutungen rekonstruieren lässt, die er in den sechziger und siebziger Jahren in dem einen oder anderen Brief, vor allem aber in den verschiedenen Funk- und Zeitungsbeiträgen äußert. Einer von ihnen heißt »Stürmisch die Nacht ... Joachim Ringelnatz zum 30. Todestag am 17. November«.²⁴

Elfi Eggebrecht mit ihrem Sohn Arne an dessen Hochzeit in München 1966

Darin schildert Eggebrecht, wie er Ringelnatz kennengelernt hat und wie er ihn schließlich 1934 zu Grabe trägt. Für uns ist an dieser Stelle nur der Beginn ihrer Freundschaft von Interesse, eine typische Ringelnatz-Geschichte: »Als ich ihn zum ersten Male erlebte, Anfang der zwanziger Jahre, wohnte ich in einem Bücherhaufen, einer Pyramide aus Büchern, mit für Fremde verborgenen Möglichkeiten, darin zu schlafen. Es war in der Kaulbachstraße bei Rolf von Hörschelmann, dem Zeichner [...] und er wie ich – ich damals auf der Durchreise ins Semester nach Innsbruck – kamen in der raffiniert gebauten Bibliothek in verschiedenen Etagen unter [...]. Als wir spät am Nachmittag frühstückten, schellte die Hausglocke lärmend herein. Vor der Tür stand Ringelnatz. Er war selig! Und wir legten uns zu dritt auf den Boden, um auszuprobieren, wie es wohl wäre, wenn wir im Grabe lägen.«²⁵

Wie seine frühe Bekanntschaft mit Ringelnatz zeigt, findet Eggebrecht nicht erst über sein Volontariat bei Piper Eingang in die leuchtende Münchner Literaturszene.²⁶ Aber freilich hilft ihm dann diese Stelle, weitere Literaten, Maler, Bohemiens kennenzulernen und zum Teil lebenslange Freundschaften zu schließen. Vor allem die rauschenden Faschingsfeste sind Orte, an denen sich die Künstler treffen, um ausgelassen zu feiern. Und Eggebrecht ebenso mittendrin wie Freund Ringelnatz. Es gibt von Eggebrecht eine Funksendung von 1956, in der er unter der Überschrift »Die Verwandlung« ein wunderbares Erlebnis mit dem Fasching feiernden Dichterschalk zum Besten gibt. Asta Nielsen, die Filmdiva, spielt darin eine zentrale Rolle: »Da wurden belegte Brote gebracht, eine ganze Schüssel voll kam auf den runden Tisch, an dem sie zu sechsen auf Hockern saßen, Freunde, beschwingte Naturen, Künstler. Und jetzt hielt es ihn nicht mehr: er fuhr in die Höhe, nahm eine Semmel mit Leberwurst und warf sie aus lauter

Joachim Ringelnatz, 1928

Ringelnatz bei einem Vortrag Ende der zwanziger Jahre

Autogrammkarte der Schauspielerin Asta Nielsen

Lebendigkeit an die Decke, die frisch gestrichene […]. Was ein Jammer: die beschmierte Seite […] da hing sie und kleckste sich richtig in den Plafond, und dann fiel sie herab. Ja, aber kein Unglück! Das Nussknackergesicht, die Nase und das vorspringende Kinn wandten sich seiner Nachbarin zur Rechten zu. Er lieh sich ihren Lippenstift, und als wollte er an solchem Faschingsabend die Treue nicht bis auf die Spitze treiben, sprang er – hoppla – auf den Tisch, ein Klabautermann in einem Mastkörbchen, so dass sein Leichtmatrosenkragen im Winde flog. Oh du Großgütiger! Er malte ein rotes Herz um den Fleck und schrieb daneben, als wären es Anfang und Ende eines Gedichts: ›Asta‹. Und Asta, Asta Nielsen […] strahlte und verzieh dem Schlingel […].«[27]

Und in der bereits zitierten Erinnerung an Ringelnatz »Stürmisch die Nacht« werden natürlich auch diese Faschingsfeste erwähnt: »Ich sah ihn [Ringelnatz, FW] in würdigem Gespräch mit Thomas Mann, der eine weiße Chrysantheme im Knopfloch seines Fracks trug, auf einem Ball in den Münchner *Vier Jahreszeiten* beim Fest der ›Argonauten‹, mit Penzoldt und Heimeran […].«[28] Ja, aus dieser Zeit rührt auch Eggebrechts Bekanntschaft mit den Initiatoren der literarischen Gesellschaft »Die Argonauten«, mit Ernst Heimeran, dem Verleger, und vor allem mit der so heiter-verzweifelten Doppelbegabung Ernst Penzoldt, dem Zeichner, Maler, Buchillustrator und Dichter des »Armen Chatterton« (1928) und dann der »Powenzbande« (1930).[29] Über ihn, den innig verbundenen Freund bis zu dessen Tode 1955, wird Eggebrecht später, in »Ernst Penzoldt, der Zeichner«, einen seiner schönsten Texte schreiben. »Anmut zeichnete ihn aus, Flügel schienen ihm an den Schultern gewachsen. Zarter war er, verletzlicher auch als wir anderen nicht entfernt so Begabten.« Mit diesen einfühlsamen Worten charakterisiert er den Freund aus frühen Tagen.[30]

So beginnt Eggebrecht sich bereits in jungen Jahren ein literarisches Netzwerk aufzubauen, das sich von nun an stetig erweitern wird. Es wird ihm nach 1945 nicht nur helfen, wieder Fuß im kulturellen Leben der jungen Bundesrepublik zu fassen. Sondern es ermöglicht ihm auch, in seiner Funktion als Abteilungsleiter im Funkhaus Hannover als Förderer sehr vieler Schriftstellerfreunde zu wirken und als »Drahtzieher« Sendereihen anzustoßen, die ohne die zahlreichen Kontakte undenkbar gewesen wären.[31] Schließlich hilft es ihm nach seinem krankheitsbedingten

Ausscheiden aus dem Funk 1959 und seinem Umzug nach München, weiterhin für den Funk zu arbeiten, in Zeitungen und Verlagen zu publizieren, seien es Gedichte, seien es Erzählungen, oder Erinnerungen an verstorbene Freunde wie Ringelnatz, Raschke, Penzoldt.

1925 / 26 ist Eggebrecht bei W. E. Süskind zu einem Faschingsfest – einem Faschingsfest! – eingeladen.[32] Seine Verlobte Elfi kannte den damals 24jährigen Literaten, mittlerweile einer der besten Freunde von Erika und Klaus Mann, noch aus der Schulzeit. Sie spielte mit ihm vierhändig, wie wir aus einem Brief Eggebrechts an den Archivar, Literaturwissenschaftler und Klaus Mann-Experten Klaus Täubert erfahren.[33] Dieser fragte Mitte der siebziger Jahre, gerade mit der Arbeit an der Klaus-Mann-Schriftenreihe beschäftigt,[34] bei Eggebrecht an, ob er ihm etwas über seine Freundschaft mit Süskind erzählen könne. Eggebrecht macht das gerne, schildert Täubert den jungen Süskind: »Als ich ihn kennenlernte, sprach er voller Geist, geschwind und heiter. Ein ›Luftikus‹ würde ich sagen, wenn nicht sein Einfallsreichtum so groß und ernsthaft gewesen wäre. Er war, was ich noch nie gesehen hatte, ein Literat, ein höchst kritischer Mensch.«[35] Über W. E. Süskind lernt Eggebrecht auf besagtem Faschingsfest auch Klaus Mann kennen.[36] Und über diesen Kontakt findet Eggebrecht dann Eingang in die »Anthologie jüngster Lyrik«. Der andere Herausgeber, Willi Fehse, lebt zu der Zeit ja in Magdeburg. Eggebrecht muss Fehse persönlich erst Jahre später kennengelernt haben.

Ernst Penzoldt, Ende der vierziger Jahre

Auch auf dem Faschingsfest anwesend ist der Dresdner Martin Raschke. Ihn kannte Eggebrecht bereits aus dessen »Studienzeit in München«.[37] Raschke wird ja dann ebenfalls in der »Anthologie« vertreten sein. Wohl auch auf Empfehlung Klaus Manns – bereits im Dezember 1926 hatte dieser sich in einer Sammelrezension in der *Neuen Schweizer Rundschau* (neben Raschke schreibt Mann über Erich Ebermayer und W. E. Süskind) begeistert geäußert: »Seine Rede ist steil, dithyrambisch und von leidenschaftlichem Aufwand, das läßt das, was er sagt, oft unreif erscheinen. Aber sein geistiger Ernst, die Intensität seines Glaubens sind ebenso stark und glühend nach innen als nach außen hin seine kindliche, schamlos-rührende Prophetengebärde.«[38]

Wenige Jahre später in Berlin wird Raschke wieder eine Rolle im Leben Eggebrechts einnehmen. Dieser gibt von 1929–1932 gemeinsam mit Adolf Artur Kunert die in Dresden beheimatete, monatlich erscheinende Literaturzeitschrift *Die Kolonne. Zei-*

tung der jungen Gruppe Dresden heraus (ab Nr. 9, 1930 *Zeitschrift für Dichtung*). Diese wendet sich programmatisch vom turbulenten Zeitgeschehen ab, druckt Barockdichter wie den Hamburger Ratsherren und Physikotheologen Barthold Heinrich Brockes und flüchtet sich in ihren lyrischen Originalbeiträgen in die magisch-realistische Beschreibung der Natur. Beiträger der *Kolonne* sind unter anderem Günter Eich, Peter Huchel, Hermann Kasack, Oda Schaefer und Horst Lange. Über Raschke lernt Eggebrecht zu dieser Zeit Günter Eich kennen, der einer seiner besten Freunde werden sollte.[39] Eggebrecht selbst partizipiert an der *Kolonne* nicht als Dichter, sondern gelegentlich als Kritiker – eine Tätigkeit, die noch weiterer Aufarbeitung harrt.[40] Jahrzehnte später, in seiner »Erinnerung« an Eich ein Jahr nach dessen Tod im Dezember 1972, schreibt Eggebrecht über die *Kolonne*-Zeit im Ton tiefster Selbstverständlichkeit: »Wir publizierten beide in der *Kolonne. Die Kolonne?* Aber das weiß man ja.«[41] Heute weiß man es nicht mehr.

Lehr- und Wanderjahre Paris (1927)

1927 folgt Eggebrecht seiner Verlobten nach Paris. Elfi ist als Stipendiatin in die französische Hauptstadt gezogen, um am Conservatoire bei dem berühmten Pianisten und Musikpädagogen Isidore Philipp Klavier zu studieren. Gemeinsam wohnen sie im Quartier Latin. Viel mehr wissen wir über diesen Aufenthalt nicht. Im Nachlass gibt es eine Mappe mit Fragmenten, die alle in das Umfeld von Eggebrechts Prosaroman »Vaters Haus« gehören (vgl. Kapitel 4). In ihr finden sich auch diverse Einzelblätter. [Zu welchen Erzählungen oder »Vaters-Haus«-Kapiteln sie gehören, ist weiteren Untersuchungen vorbehalten.] Zieht man eine mögliche literarische Verfremdung, auch Überhöhung ab, so vermittelt uns eines dieser Einzelblätter zumindest einen Eindruck von dem stilechten Boheme-Leben, das der Junglyriker und seine Angebetete hier führen. Paris est une fête. Das wusste schon Hemingway. Elfi, so erzählt sie es später den Söhnen, stillt ihren Hunger mit Zigaretten.

Eggebrecht schildert in seinem Text einen typischen Tagesablauf von jemandem, der im 6. Arrondissement in der Nähe des Jardin du Luxembourg wohnt, in einem Hotel, das wie die kleine Gasse heißt, in der es sich befindet: Royer Collard. Auch sein eigenes Zimmer, seine eigenen Essgewohnheiten könnten so aus-

Lesung Heinrich Manns an der Sorbonne, 2. Dezember 1927

gesehen haben: »In meinem hohen schmalen Zimmer briet ich mir 2 Spiegeleier mit frischen Brioches. Mittag- oder Abendbrot kosteten damals beiläufig 6 Franken, die wir nicht leicht hatten. Wir hungerten, und wie es der Zufall wollte, wuchs die Begierde nach immer neuen Leuten, von denen nicht anzunehmen war, dass sie mehr Geld als wir selbst hatten. Das ›Mehr‹ machte es, immer ›mehr‹, obwohl man mit dem einen und dem anderen eine Weile umging und sie allmählich vergaß.«[42] Dann endet dieses Paris-Blatt. Sicher ist, dass das Paar vielen kulturellen Veranstaltungen beiwohnte. Gemeinsam besucht man etwa einen Auftritt des Schauspielers und Chansonsängers Maurice Chevalier. Und eine erhaltene Einladung informiert uns von einer Lesung Heinrich Manns.

Wie wir aus dem bereits zitierten Brief Eggebrechts an Täubert erfahren, kommt ihn in der Seine-Metropole auch W. E. Süskind besuchen.[43] Direkten Niederschlag findet dessen Aufenthalt in einem Gedicht, das Süskind gewidmet ist und das gemeinsam mit sieben weiteren Gedichten 1928 in Otto Heuscheles Anthologie »Junge deutsche Lyrik« publiziert wird – Eggebrechts zweiter Veröffentlichungsort in kurzer Zeit. Es heißt: »In Paris (für W. E. Süskind)«. Auch Süskind selbst ist in der Anthologie wieder vertreten, genauso wie Herbert Schlüter, dem Eggebrecht

Herbert Schlüter als junger Mann, 1928

Herbert Schlüter im Jahre 2002, gemeinsam mit Harald Eggebrecht

Georg von der Vring, 1928

W. E. Süskind, 1928

wenige Jahre später in Berlin persönlich begegnet. Richtig kennenlernen wird er den guten Freund von Klaus Mann, der 1933 nach Paris, schließlich nach Mallorca, Madrid und Florenz ins Exil flüchtete, aber erst in den sechziger Jahren. Schlüter ist 1947 nach Deutschland zurückgekehrt, nach München gegangen, wo er sich als Übersetzer einen großen Namen macht. Zu Schlüters 70. Geburtstag schreibt Eggebrecht: »Dich, lieber Herbert, zu feiern, ist auch für mich ein Fest! Wir haben uns durch unseren gemeinsamen Freund Georg Schneider erst in München näher kennengelernt und hätten es doch viel früher in Berlin schon gekonnt. Hast fünf Bücher der redlichsten und zauberhaftesten Provenienz geschrieben, darunter eines im Transmareverlag, das ich im Jahre 1932 in Berlin zu lektorieren hatte [...]. Mit Deinen Freunden, mit Wolfgang Hellmert und Klaus Mann bist Du der Dritte, der zum literarischen Leben geboren ist, wie ich keinen sonst kenne!«[44] Schlüter stirbt 97jährig in München.

Zudem ist in Heuscheles Anthologie diesmal Eggebrechts Freund Ernst Penzoldt mit einem Gedicht vertreten. Und Georg von der Vring. Auch den 1889 in Brake geborenen Lyriker wird Eggebrecht wenig später, in Stuttgart, kennenlernen und schließlich mit ihm bis zu dessen Freitod in der Münchner Isar 1968 zahlreiche Briefe wechseln.[45]

»In Paris (für W. E. Süskind)« ist ebenso ein Nacht- wie ein Großstadtgedicht. Sein Thema ist die Einsamkeit. Zunächst ertönen Kirchenglocken – »Der Klöppel schlägt an/Und ein Dröhnen geht um,/Es feiern die Glocken mit tiefem Gebrumm«. Anschließend werden wir aufgefordert – »Und höre!« – zwei Vögeln zu lauschen. Dann kehrt Stille ein. Die Beschwörung des auditiven Sinnes ist im wahrsten Sinne des Wortes verklungen. Das Auge fordert sein Recht: »Was rührt es dich an,/Daß ein fremder Mann/Vorübergeht in andere Tage?/Er ist allein wie du/[...]/Und auch er glaubt,/Daß niemand ihn kennt [...]/Was rührt es dich an?«[46]

Insgesamt zeigen die acht Gedichte einen Lyriker, der schnell hinzugelernt hat. Sie sind reifer, selbstbewusst wird mit der Form experimentiert. Und der gottesfürchtige Ton, zwar noch vorhanden, hat sich schon etwas verflüchtigt. Naturbeschreibungen treten verstärkt in den Vordergrund. So wie in dem Gedicht »Gestaltwandel«, das die Verwandlung eines Menschen in Natur, konkret in einen Wald, beschreibt: »werde der höchste Sinn,/werde Natur«. Neben dem quasireligiösen Charakter, den Eggebrecht der Natur verleiht, wird diese nun immer stärker an Erinnerungsvorgänge gekoppelt. Was sich in der »Anthologie jüngster Lyrik« bereits angedeutet hatte, beginnt nun zu einer Art Erkennungszeichen Eggebrechtscher Lyrik zu werden. Ihr Dreiklang: Natur – Erinnerung – Kindheit. Exemplarisch das dramatische Gedicht »Es wird Nacht«, das gelungenste der acht. Es hebt an: »Noch immer fallen Wasser auf die Silberkniee./Als ich ein Kind war, rauschte die Kastanie schon«. Das Wehen des Windes klingt wie das Wispern des eigenen Namens – »Wer ruft mich leise bei Namen?« –, Wolken formieren sich zu Menschengesichtern, zu Mähnen von Pferden. Stetig wandeln sie sich, und mit ihnen, »verwandelt sich alles«. Die Permutation der Wolken scheint Eggebrecht zu zwingen, die Form seines Gedichtes an ihren Inhalt anzupassen. Zeile für Zeile werden die Sätze knapper, und mit ihr verjüngt sich die Szenerie. Makrokosmos wird zum Mikrokosmos. Eine eindringliche Blickverengung:[47]

Ernst Penzoldt, Selbstporträt, 1928

> Stürzen die Bilder hinter die Welt.
> Nur noch Geräusche vom Weizenfeld,
> Einsamer Lockruf und Fledermäuse,
> Tickende Uhren in altem Gehäuse.
> Worte der Schwester.
> Da geht eine Türe,
> Die knarrt.

Lehr- und Wanderjahre Stuttgart (1928–1930)

Die Freundschaft mit W. E. Süskind sorgt 1928 für eine Ortsveränderung im Leben Eggebrechts. Gemeinsam gehen sie als Lektoren nach Stuttgart. Er »brachte es zuwege, daß ich Ende Februar 1928 mit ihm zusammen Lektor an der Deutschen Verlagsanstalt wurde. 1930 ging ich in derselben Stellung in die Zweigstelle nach Berlin.«[48]

Jürgen Eggebrecht, 1928

Über die Zeit in Stuttgart gibt es relativ wenig zu berichten. Sie muss für Eggebrecht eine Art Interregnum gewesen sein. So gerne er später als Rundfunkredakteur in Hannover für seine Sendungen auf persönliche Erfahrungen und Erlebnisse zurückgreift, so auffallend ist es, dass er seine Stuttgarter Zeit nicht allzu häufig erwähnt. Es scheint ganz so, als wäre ihm im Schwäbischen wenig Mitteilenswertes widerfahren. So geht er in der Verlagsstadt seiner Arbeit als Lektor nach. Dies macht er allerdings sehr erfolgreich, wie sich an einem Beispiel anschaulich belegen lässt. Jürgen Eggebrecht ist derjenige, der den Erzählband »Rot gegen Rot« des 25jährigen Joseph Breitbachs annimmt.

Willi Fehse, 1928/29

Jürgen Eggebrecht vor dem Haus in der Kelterstraße 57, Herbst 1929 in Stuttgart

Als Joseph Breitbach 1953 Eggebrecht wiederfindet – »Eggebrecht! Totgeglaubter« beginnt Breitbach seinen ebenso langen wie herzlichen Brief vom Januar 1953, in dem er die Odyssee seiner vergangenen Jahre rekapituliert –, da fragt er ihn auch, ob er noch um den Beginn ihrer Bekanntschaft in Augsburg wisse: »Erinnern Sie sich noch an das Warenhaus Landauer in Augsburg«?⁴⁹ Und Eggebrecht antwortet ihm am 23. Juni mit ebenso viel Freude: »Das war unglaublich, mein lieber Breitbach, Ihr Brief war wie eine bombe d'amour! Ich las ihn, steckte ihn weg, um ihn wieder und wieder zu lesen, er treibt auf den Wellen meines Herzens!« Einige Zeilen später kommt er dann auf die Frage Breitbachs zu sprechen: »Natürlich erinnere ich mich an Augsburg, an den »Kelch«, an das Mittagbrot in den »Drei Mohren« […]. Ich habe Sie deutlich vor mir.«⁵⁰

Das Zusammentreffen, auf das die beiden hier in ihren Briefen anspielen, fand Mitte September 1928 statt und beinhaltet die Vertragsübergabe für »Rot gegen Rot« an Breitbach.⁵¹ Dieser war zu der Zeit Leiter der Buchabteilung des Augsburger Kaufhauses »Landauer«. In seinem Buch schildert er das Leben der Angestellten in der modernen Warenwelt derart plastisch, dass ihm daraufhin gekündigt wurde. Eggebrecht erkannte als erster Lektor Breitbachs Erzähltalent. In ihren Briefen (und so ist anzunehmen: auch bei ihren Treffen), die sie sich bis zu Breitbachs Tod 1980 schickten, versichern sie sich der gegenseitigen Wertschätzung. Eggebrecht über den jungen Erzähler: »Die Erzählkraft, die Ihnen so eigentümlich ist, […]. Das Selbsterlebte faßt sich zusammen wie eine Chiffre.«⁵² Und: »Sie sind ein besonderer Mann. Das habe ich sogleich gewußt […] ein, zwei Seiten Prosa ›Rot gegen Rot‹ beweist es.«⁵³ Breitbach nannte Eggebrecht gemeinsam mit W. E. Süskind und Hermann Kesten stets seinen Entdecker.⁵⁴ Seine Hochachtung drückt sich auch in einem späten Telegramm aus, das er Eggebrecht zu dessen 80. Geburtstag am 17. November 1978 sendet. Es lautet: »Lieber Juergen Eggebrecht. Heute denke ich mit Ruehrung an Ihren ersten Besuch in Augsburg mit dem unsere Beziehungen begonnen haben. Seien Sie herzlichst beglueckwuenscht und mit den besten Gefuehlen bedacht von Ihrem Joseph Breitbach.«⁵⁵

Eggebrecht, der in zwei wichtigen Lyrik-Anthologien der Weimarer Republik debütiert hatte, stellt von 1928 bis 1930 die eigene literarische Tätigkeit für seine Lektorentätigkeit zurück. Ein Zustand, an dem sich auch durch den Umzug nach Berlin 1930 nichts

Joseph Breitbach, 1970

Wesentliches ändern wird. Dafür erscheint 1930 in der DVA das Buch des französischen Künstlers und Surrealisten Maurice de Vlaminck »Gefahr voraus! Aufzeichnungen eines Malers« und niemand anderes als Eggebrecht zeichnet für die Übersetzung verantwortlich – ein indirekter Ertrag des Paris-Aufenthaltes. Obwohl ihm, so erzählt es heute Eggebrechts jüngster Sohn, der SZ-Musikredakteur und Buchautor Harald Eggebrecht, seine Frau bei der Übersetzung vehement geholfen hat. Aber so war das damals. Die Frau hat die Arbeit, der Mann den Erfolg. Wobei dem Buch kein allzu großer beschieden ist. In den Nazijahren wird es verboten. Zwar erlebt es 1959 eine Neuauflage in der DVA unter dem Titel »Gefährliche Wende«, doch gekauft wird es so gut wie überhaupt nicht.[56]

Maurice de Vlaminck »Gefahr voraus!« (1930). Die Übersetzung des Buches stammt von Jürgen Eggebrecht

Lehr- und Wanderjahre Berlin (1930–1933)

1930 zieht Eggebrecht ins quirlige Berlin um. Die »goldenen zwanziger Jahre« werfen in der Großstadt noch ihre Schatten, man feiert, geht ins Kino oder steckt in den vielen Cafés die rauchenden Köpfe zusammen: »Was abends in den Berliner literarischen Cafés erörtert wurde, war ein paar Tage später Thema in New York, London, Paris und sogar in Rio de Janeiro. Die neuesten Stimmungen und Strömungen hatten hier ihren Ausgangspunkt. Man dachte, fühlte und lebte à la mode […].«[57] Eggebrecht wohnt in der Gaisbergstraße im Stadtteil Schöneberg. Aus dieser Zeit gilt es vor allem zu erwähnen, dass er Günter Eich und Peter Suhrkamp kennenlernt. Daraus erwachsen Freundschaften, die sich wenige Jahre später durch gemeinsame Erlebnisse während des Zweiten Weltkriegs intensivieren. In diesen Jahren sind sich die Freunde gegenseitige Hilfe und Stütze, was wesentlich die besondere Qualität ihrer Beziehungen bis zum Tode – Suhrkamp wird 1959, Eich 1972, sterben – erklärt. Ansonsten ist uns aus den Jahren 1930–1933 wenig überliefert. Eggebrecht arbeitet bei der DVA am Matthäikirchplatz als Lektor. Wir müssen uns die insgesamt fünf Jahre, die Eggebrecht bei der DVA tätig ist, als gute und sorgenfreie in seinem Leben vorstellen. Das ergibt sich aus Briefen, die Eggebrecht noch als Achtzigjähriger mit der DVA wechselt. Nachdem ihm die Geschäftsleitung des Hauses am 11. Dezember 1978 nachträglich zu seinem Geburtstag gratuliert – »hat sich also Ihr Name so tief in die Geschichte unseres Hauses eingegraben, daß es ein Versäumnis wäre, wenn Sie zu Ihrem Geburtstag [...] nicht einen Gruß aus Stuttgart bekämen«[58] – antwortet Eggebrecht: »[...] die DEUTSCHE VERLAGS-ANSTALT liegt mir nicht so weit zurück, daß ich mich ihrer nicht gern erinnere. Karl Pagel, W. E. Süskind, Joseph Breitbach, Jochen Klepper, Otto Rombach, Herbert Schlüter, mit ihnen gehe ich zuweilen um [...].«[59]

Doch zurück zu Eich und Suhrkamp. Die Informationen, die uns Eggebrecht über das Zusammentreffen mit den beiden gibt, sind spärlich. Aber mehr haben wir nicht, und so sei zunächst aus zwei Texten über Günter Eich zitiert. Bei dem einen handelt es sich um den schon einmal herangezogenen Text »Günter Eich. Eine Erinnerung – ein Jahr nach seinem Tod«. Bei dem anderen um den Text »Adressenänderung«, den Eggebrecht anlässlich von Eichs Tod verfasste. Durch die Gedichte, die jeder der beiden 1927 in der »Anthologie jüngster Lyrik« veröffentlichte, kannte man sich ja schon auf dem Papier. Und wer weiß, hätte Eggebrecht nicht im Februar 1928 Paris verlassen, um in Stuttgart seine Stelle anzutreten, dann hätte die Möglichkeit bestanden, sich in der französischen Hauptstadt zu begegnen. Eich trifft 1928 in Paris ein, um die Vorlesungen des renommierten französischen Sinologen Paul Pelliot zu besuchen.[60]

Berlin 1930. Wieder dient ein Faschingsfest als Kuppler: »Russisch war vorher Trumpf. Wir alle gingen in russischen Kitteln. Ich sehe ihn noch in seinem dunkelblauen. Kaum waren wir von Stuttgart nach Berlin übergesiedelt, lud Martin Raschke, den wir lange durch W. E. Süskind aus München kannten, die Elfi und mich, vermutlich Kurfürstenstraße / Ecke Lützowplatz, zu einem Faschingsfest in eben dieser Gegend ein. Elisabeth Langgässer tanzte dort spanisch in schwarzen Samthosen und weißem Hemd mit dem Araberscheich Ben Gurion, und Peter Huchel, der ›Prinz aus Wendland‹, trank und blickte in die Menge. Damals war Günter 23, blond, schmal und ganz brav gekämmt. Er schien mir ein auf Spaß hin angelegter Großstadtmensch zu sein und entsprach keineswegs jenem dunklen Abgrund rätselhafter Wesen oder gar Pessimisten. Doch vergaß ich dabei, daß er vor sich hin dachte, mehr Einsicht in den Kern der Dinge hatte und die vielen Arbeitslosen dem Staate ankreidete: ›Deine Tage gehen falsch, deine Nächte stehn voll öder Sterne [...]‹, so in seinem ersten, womöglich ersten, Gedicht, 1927, in der ›Anthologie jüngster Lyrik‹. Wir kannten uns also schon und kannten uns doch nicht. Über das albernste Zeug lachten wir, ohne es für baren Unsinn zu nehmen. Die Sprache ging vom Gelächter aus. Sie war der eigentliche Urgrund, die anderen lachen zu machen und zielte auf ein höchst bewußtes Tun ab, wie etwa einen Sprung zu machen vom Kammerton A auf den nicht weiter beweisbaren Ton I. Am Ende waren wir ohne Aufhebens befreundet, überlegten, ob ich nicht etwas von den Dingen, die er für den Rundfunk schrieb im Verlage oder in der *Literatur*, die monatlich von Ernst Heilborn herausgegeben wurde, bringen sollte. Die ›Glücksritter‹ von Eichendorff, deren Theaterfassung sich auf Eich zurückführt, erschien denn in dem mit der DVA verbundenen Chronosverlag Martin Mörikes.«[61] Etwas weniger erfahren wir über ihre Bekanntschaft aus dem anderen Text. Ihre Beziehung hat demnach stets etwas von der eines Meisters zu seinem Schüler – Eich bekommt später als erster Eggebrechts Texte zu Gesicht. Und äußert, wenn nötig, scharfe Kritik: »[...] als wir uns in Berlin zum ersten Male trafen, genossen wir unser Zusammensein. Witz, Herzenshöflichkeit und Einfall, an unserem Tische zu Gast, machten uns zu Freunden. Ich wußte damals nicht, was Sprache sei, obwohl wir beide die Form sehr liebten.«[62]

Berlin 1932: Auf Peter Suhrkamp trifft Eggebrecht zwei Jahre später. Ob dieser zu der Zeit noch in der Zeitschriftenredaktion bei Ullstein tätig ist oder schon Herausgeber der Zeitschrift *Die Neue Rundschau* und damit beim S. Fischer Verlag angestellt ist, muss offen bleiben.[63] Aus Eggebrechts Rundfunksendung, die er anlässlich von Suhrkamps 75. Geburtstag am 23. März 1966 für den Bayerischen Rundfunk einspricht und in der er auch auf ihr Kennenlernen eingeht, ist das nicht ersichtlich. Ausnahmsweise ist es kein Faschingsfest, auf dem man sich begegnet. Sondern ein Buch leitet den Kontakt ein: Vlamincks »Gefahr voraus«: »Ich lernte Peter, der eigentlich Heinrich hieß, im Restaurant ›Hahnen‹ am Nollendorfplatz kennen, als er mir 1932 etwas Freundliches zu der Übersetzung aus dem Französischen ›Gefahr voraus‹ von Maurice de Vlaminck sagte. Er war ein schlanker, mir ungewöhnlich sympathischer Mann, der ›friesisch‹ aussah und auch sprach [...]. Immer kam er mir wie ein Kapitän vor, der vom Quai irgendeines deutschen Hafens ablegt und Kurs nimmt auf das offene, das freie Meer.«[64]

Und noch einer darf freilich nicht vergessen werden, wenn es um die Berliner Jahre geht: Hermann Kesten. Auch mit dem »Literator«, der zu der Zeit Lektor beim Verlag Gustav Kiepenheuer ist, verkehrt Eggebrecht.⁶⁵ Zu Kestens 60. Geburtstag am 28. Januar 1960 erinnert er sich an die frühen Jahren, die Jahre der Caféhaus-Literatur: »Lieber Hermann Kesten, […]. Ich habe noch in Berlin mit Ihnen bei Mampe gesessen, mit Joseph Roth und Breitbach, und Erich Kästner kam auf einen Stip zu uns. Damals hatte ich in der *Literatur* Ihr Buch ›Scharlatan‹ besprochen, und nun ging es darum, einander kennenzulernen. Sie waren brillant, funkelten vor Geist, spotteten, machten sich lustig, waren ein richtiger Tausendsassa.«⁶⁶

Die Vogelkoje (1949)

1949 erscheint im Hamburger Verlag Heinrich Ellermann ein kleines Bändchen mit 24 Gedichten: »Die Vogelkoje«. Es umfasst den Ertrag aus gut vier Jahren intensiver lyrischer Produktion, die sich komplett rückverfolgen lässt.⁶⁷ Eggebrecht beginnt nach dem Zweiten Weltkrieg alle fertigen Gedichte – häufig in den ersten Fassungen auf irgendein Papier, einen Briefumschlag gekritzelt – fein säuberlich und mit Datum versehen in eigens dafür angelegte Notizbücher zu übertragen. Von dieser Angewohnheit wird Eggebrecht im Folgenden nicht mehr abrücken, weswegen man sein Leben auch anhand der Gedichte nacherzählen könnte. Zusammen genommen ergeben sie so etwas wie ein lyrisches Tagebuch vom März 1946 bis zum 30. März 1982, dem letzten Eintrag.

Die erste von insgesamt dreizehn Kladden ist freilich noch kein ordentliches Notizbuch, sondern ein kleiner Block. In ihm befinden sich, mit Bleistift geschrieben, hunderte von Gedichten. Das erste stammt vom 17. März 1946 und zeigt uns Eggebrechts enormen Schreibschub ab 1946. Literarische Auf- und Verarbeitung dessen, was Eggebrecht in den vergangenen rund zwölf Jahren – seinen lyrisch stummen – erlebt hatte? Nicht zuletzt ab dem Sommer 1942, wo er als Gruppenleiter III der »Abteilung Inland« für das Buchpapierkontingent der Wehrmacht verantwortlich war [siehe folgendes Kapitel].

In einem Brief, den er am 15. Dezember 1945 seinem Freund Horst Lange nach Mittenwald schickt, spürt man die innere Befreiung Eggebrechts, die der endgültige Untergang des NS-Regimes für ihn bedeutet hat: »Ich bin mit Suhrkamp zusammen gewesen. Das war schön. Wir erinnerten uns an so viel, was niemand wissen kann, der es nicht erlebt hat. Die schreckliche Ein-

Der Gedichtband »Die Vogelkoje«, Hamburg 1949

samkeit meiner vergangenen Jahre löste sich ein bißchen und ich fühlte mein Herz wieder schlagen.«[68] Die Einsamkeit, von der er hier redet, rührt sicherlich auch daher, dass seine Frau Elfi mit ihren Söhnen Arne und Jörg, der 1939 in Berlin zur Welt gekommen war, den letzten Kriegswinter in Lupitsch im Salzkammergut verbrachten, nachdem die Bombenangriffe auf Berlin und Umgebung immer stärker geworden waren.

Der Brief an Horst Lange, im oberbayerischen Waging a. See aufgegeben, wo die Eggebrechts für eine kurze Zeit Quartier fanden, zeigt anschaulich, wie die in der Nachkriegszeit über ganz Deutschland versprengten Freunde – sofern sie nicht gefallen oder auf andere Art und Weise umgekommen waren – wieder Fühlung aufnehmen. Große Verunsicherung und Verlorenheit spricht aus ihnen allen. Man erzählt, was man selber erlebt und durchgemacht hat; berichtet, wie es dem einen oder anderen Bekannten erging; erkundigt sich nach dem Befinden verschollener Weggefährten. Lapidar beginnt Eggebrecht seinen Brief an Lange: »Lieber Horst, da wären wir denn auch. Eure Adresse gab mir Kästner, den ich vor drei Tagen in München traf. Wir sind eben erst aus Österreich hereingekommen [...]«, um dann fortzufahren: »Ich wurde Ende Juli von den Amerikanern entlassen, aber dann brach ich mir das linke Schultergelenk und eine Nervenentzündung meiner Beine machte mir vorher schon böse zu schaffen. So ist das Jahr mit Schmerzen dahingegangen.«[69] Schließlich die bange Frage: »Ob es Euch gut geht?« Und die Hinzufügung: »Wir wohnen zu fünfen in 1½ Zimmern und sind dankbar. Nach dem Mittagbrot sitze ich wie eben jetzt beim Unterwirt im warmen Gasthof und schreibe und versuche mir an den Fingern beider Hände die Namen derer herzuzählen, an die ich nicht mehr schreiben kann. Aber die Finger reichen längst nicht aus. Habt Ihr von Eich etwas gehört?«[70]

Horst Lange antwortet Eggebrecht am 18. Dezember aus Mittenwald, erleichtert darüber, endlich etwas über sein Verbleiben zu erfahren: »Lieber Jürgen, wie schön, daß heute Dein Brief kam! Du gehörtest zu denen, um die wir uns viele Sorgen gemacht hatten! Nun bist Du also wieder da, wie so mancher, leicht beschädigt, wie wir alle, und nicht mutlos, wie die meisten von uns!« Aus dem Brief Langes erfährt Eggebrecht auch, wo der gemeinsame Freund Eich wohnt: »Zu denen, die aus dem Chaos wieder auftauchten, gehört Günter Eich (Geisenhausen, bei Landshut (Niederbayern), Kirchstr. 71 ¼ bei Schmid. Er schickte uns viele schöne Gedichte,

Elfi Eggebrecht und ihr Sohn Jörg, späteres Mitglied der Münchner Philharmoniker, bei einem Konzert in Helmstedt, um 1966

Elfi Eggebrecht und ihr Sohn Jörg in Lupitsch (2. von links), Salzkammergut, Winter 1944/45

Feldpostbrief Jürgen Eggebrechts an seine Frau, Februar 1945

die einen ganz neuen Ton haben und das, was er früher begonnen hat, konsequent weiterführen. Ich bin sehr glücklich darüber, zu sehen, daß diese Zeit an ihm manches zur Reife gebracht hat, was früher noch so unausgegoren gewesen ist.«[71]

Eggebrecht schreibt daraufhin sogleich an Eich, der ihm am 29. Dezember aus Geisenhausen hocherleichtert antwortet: »Mein lieber Jürgen, wie habe ich mich gefreut, von Dir zu hören! Gingen doch schlimme Gerüchte über Dich um: Du seist (noch in der Nazizeit) zum Tode verurteilt worden. Weswegen und ob das Urteil vollstreckt sei, war unbekannt.«[72] Sodann schildert auch Eich ausführlich seine Lage, unter anderem dass seine Frau wegen Spionageverdacht von den Amerikanern verhaftet worden sei.[73] Über sich selber berichtet er: »Ich weiß nicht, wann Du zuletzt von mir gehört hast. Ich bin im Januar dieses Jahres aus Bayern nach Düsseldorf gekommen und nach verschiedenen Verlegungen Mitte April in amerikanische Gefangenschaft. Ende Juni wurde ich entlassen und bin seitdem in Geisenhausen. Seit sechs Wochen etwa habe ich ein Zimmer, aber an Feuerung mangelt es. Eine ganze Menge Gedichte sind entstanden (einige lege ich Dir bei), auch ein Theaterstück habe ich begonnen, aber seit Wochen nicht fortgesetzt.«[74] Eich beendet seinen Brief, indem er Jürgen auffordert, ihn in Geisenhausen zu besuchen, denn »es verlangt mich sehr nach einem Gespräch. Geisenhausen ist mir lieb und wert, aber ich vermisse einen Gast, der weiß, was ein guter Satz und ein guter Vers ist«.[75]

In der unmittelbaren Nachkriegszeit, wie sie hier andeutungsweise rekonstruiert worden ist – viele Briefe anderer Schriftsteller könnten die soeben zitierten ergänzen –[76] liegt die Keimzelle für Eggebrechts Neubeginn als Autor. Der schon oft geschilderte kulturelle Hunger in den Jahren von 1945 bis 1947 lässt sich an Eggebrechts Korrespondenz mit seinen Schriftstellerkollegen deutlich ablesen.[77] Kaum ein Brief, in dem man nicht auf die eigene, wegen der Wohnungsnot meist beschwerliche Schreibsituation verweist: »Auch weil ich jetzt einen einigermaßen ruhigen Schreibplatz brauche, wollen Elfi und ich gegen Ende der Woche […] auf etwa drei Wochen nach München-Schwabing, Ungererstr. 30 I/Mitte (bei Dr. Stiehr) reisen.«[78] Kaum ein Brief, der nicht mit einem soeben entstandenen Gedicht endet.[79] Ganz davon abgesehen, dass man Manuskripte zur kritischen Beurteilung beilegt. Eggebrechts erster Ansprechpartner ist stets Günter Eich, der seinen Freund ermuntert – »Schreib, Jürgen, schreib, aber keine Briefe! Schicke mir gelegentlich ein paar Seiten« – und das so spärlich vorhandene Papier gleich mitzuliefern versucht: »Ich schicke Dir gerne mehr Briefpapier und Umschläge, aber die sind hier auch rar geworden.«[80] Eich ist dann auch Eggebrechts strengster Kritiker. So weist er in einem Brief vom 14. Juni 1946 darauf hin, dass das Mittelstück des Gedichts »Die alten Kameraden« wunderbar sei, »aber die ersten beiden Zeilen [...] mißfallen mir. Kann man sie nicht weglassen und durch eine Überschrift ›Die Kameraden‹ klar machen, um was es sich handelt?«[81] Und über das Gedicht »Der Kuckuck« urteilt er streng: »Der Kuckuck fängt erhaben an und endet im Wilhelm-Busch-Ton. Willst Du dir nicht zu der schönen ersten Strophe eine andere Fortsetzung einfallen lassen?« Fügt aber sogleich versöhnlich hinzu: »Du wirst mir nicht zürnen, daß ich so beckmessere! Schicke mir mehr, damit ich dessen gewiß bin! Ich lege Dir auch einige Verse bei, – du kannst sie nach Herzenslust zerpflücken.«[82]

Eggebrecht scheint sich den Rat seines Freundes zu Herzen zu nehmen und an den Gedichten zu feilen, denn schon wenige Wochen später vermeldet Eich: »Mein lieber Jürgen! Mit deinem Kuckucksgedicht hast Du mir eine große Freude bereitet, es ist herrlich und ich habe es nun schon so oft gelesen, daß ich es bald auswendig weiß. Beim ersten Lesen hat mich der Sternenfisch befremdet, doch inzwischen habe ich mich mit ihm angefreundet. Vielleicht könnte man (aber es muß nicht sein), um die Assoziation zu fördern statt ›Tiefen‹ in der vorletzten Zeile ›Wassern‹ sagen. Es ist ein wunderbares Gedicht! Schreib mehr und schicke es mir.«[83] Das Kuckucks-Gedicht findet dann Eingang in »Die Vogelkoje«, Eggebrechts erste eigenständige Lyrikpublikation. Und natürlich hat Eggebrecht den Rat seines Freundes befolgt und die »Tiefen« durch »Wassern« ersetzt. Die letzte Strophe lautet nun: »Herauf schwimmt still in ihrer Pracht/Die fremde, wunderbare Nacht./Aus ihren Wassern zauberisch/Steigt lautlos auf der Sternenfisch.«[84]

»Die Vogelkoje« beginnt mit einem Vierzeiler ohne Titel. Er steht programmatisch für die folgenden, meist sehr langen 23 Gedichte – eine Art Motto also, das Eggebrechts unbändige Lust am Leben zur Sprache bringt. Einer Lust trotz Krieg, Vergänglichkeit und Tod.[85]

Aber der selige treibende Mut,
Ihn zu beweisen trotz Wasser und Sand
Immer von neuem, erfrischt mir das Blut
In meiner ewig zerfallenden Hand.

Eggebrecht muss seinen verloren geglaubten Lebenswillen – Folge des Krieges und seiner Erfahrungen im OKW in Berlin – im Verlaufe des Jahres 1946 wiedergefunden haben. Heißt es noch am 8. Januar 1946 in dem Brief an Lange »es geht mir merkwürdig, so allein ich bin, ich habe kein Verlangen mehr nach Welt und Mensch«,[86] teilt er gut ein Jahr später Annemarie Suhrkamp, der Frau von Peter Suhrkamp, aus seinem Wohnsitz Warberg mit: »Ich sitze auch und schreibe und oft ist mir's, als könnten wir durch die Vernunft allein unser aufbewahrtes Leben nicht ernstlich ergreifen. Hier in dem Dorfe habe ich viel gelernt und irgendetwas richtet mich auf. Ich weiß nicht, was es ist, doch geschieht es mir oft, daß ich eine Hand spüre, die mich schmerzhaft hält. Ihr übergebe ich auch mein vieles Unzulängliches, meine Schuld und begrabe mich in einen Anderen Willen.«[87]

Der Hof in Warberg, Wohnsitz der Eltern seit Ende der zwanziger Jahre, dient Jürgen Eggebrecht nach dem Krieg als Refugium. Hier findet er gemeinsam mit seiner Frau und seinen mittlerweile drei Söhnen langsam wieder zu sich – Filius Harald erblickte im September 1946 in Helmstedt das Licht der Welt. Freilich logierte Jürgen schon vorher sehr oft in Warberg. Seine für ihn existentielle Bedeutung erhält das wunderschön am Dorfrand gelegene bäuerliche Anwesen aus dem frühen 18. Jahrhundert jedoch erst

Personalausweis des Schriftstellers und Hofbesitzers, Mai 1946

Das junge Paar gemeinsam mit Jürgens Eltern in Warberg, 1932

Haus in Warberg in den neunziger Jahren

Das junge Paar gemeinsam mit Jürgens Eltern vor dem Haus in Warberg, um 1928

Der Hof in Warberg aus der Vogelperspektive, 1996

nach 1945. Bis 1951, als er eine Festanstellung im Funkhaus Hannover erhält, wird er dort nun wohnen. In den Jahren von 1951 bis 1959 kehrt er dann fast jedes Wochenende zu seiner Familie nach Warberg zurück, um das Haus ab 1960, als das Ehepaar in München lebt, schließlich als Sommerresidenz zu nutzen.

Schlicht »Warberg« heißt auch ein zehnstrophiges Gedicht in der »Vogelkoje«, jede einzelne im Paarreim.[88] Die ersten Strophen halten zunächst eine schlichte Szene vor dem Haus fest. Während die Kinder Ball spielen, hocken die Tauben auf den Dächern, summen die Bienen an den Wänden des Fachwerkhauses. Dann der Umschwung in der vierten Strophe. Eine Zeitangabe wird gemacht: »Bei gelbem Osterlichte/Belebt sich was verging« Mit ihr wird die Gegenwart mit ihrem Idyll der spielenden Kinder verlassen und die Vergangenheit aufgerufen: »Familiengeschichte,/In einem Silberding«. Die Strophe bereitet die folgende fünfte vor. Sie ist die entscheidende. Thema ist der unabänderliche Lauf des Lebens. Aus den einstmals Lebenden ist wieder die Saat der Felder geworden. Es erinnert an das Werk Adalbert Stifters, das stets die Überführung von Kultur in Natur bzw. umgekehrt, die Durchdringung der Natur- durch die Menschheitsgeschichte, zum Inhalt hat. Auch dessen unzählige Idyllen sind unterminiert vom Tod. »Die jung hier einst gewesen,/Vertauschten ihre Spur,/Längst sind sie schon genesen/Zur frischen Saat der Flur.« Die Zeilen sind leise und sanft gearbeitet, die Gefahr des Überlesens ist gegeben. Ihre Wortwahl scheint darauf bedacht zu sein, den Vorgang des Vergehens als einen Heilungsprozess darzustellen. Was umgekehrt suggeriert, dass das Wirken des Menschen auf Erden immer mit Gewalt verbunden ist.[89] Das »sie« in der Zeile »Längst sind sie schon genesen« bezieht sich auf diejenigen, die ihre Spur einst hinterlassen haben und nun tot sind: die Kinder, Jugendlichen, jungen Menschen. Womit das Gedicht einen Bogen geschlagen hätte zu seinem Anfang, der ersten Zeile: »Der Ball in ihren Händen.« Wesentlich expliziter bringt Eggebrecht diese Gedankenfigur in einem anderen Gedicht aus der Sammlung zur Sprache. Es heißt »Der Ackermann«: »Du sinkst ins Grab wie Regen ein,/So groß du bist, wirst tropfenklein. […] Wenn dann der Frühling aufersteht,/Bist du die Saat, gesät ins Land/Von einem Bauern Unbekannt«.[90]

Doch zurück zum Gedicht »Warberg«. Die folgenden Strophen beschreiben das Tierleben, wie es auf der »Flur« zu beobachten

Altmark, im Hintergrund die Kirche von Baben

ist. Sehr friedlich und harmonisch geht es da zu, ganz so, als wolle Eggebrecht den Leser die Tragödie des Lebens, wie sie gerade noch angedeutet wurde, vergessen lassen. Salamander und Maus weichen sich nicht aus, denn »sie kennen ja einander«. Libellen kreuzen den Flug der Vögel, und der Ruf des Hähers schallt durch die Weiten. Schließlich verlässt das Gedicht in seinen beiden letzten Strophen die Sphäre der Natur, kehrt zurück zu den Menschen, speziell zu einem ihrer wichtigsten Feste im Jahreszyklus: dem Osterfest. Was in der vierten Strophe mit dem »Osterlichte« als Verweis auf das wärmende Licht des Frühlings angedeutet wurde, wird nun konkretisiert. Der kreatürliche Verlauf von Werden und Vergehen, wie ihn das Gedicht bislang verbalisierte, erhält mit der christlichen Osterbotschaft seinen transzendenten Sinn zugesprochen: »Als Anhauch frommer Ahnung/Verwandelnd noch den Wurm,/Rührt sich die Ostermahnung/Vom alten Glockenturm.«

Idyllisch, freundlich, gar heimelig sind die Gedichte Eggebrechts, die nach 1945 entstehen, nur auf den ersten Blick. Einen zweiten zu wagen, heißt, dem Lyriker Eggebrecht nicht in die Falle zu gehen. Weil aber viele Kritiker genau dies nicht tun, gelangen sie zu einem falschen Urteil. Friedrich Rasche etwa schreibt in der *Hannoverschen Presse*: »Im Gedicht Eggebrechts gibt es noch Sicherheiten und Gewißheiten, nicht nur im Bereiche der mit wachen Sinnen erfahrenen Natur, sondern auch im Bereiche des Menschenherzens, das sich seine alten Wahrheiten und seine stillen Glücksmöglichkeiten nicht ausreden lässt, und es gibt sogar beinahe den Matthias-Claudius-Ton väterlichen Sorgens und Vermahnens.«[91] Und die *Hannoversche Allgemeine* schreibt: »Es sind also Gedichte, die ihren Ursprung nicht verleugnen, die sich zur Pflege des Gemüts, zum inneren Horchen und Schauen bekennen.«[92] Zwar stammen beide Urteile aus dem Jahr 1956 – sie stehen im Zusammenhang mit der Veröffentlichung des Gedichtbandes »Schwalbensturz« bei Suhrkamp – können aber bereits hier angeführt werden. Denn Eggebrechts Lyrik verändert sich in diesen Jahren nicht sonderlich, einige Gedichte, die in dem in geringer Auflage erschienenem Heftchen »Vogelkoje« stehen, finden sich auch im »Schwalbensturz« wieder. Wie wir noch sehen werden, erkennen allerdings sorgsame Leser wie Günter Eich die Fragilität in Eggebrechts Naturschilderungen. Abgesehen davon, dass allein vier Gedichte in der »Vogelkoje« den Tod mehr oder weniger explizit im Titel führen: »Der Tod«, »Die alten Kameraden«, »Die Überlebenden« und »Der Ackermann«.

Zwei Gedichte aus dem Band sind in diesem Zusammenhang noch wichtig. Es wurde bereits erwähnt, dass Eggebrecht sich aus seiner tiefen Verzweiflung regelrecht herausgeschrieben hat. Das Gedicht »Mein Haus« reflektiert diesen Vorgang aufs Genaueste.[93] Es besteht aus vier Strophen zu je sechs Zeilen mit dem Reimschema aa, bb, cc. Lediglich die letzten beiden Zeilen der letzten Strophe durchbrechen dieses Muster. Das ist Absicht, kein nachlässiger Regelverstoß. Betrachtet man ihren Inhalt, dann thematisieren sie einen umfassenden Heilungsprozess. Ein Ereignis, das auch sprachlich hervorgehoben werden muss: »Durch mich hindurch lief es mit leisem Schwanken/Des ersten Innewerdens eines Kranken,/Der die Gesundheit fühlt und, plötzlich wach,/Begegnet, angerufen, seinem Tag.«

Das lyrische Ich gibt sich uns ab der ersten Gedichtzeile als ein tief im Traum versunkenes zu erkennen. Im (Alp)Traumgeschehen baut es sich unter physischen wie psychischen Schmerzen ein Haus. »Ich schlief, doch meinen Augen tat es weh«, heißt es am Ende der ersten Strophe, in der Mitte der zweiten »Der Efeu spann vom Dache,/Als nähme er an einem Schuldigen Rache«. Hier ringt jemand mit einem diffusen Gefühl von Schuld. Aber Schuld woran? Das Gedicht sagt es uns nicht. Doch Assoziationen mit den weiter vorne zitierten Briefzeilen an Annemarie »Mirl« Suhrkamp – »doch geschieht es mir oft, daß ich eine Hand spüre, die mich schmerzhaft hält. Ihr übergebe ich auch mein vieles Unzulängliches, meine Schuld« – drängen sich unmittelbar auf. Die folgende Strophe bereitet dann die Genesung vor. Das träumende Ich sieht sich einem numinosen Aufklärungsgeschehen gegenüber. Das letzte Wort des Gedichts lautet »Tag«, und dieser kündigt sich schon zu Beginn der dritten Strophe an: »Drei Eichenhäupter scheitelte das Licht/Die stillen Blätter formten ein Gesicht«. Es kommt nun, der wilden Logik von Träumen folgend, noch wirrer, aber nicht bedrohlicher. Im Gegenteil: »Draus blickten, ob sie auch schon niedersanken,/Die schönen Sternenschleier der Gedanken.« Das alptraumhafte Szenario hat sich gewandelt, die Last der Schuld schwindet: »Und eine Ahnung unnennbarer Huld,/Durch nichts begreifbar, milderte die Schuld.« Dann erwacht das lyrische Ich.

Das zweite Gedicht ist das von den »Alten Kameraden«.[94] Da es Eich in seinem Brief vom Juni 1946 bereits erwähnt, muss es wohl im Frühjahr 1946 verfasst worden sein, ist also eines der frühesten Nachkriegsgedichte Eggebrechts. Eich kritisierte die ersten zwei

Zeilen, empfahl sie wegzulassen. Das Mittelstück lobte er. Nun, wir wissen nicht, wie diese ersten zwei Zeilen lauteten, da wir die frühe Version des Gedichts nicht mehr besitzen. Was wir haben, ist die Endfassung, eine vehemente Anklage gegen den Irrsinn der Weltkriege, des Ersten wie des Zweiten. Neun gereimte Zweizeiler geben dem Gedicht bereits formal seine Härte. Mit dem Tonfall assoziiert man die Lyrik des Expressionismus.

Der Inhalt kommt uns bekannt vor: Der Leser wird konfrontiert mit Körpern von Toten, die wieder zur Erde werden. Nur dass der »Gestaltwandel« der Soldaten – erinnern wir uns: so lautete ein Gedicht von 1928, das den Wandel als etwas naturmystisch Erstrebenswertes pries – unfreiwillig und sinnlos ist. Gewaltsam erzwungen und nicht dem natürlichen Kreislauf der Natur gehorchend. Und so verwesen die Körper der alten Kameraden: »Geil sprießt im aufgetriebenen Bauch/Moosteppichdicht der wilde Lauch« und »Zu Wurzeln wurden Bein und Arm./Kein Blumenohr hört mehr Alarm«. Das Wörtchen »Kein« greift der folgende Zweizeiler wieder auf, es wird verdoppelt, verdreifacht und so die Unwiderruflichkeit des Geschehens verdeutlicht: »Kein Mund spricht noch Befehle laut,/Kein Fuß stürmt übers Wiesenkraut.« Aus und vorbei. Nur der Wind erzählt noch von den Toten, ihm zuzuhören wird der Leser direkt aufgefordert – »horch«. Dann der Schluss: »Sie mußten fort? Warum? Wozu?/Die Frage läßt mir keine Ruh!«

Schwalbensturz (1956) und Zeichen in der Nacht (1962)

»Die alten Kameraden« ist Jürgen Eggebrechts »Blowing in the wind«. Wegen seiner Eindringlichkeit findet es sich wieder in Eggebrechts winzigem Gedicht-Heftchen »Zeichen in der Nacht«, als dessen Herausgeber der westfälische »Kreis der Freunde« firmiert. »Zeichen in der Nacht« ist die 13. Folge innerhalb der Reihe »Der Vier-Groschen-Bogen. Blätter für zeitgenössische Literatur«, erscheint 1962 und ist nur neun Gedichte leicht. Und eines von ihnen ist eben das 1946 entstandene und 1949 erstmals veröffentlichte über die verwesenden Kameraden. Sicherlich kein Zufall.

»Zeichen in der Nacht« ist von allen Lyrik-Veröffentlichungen Eggebrechts die am wenigsten bedeutsame. Der Bogen erscheint vier Jahre nach Eggebrechts Tumor-Erkrankung, die seine Lyrik inhaltlich wie formal verändert. Zwar nicht so stark, wie häufig behauptet, aber doch merklich. Den »Zeichen in der Nacht«-Gedichten ist hiervon noch nichts anzumerken, da sie alle vor dem Ausbruch der Krankheit entstanden sind. Von daher besitzen sie den vertrauten Eggebrecht-Ton. Das gilt nicht nur für die bereits veröffentlichten »Die alten Kameraden« und den ebenfalls bereits einmal gedruckten »Dachreiter«, sondern auch für die anderen Gedichte. So enthält der Vierzeiler »Kindheit« in nuce den Eggebrecht, den wir kennengelernt haben. Ebenso wie das etwas längere »Rothäute«. Beide verneigen sich vor Mneme, der Muse der Erinnerung, sind heiter-verspielt und traurig zugleich, scheinen uns zuzurufen: »Vorbei!«

In den »Rothäuten«, klar, wird Indianer gespielt. Das lyrische Ich sieht sich gemeinsam mit seinem Bruder durch die Wipfel der Bäume schwingen. Da jeder Leser ähnliche Erinnerungen aus eigenen Kindertagen besitzt, spricht es ihn unmittelbar an und befördert die eigene Memoria. Persönliche Bilder stellen sich ein. Noch direkter geschieht dies wohl in den vier schlicht »Kindheit« genannten Zeilen: »Im grünen Pelz Verstecken,/wir spielten es als Kind,/um uns die hohen Hecken./Es ging der Sommerwind.«[95] Eggebrechts Gedichte besitzen stets diese Allgemeingültigkeit. Das ist das eine. Das andere ist: Wenn man seine Biografie kennt, denkt man bei einem Wort wie »Bruder« (aus den »Rothäuten«) natürlich unweigerlich an Gottfried, der 1915 gefallen ist. Und so verquickt sich noch in jedem Eggebrechtschen Gedicht die kleine, private Geschichte mit der großen Weltgeschichte.

Zu Weihnachten 1952 grüßt Günter Eich seinen Freund. In einem Brief berichtet er, wie er sich gefreut habe, »Bekanntschaft mit Deinen neuen Gedichten« zu machen. Zwar seien diese »unvollkommener als die in der ›Vogelkoje‹«, doch insgesamt würden sie ihm gefallen.[96] Welche Gedichte Eggebrecht Eich damals geschickt hatte, wissen wir nicht. Doch dass darunter welche gewesen sind, die dann Eingang in den »Schwalbensturz« fanden, ist anzunehmen.

Wir haben gesehen, wie Eggebrecht den Rat Eichs zum Anlass nimmt, seine Gedichte zu überarbeiten. Auch bei ihrer Auswahl und Zusammenstellung hilft Eich seinem langjährigen Freund – »Schwalbensturz« umfasst schließlich 58 Gedichte und erscheint im Februar 1956.[97] Zudem schreibt er eine Besprechung, die den Lyriker Eggebrecht präzise erfasst. Eich erkennt, was viele übersehen: dass nämlich »Sicherheiten und Gewissheiten«, wie sie etwa Friedrich Rasche im »Schwalbensturz« ausmacht, gerade

Die Gedichtbände »Schwalbensturz«, 1956, und

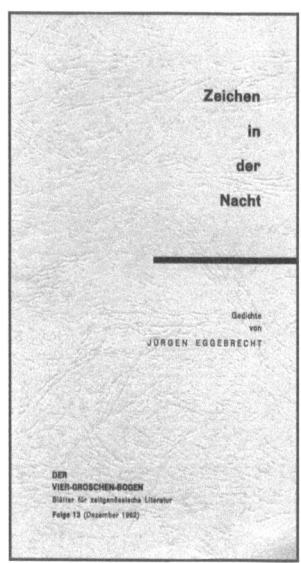

»Zeichen in der Nacht«, 1962

Günter Eich, um 1950

nicht mehr existieren. »Die scheinbar unaktuellen Freuden und Leiden«, formuliert Eich, »haben den Hintergrund zweier Kriege und die Möglichkeit jeglicher Katastrophe. Aber sie müssen sich nicht der Vokabeln der Kriege und Katastrophen bedienen, sie haben sie in sich. ›In der Zukunft war ich schon‹ heißt es am Schluß eines dieser Gedichte. Die Bestürzung, die diese Zeile auszulösen imstande ist, wäre – so wage ich zu behaupten – im Zeitalter der klassischen Physik nicht möglich gewesen.«[98]

Wie wichtig für Eggebrechts Arbeit die Kriege, vor allem der Erste Weltkrieg, sind, dürfte hinlänglich klar geworden sein. Wenn Eich von »Katastrophen« spricht, dann spielt er aber vor allem auf die Bedrohung durch die Atombombe an. Eggebrecht wird sich drei Jahre später – wie viele namhafte Personen der Zeit übrigens auch, so etwa Ingeborg Bachmann, Walter Jens und Ruth Leuwerik – aktiv im »Bündnis gegen Atomrüstung« engagieren.[99] In den atomaren Katastrophenzusammenhang sieht Eich auch die vielen Naturbeschreibungen Eggebrechts eingebettet, wie sie allein schon in den Gedichttiteln zum Ausdruck kommen: »Sonnenblume«, »Wacholderbeere«, »Der Wind«. Und bei den Tieren ist eine auffällige Vorliebe für Vögel – und in Maßen: für Fische – festzustellen, mithin also für die Elemente Luft und Wasser: »Mein Rabe«, »Eule«, »Der Kuckuck«, »Die Taube«, »Die Möwe«, »Der Karpfen« und »Der blaue Fisch«. Eich dazu: »Wind und Wald und Sträucher, diese grünen Elemente, tauchen nicht im Sinne einer Wald- und Wiesenromantik auf, sondern im Sinne einer neuen Einbettung der Natur, einer neuen Definition des Elementes Grün in unserer steppenhaften und von Wüsten gefährdeten Welt.«[100] Und so muss man der Lyrik Eggebrechts aus den frühen fünfziger Jahren eine Art Kippeffekt bescheinigen, der die Natur im Lichte der Zivilisation und die Zivilisation im Lichte der Natur sich spiegeln lässt.

»Geheimnis und Trauer« ist die Rezension des Schriftstellers Siegfried Lenz betitelt. In ihr führt er aus, wie zart und diskret es Eggebrecht versteht, die Natur in Worte ohne verquastes Pathos zu fassen: »Da ist kein Brunnentiefsein und kein Druidenorakel, da ist nur das Wunder des kleinen poetischen Bildes, von dem wir hier unvermutet ergriffen werden.«[101] Lenz mag bei diesem Satz etwa an die zweite Strophe des Gedichtes »Die Wachtel« gedacht haben: »Weiß noch, daß den Kastanienbaum/vor uns die Nacht durchdrang;/es regnete, als ob der Raum/erschölle von Gesang.«[102]

Jedes seiner Bilder werfe eine Frage auf, so Lenz weiter, nur

Altmärkische Landschaft

um sie in dem Moment wieder zu verhüllen, in dem eine Antwort möglich scheint. Auf diese Weise bewahren alle Gedichte ihr Geheimnis, letztgültige Antworten verbieten sich. »Was kann sich ihm vergleichen,/der saust und ruhig schaut,/Wald, innerliches Zeichen,/aus Kuckucksruf erbaut?« Nur aus dieser Frage besteht etwa das Gedicht »Chiffre«. In dieser Antwortlosigkeit vermutet Lenz die zutiefst traurige Grundstimmung der Gedichte: »Da ist

Landschaft in der Altmark

immer etwas von Verfallenheit, von schwermütigem Eingeständnis und gefaßtem Verzicht.«[103]

Mögliche Hinweise, wie all die Tiere, die die Gedichte bevölkern, zu interpretieren sind, liefert Eggebrecht selbst. 1953 erscheint Gerhard Bahlsens »Fünfminuten Lexikon«, für das Eggebrecht unter anderem den Eintrag zur Tiersymbolik verfasst hat. Er formuliert: »Die Alten beobachten die Tiere nicht weniger als wir, aber ganz anders, wenn wir aufs Allgemeine sehen. Es war ein aus Andacht und Bewunderung zusammengesetztes staunendes Betrachten. Wenn die modernen Forscher Natur und Tierwelt erkunden und nach Gesetzmäßigkeit suchen, so hatte die priesterliche Scheu in den früheren Jahrtausenden jene andere religiöse Ansicht begründet. Bienenschwärme, das Käuzchen und der Kuckuckslaut waren ihnen voller Prophetie [...]. Soviel Tiere – soviel Bilder, oft Vorbilder, Sinnbilder und eben deshalb zu den personifizierten Kräften der Natur, den Göttern in nahe Beziehung gebracht, ja selber zu Geschöpfen göttlicher Verehrung erhoben.«[104] Und speziell über die Bedeutung der Vögel sinniert Eggebrecht in seinem Beitrag »Vogelzeichen«: »Von jeher empfand der Mensch die Vögel, die fliegenden, unter dem einsamen Himmel der Urzeit als Überbringer göttlicher Botschaft. [...] Eine höhere und geistigere Ansicht aller Verhältnisse des irdischen Daseins traute man den Boten zu, als könnte durch sie das Geheimnis des Einzelnen wie das der Staaten und Völker von Fall zu Fall gelüftet werden.«[105]

Auffallend ist, dass so gut wie alle Rezensenten des »Schwalbensturzes« versuchen, die Frage zu klären, wie modern Eggebrechts Lyrik ist. Und dabei zu einem ähnlichen Ergebnis kommen, das viel aussagt über den Dichter und seine Kunst. Für Clemens Heselhaus »repräsentiert« Eggebrecht »einen Typ der niveauvollen Literatur, die sich vom Epigonentum wie von der Avantgarde gleich weit entfernt hält: Literatur als Form der geistigen Existenz«.[106] Für Erhart Kästner wäre angesichts der Gedichte die Gegenüberstellung »modern oder unmodern [...] in jedem Fall eine mindere Kategorie«. Er reklamiert für Eggebrecht eine Sonderstellung: »Man wird zugeben, daß Verse von solcher Geradlinigkeit, solcher Einstimmigkeit, von so einem Verzicht auf das Interessante und Modische lang nicht mehr gehört worden sind.«[107] Auch Siegried Lenz hält Eggebrechts Verse weder für »modern [...] in aufsässigem noch traditionell in fränkischem Sinne« und folgert: »es ist Poesie und nichts als dies.«[108] Eich bringt die Sache auf den Punkt, wenn er schreibt: ein Band, »der fast mit Hinterlist seine Modernität verbirgt«. Nimmt man noch Karl Krolow hinzu, dann bilden die Rezensenten des »Schwalbensturzes« einen wahrhaft illustren Kreis der deutschen Literatur. Auch andere Literaten melden sich zu Wort. Zum Beispiel Alfred Andersch, der sich am 4. Februar 1957 von Stuttgart aus an Eggebrecht wendet: »Lieber Herr Eggebrecht, dafür daß Sie mir Ihren »Schwalbensturz« übersandten, danke ich Ihnen sehr herzlich. Sie wissen, wie sehr ich diese Gedichte mag. Heute erhielt ich vom großen Meister aus Lenggries die ›Botschaften des Regens‹ mit Autogramm. Offenbar wurde die Sendung dort in Gnaden aufgenommen. Ich hoffe, Sie recht bald wieder einmal zu sehen und verbleibe inzwischen mit herzlichen Grüßen, Ihr Alfred Andersch.«[109]

Schwere Krankheit (1957–1959)

Eggebrecht: ein moderner Dichter jenseits lyrischer -ismen. Sein Anspruch: Gedichte zu schreiben, die gleichzeitig ihrer Zeit angehören und doch zeitlos sind. Im Nachlass findet sich ein kurzes Manuskript von einer halben Seite, in dem Eggebrecht sein Lyrik-Verständnis darlegt. Der Titel »Für Dichten und Trachten« verweist wohl auf eine Sendereihe des Rundfunks. Da kein Datum angegeben ist, können wir nur mutmaßen, dass der Text aus den frühen fünfziger Jahren stammt. Programmatisch heißt es da: »Das Gedicht war vorher da und wird nachher da sein, was so viel heißt wie vor der Erschaffung und nach dem Untergang der Welt, übrigens nicht unserer Welt.« Und er fährt fort: »Es ist ein Summton in allem, in Wasser, Feuer und Gebüsch, auch in allem Anorganischen. Dieser Ton hat die Kraft von Denken, Gedanken und Da-sein. Wer hörte, wer spürte es nicht? Gescheiterte wissen darum.«[110]

Vage sind diese Zeilen. Sie zeigen Eggebrecht als jemanden, für den Leben ohne Transzendenz nicht vorstellbar ist – freilich sind eindeutig christliche Vorstellungen, wie wir sie bei ihm aus den späten zwanziger Jahren kennen und denen wir dann noch einmal unmittelbar nach Kriegsende begegnen, mittlerweile eher vitalistisch zu nennenden gewichen. Hilfreich wäre es zu wissen, welche Autoren und Bücher Eggebrecht zu dieser Zeit gelesen hat, wer ihn möglicherweise beeinflusst haben könnte. Darüber im Nachlass kein Wort.

Mythologischem Denken antiker Gesellschaften, das steht fest, stand er immer nahe, einem Denken und Wissen mithin am Übergang von Mündlichkeit zur Schriftlichkeit, für deren Weitergabe zunächst noch ausgebildete Sänger verantwortlich waren. Existiert eine Verbindung zwischen dieser Vorliebe und den Gedichten, die bis dahin immer liedhaften Charakter besitzen? Kurz deutet dies Eggebrecht in einem Brief an Peter Suhrkamp selbst an. Unmittelbar vor Veröffentlichung von »Schwalbensturz« erklärt er dem Verleger: »Vielleicht bewahren die meinen etwas wie ein Stück Lied. Sie sind singbarer und mit durch das Ohr empfangen.«[111] Und in dem bereits weiter oben zitierten Beitrag »Vogelzeichen« heißt es gegen Ende: »Das Zwitschern der Vögel wird zu einer sonderbaren Musik, wenn man sich an den ersten Gesang der Odyssee und jene Verse erinnert: Also redete Zeus' blauäugige Tochter, und eilend flog wie ein Vogel sie durch den Kamin.« Der Text schließt: »Wie sinnfällig, wie einfach anschaulich schildert auch der größte Komödiendichter des Altertums, Aristophanes, in seinem berühmtesten Stück, ›Die Vögel‹, den zwitschernden Fels der Akropolis und die zwitschernden Götter: Tioto tioto tiotix – widerhalle der ganze Olympos.«[112]

Jürgen Eggebrecht, Ascona Mai 1959

Am 6. Mai 1957 bricht Eggebrecht auf einer Tagung der »Deutschen Akademie für Sprache und Dichtung« in Düsseldorf zusammen. Einer visuellen Halluzination folgt starkes Nasenbluten, dann schlägt er im Vorraum der Versammlungsstätte *Malkasten* auf den Boden auf und bleibt eine Weile bewusstlos liegen. Als er wieder zu sich kommt, bringt man ihn gerade ins Düsseldorfer Marienhospital. Bereits hier äußern die Ärzte den Verdacht, ihr Patient leide an einem Gehirntumor, doch eine eindeutige Diagnose kann man trotz EEG nicht stellen. Eggebrecht wird im Juni in die neurochirurgische Abteilung des Göttinger Krankenhauses verlegt, wo weitere Untersuchungen folgen. Die behandelnden Ärzte entlassen ihn schließlich mit dem Hinweis, dass es sich bestimmt nicht um einen Tumor handele. Den Grund für den Zusammenbruch können sie sich nicht erklären. Anschließend geht Eggebrecht nach Bad Wiessee auf Kur, im September und Oktober nach Ascona. Danach nimmt er seine Arbeit beim NDR wieder auf.[113]

Zahlreiche Briefe an Jürgen Eggebrecht dokumentieren in dieser Zeit die Sorge der Freunde. Jeder erkundigt sich: Peter Suhrkamp, Ingeborg Bachmann, Günter Eich und Ilse Aichinger, um nur ein paar zu nennen.[114] Dabei führen die meisten den Zusammenbruch auf Eggebrechts Arbeitspensum zurück. Das liegt nahe, schließlich ist der medizinische Befund zu der Zeit negativ. Exemplarisch seien zwei Stimmen angeführt. Der ehemalige NDR-Intendant Adolf Grimme schreibt: »Wär ich jetzt noch Ihr Boss, dann schickte ich Sie jetzt mal mindestens 2 Monate irgendwohin, wo's weder Telefon noch Radio noch Zeitung gäbe, nur Vogelsang und Birkengrün […] und den ›Nachsommer‹. Jürgen Eggebrecht, spannen Sie ergiebig aus; denn auch da gilt, dass man's tun soll, solange noch Tag ist. Werde ich hören, dass Sie folgsam sein wollen Ihrem Adolf Grimme.«[115] Und Hermann Kasack, der Präsident der »Deutschen Akademie für Sprache und Dichtung«, äußert besorgt: »Lieber Jürgen Eggebrecht, wer konnte es ahnen, daß Sie, wenige Minuten nachdem wir uns in so guter Herzlichkeit begrüsst hatten, eine uns alle erschreckende Unpässlichkeit erlitten […]. Wenn auch Ihr jäher Zusammenbruch von der Statistik als ›Manager-Krankheit‹ festgehalten wird, wissen Sie so gut wie ich, daß es ein Spruch des Schicksals war. Sie werden sich an Gespräche in Hannover erinnern, in denen ich Sie von der Überbeanspruchung Ihrer Nerven und Kräfte warnte.« Ja, eine Manager-Krankheit gibt es anscheinend auch schon in den fünf-

Hermann Kasack, um 1955

ziger Jahren. Kasack jedenfalls sieht in dem Zusammenbruch das Schicksal am Werk und hofft, »daß Sie aus Ihrer Tätigkeit im Rundfunk (die ein Abenteuer war, das vielen hilfreich gewesen ist) entlassen werden. Der Zeiger des Schicksals wollte andeuten, das liebreich getragene Joch des Berufs abzustreifen, um der reinen Aussage durch das dichterische Wort Raum zu geben«.[116]

Im Verlauf des Jahres 1958 ist der Allgemeinzustand von Eggebrecht gut. Die Halluzinationen, wie er sie in Düsseldorf erlebt hatte, sind nicht mehr wiedergekehrt, er leidet weder unter Kopfschmerzen noch an Übelkeit. Trotzdem kommt er vom 2. bis 7. Oktober in Hamburg in stationäre Behandlung. Anlass zur Beunruhigung geben Phasen vorübergehenden Sprachverlustes. Laut Bericht des Allgemeinen Krankenhauses Altona erwähnt er bei der Anamnese, dass er ein »ruhiges Gefühl« habe, »daß das im Kopf in Ordnung sei«. Charakteristisch, wie sich Eggebrecht, ganz Mann des Wortes, in der Zeit nach seinem Zusammenbruch selbst beruhigt. Der Krankenhausbericht vermerkt folgenden Satz von ihm: »Das war wohl in einem Gebiet, das überhaupt ein Gebiet berührt, das mich sonst nicht angeht wie Sprache usw. usw.«[117] Nun, so scheint es, geht es ihn unmittelbar an: »Auffällig war schon während der Anamnese die Verlangsamung und Zähflüssigkeit des Berichtes, die nur unvollkommen von humorvollen Einlagen kompensiert wurden. Die Sätze waren oft nicht logisch beendet, hin und wieder entbehrte ein Satz jeglicher Logik [...]. So sagte der Patient [...] beim Ansehen einer Stablampe: ›Das ist ein Ding, um es da oben hineinzustecken‹.«[118]

Jürgen Eggebrecht im Juli 1965

Mit Verdacht auf Hirntumor wird Eggebrecht am 23. Oktober in das Allgemeine Krankenhaus Heidberg verlegt. Dort entscheidet man sich unter dem »Eindruck einer fortschreitenden hirnorganischen Veränderung mit mnestischer Aphasie« zur Operation. Am 24. Oktober wird ihm ein »kastaniengroßer, solider, fest umgrenzter Tumor« entfernt. Nach der gelungenen OP gehen laut Arztbericht die Sprachstörungen »erfreulich rasch« zurück.[119] Um weitere Fortschritte zu erlangen, muss Eggebrecht regelmäßig üben. Diese Übungsstunden werden zunächst im Krankenhaus absolviert – Eggebrecht verbringt nach der Operation weitere gute zwei Monate dort; nach seiner Entlassung am 18. Dezember übernehmen diese Aufgabe Freunde von ihm, allen voran der Schriftsteller Georg Schneider, der zudem als FDP-

Georg von der Vring, 1962

Jürgen Eggebrecht mit Georg Schneider in der Wohnung in der Ungererstraße 30, 1962

Politiker der Verfassungsgebenden Landesversammlung angehörte sowie dem ersten Bayerischen Landtag. Als Schneider in der Züricher Wochenzeitung *Die Tat* Eggebrecht zu seinem 70. Geburtstag gratuliert, erinnert er sich auch an diese Zeit: »Als wir uns kennenlernten, hattest Du gerade Deine große, unermeßlich schwere Operation hinter Dir und Deinen Gehirntumor, aber auch Deine so geliebte, so oft im Gespräch geübte Sprache verloren. Wir lernten sie wieder […]. Die alterslosen Bäume im Englischen Garten hörten uns zu.«[120] Der Franke Schneider stirbt 1973, und Eggebrecht ruft ihm in der *Tat* nach. Auch hier findet der Sprachlehrer Erwähnung, der mit dem Rekonvaleszenten übte: »Man taucht mit ihm zurück und aufbricht ein Strom von Güte und Geduld, die einfach in ihm steckten. So lehrte er mich in sechs Jahren die deutsche Sprache noch einmal, unterrichtete mich nach meiner Gehirnoperation, bis ich sie endlich wiederfand.«[121] Eggebrechts Spaziergänge finden auch in einem Brief Georg von der Vrings vom März 1959 Erwähnung: »Du wirst noch viele Dinge aussprechen müssen. Der Ausweg des vollkommenen Schreibens bleibt Dir vorerst. Fühlst Du Dich körperlich kräftig? Gehst Du viel spazieren?«[122]

Die Spaziergänge finden in München statt. Denn an eine Wiederaufnahme der Rundfunktätigkeit in Hannover ist nach der

Der Rekonvaleszent, 1962 in München

Elfi Eggebrecht in der Münchner Küche, 1975

Operation nicht mehr zu denken. Eggebrecht scheidet 1959 aus dem NDR aus und zieht mit seiner Frau nach München um, in die vertraute Wohnung seiner Schwiegereltern in der Ungererstraße. Nun ist Eggebrecht, der gebürtige Altmärker, endgültig in München angekommen, wo er bis zu seinem Tode leben und arbeiten wird.

Münchner Runde

Georg Britting mit seiner Frau Ingeborg als junges Paar

Georg Britting, um 1955

Jürgen Eggebrecht, Oda Schaefer und Horst Lange im Regina Palast Hotel beim Tukan-Leseabend am 2. November 1964

Zu seinen Freunden in München gehören: Georg Schneider, Georg von der Vring, Oda Schaefer und Horst Lange. Auch mit Georg Britting ist er bekannt. Ihn hat Eggebrecht wohl im OKW kennengelernt, nach dem Krieg suchte ihn der Lyriker in Warberg auf.[123] Britting wohnte ab 1951 mit seiner Frau Ingeborg am Sankt-Anna-Platz in München. Im selben Jahr hatte er im Schwabinger Café Leopold einen Stammtisch ins Leben gerufen, der bis weit über seinen Tod im April 1964 bestehen bleibt. Da Ingeborg Schuldt-Britting ab 1954 darüber Buch führt, wer an den literarischen Stammtischabenden teilnimmt – unter anderem Schneider, Podewils, Vring – können wir genau datieren, wann Eggebrecht zum ersten Mal hinzugestoßen ist.[124] Und zwar am 15. September 1960. Diskutiert er im Jahre 1961 dreimal mit, kommt er 1962 sechsmal ins Café Leopold. 1963 ist das Jahr, wo Eggebrecht am häufigsten am Stammtisch sitzt: nämlich insgesamt zehnmal. Im Jahr 1964 dann der Bruch mit Britting. Eggebrecht bringt in Erfahrung, dass Georg hinter seinem Rücken schlecht über ihn und seine Prosa geredet hat. Daraufhin schreibt er am 29. Februar an Oda Schaefer: »Ich hingegen werde nie wieder an Brittings Stammtisch gehen.«[125] Georg Britting stirbt am 27. April 1964, also nur zwei Monate nachdem Eggebrecht beschlossen hatte, sich nicht mehr sehen zu lassen. Mit dem Tod Brittings beendet auch seine Frau ihre Aufzeichnungen über die Teilnehmer, der Stammtisch selbst wird aber fortgeführt, soweit ersichtlich ohne Eggebrecht. So harmonisch und heiter, wie Ingeborg Schuldt-Britting den Stammtisch in ihren Erinnerungen »Sankt-Anna-Platz 10« zeichnet, ging es dort also nicht immer zu. Tratsch und Zerwürfnisse allenthalben. Die Sicht auf die jüngste Vergangenheit bzw. die Unsicherheit darüber, wer welche Rolle von 1933–1945 eingenommen hatte, spielt dabei auch immer eine Rolle.[126] Freilich werden die Spannungen rückblickend von den Beteiligten nicht mehr erwähnt bzw. in einem anderen Licht dargestellt. In einer Rede, die Eggebrecht einige Monate nach Schneiders Tod ihm zu Ehren hält, heißt es über den Stammtisch etwa: »Denke ich nur an ihn, dann sehe ich ihn wieder am Stammtisch im Leopold zu München mit seinem Freunde Georg Britting sitzen und Gespräche [...] voll gerechtfertigter Bosheit und seinem reizenden Sinn für die schlagfertigsten Ironien führen.«[127]

Splitterlicht (1975)

Am 1. Juni 1957, also nach dem dramatischen Zusammenbruch in Düsseldorf, äußert Georg von der Vring in einer Mischung aus Besorgnis und Hoffnung: »So fallen die Steine vom Himmel. Ach, ich hoffe immer, Du wirst gesund und alsdann reicher daraus hervorgehen.«[128] Eggebrecht hatte Glück im Unglück. Der Tumor war gutartig, er kommt in den Jahren nach der Operation wieder zu Kräften und sein Sprachvermögen stellt sich nach und nach wieder ein. Ob er aber reicher aus der Krankheit hervorging? Schwierig zu beantworten. Nicht mehr sprechen zu können, muss für einen Menschen wie ihn, der bis dahin nur in der Sprache gelebt hatte, eine traumatische Erfahrung gewesen sein. Dem Schriftsteller, Lyriker und Herausgeber der Zeitschrift *Akzente* berichtet er: »Lieber Hans Bender, der Schock von meiner Operation her wohnt noch in meinen Knochen. Ich habe das mündliche Erzählen verlernt und fange nun schriftlich damit an.«[129]

Äußerlich macht Eggebrechts Lyrik durch die Krankheit einen Transformationsprozess durch. Reime gibt es nicht mehr, und mit ihrem Wegfall geht auch der liedhafte Ton verloren. Prosasätze dominieren in den kurz gehaltenen Gedichten, zerrissen durch die Verszeilen. Und doch immer verbunden durch das Enjambement. Die formale Radikalität ist also nur eine scheinbare, »die Grammatik stimmt, die Syntax ist nirgends verletzt, Interpunktion sowie Groß- und Kleinschreibung halten sich an den Duden«.[130]

Verknappt, karg und hart kommen die 47 Gedichte daher, die 1975 bei Suhrkamp unter dem Titel »Splitterlicht« erscheinen. Wobei man auch das nicht überbewerten darf. Eggebrecht experimentierte ja schon immer mit kurzen lyrischen Formen. Erinnert sei etwa an das zitierte Gedicht »Chiffre« aus dem »Schwalbensturz«. Ein anderes Gedicht dort heißt »Verwandtschaft«, ebenfalls ein Vierzeiler, der Assoziationen mit dem japanischen Haiku wachruft – Eggebrecht schätzte diese spezielle Form der meditativen Weltbetrachtung sehr:[131]

»Splitterlicht«, 1975

Am Schiefersee fliegen zwei Schwäne
Vorbei.
Sie kehren die Luft wie
Gesang.

Die »Splitterlicht«-Gedichte spiegeln den lyrischen Ertrag der letzten Jahre wider. Viele von ihnen sind zuvor in den großen deutschen Tageszeitungen, etwa der *Frankfurter Allgemeinen*, wo Eggebrechts Bekannter Karl Korn arbeitet, veröffentlicht worden oder in der *Tat*.[132] Siegfried Unseld bringt Eggebrechts Anliegen auf den Punkt, wenn er im Vorfeld der Publikation an Eggebrecht schreibt: »Ich verstehe, wie diese Lyrik für Dich gemeint ist – als Meditation, als den Versuch, Dein Leben schreibend zu bestehen, und hier will ich Dir an die Seite treten und auch das Buch machen, obschon wir uns klar sein müssen, daß die Zeit nicht reif ist für solche Gedichte.«[133]

Das Problem der Sprache ist neben der Verarbeitung der Operation eines der vorherrschenden Themen in diesem Gedichtband. Daneben arbeitet sich Eggebrecht natürlich weiterhin an dem Themenkomplex der Memoria ab. Doch in Anbetracht der Bedeutung, die dem Vorgang der Erinnerung in den anderen Veröffentlichungen zukommt, steht das »Summen des Vergessens«, wie es in dem Gedicht »Im Kern« einmal heißt,[134] nicht im Vordergrund. Auch das Nachwort, das der Schriftsteller und Turkuloge Wolf-Dieter Bach beisteuerte – er ist auch für die Gedichtauswahl sowie den Titel verantwortlich –, deutet das in seinem Titel an: »Erinnern gegen Erinnerung. Zu Jürgen Eggebrechts Lyrik.«[135] Die Beschreibung von Fauna und Flora interessiert Eggebrecht hingegen so gut wie gar nicht mehr.

»Holterdipolter« nennt sich ein Gedicht und fasst präzise die Angst des Patienten JE vor der Diagnose: »Der Arzt/schaut mich über/die Brille weg an. [...]. In blinden Adern/Druckwellen, Verdunkelungen,/Verfremdungen./Das Herz stolpert.«[136] Ein anderes nennt sich »Zeit« und thematisiert in den ersten beiden Strophen den Wunsch des Patienten endlich einmal wieder vom Krankenlager aufzustehen: »Auf den Gang/hinausgehn!/Das wäre was. Von einem Fenster/zum andern/wimmeln Schwestern.«[137] Beschreiben diese beiden Gedichte Augenblickssplitter Jürgen Eggebrechts zur Zeit seiner Tumorerkrankung, beschäftigen sich andere wie »Soviel Zuversicht« und »Wortwahl« mit dem Verlust des Sprechvermögens und seiner mühevollen Wiedergewinnung. Ihnen eingeschrieben ist die tägliche Mühsal wie die Melancholie desjenigen, der um jeden Buchstaben ringen muss: »Das Eis im Innern enthält jedes Wort«.¹³⁸ Wieviele Worte mag Eggebrecht in den Jahren nach seiner OP wohl »verspielt« haben?¹³⁹ Am eindrücklichsten hält Eggebrechts Kampf das Gedicht »Sprache« fest. Es sei hier ganz wiedergegeben [rechts das handschriftliche Original]:¹⁴⁰

Er schreibt so stockend fort
wie bisher, verbiestert sich.
Setzt von neuem an.

Der Geruch nach Teer,
die vielen Zwischentönungen.

Scherben des Augenblicks
blinken.

Die Geheimnisse
kommen mit einem »Guten Morgen«.

Handschriftliches Manuskript des Gedichtes »Sprache«, Warberg 23. April 1973

»Thema und Inhalt stehen in ihrer Bedeutung für den Dichter eindeutig über derjenigen der Form«, schreibt Charles Linsmayer in seiner langen Besprechung für *Die Tat*. Die Rätsel, die so manches Gedicht aufgibt, die Geheimnisse, die so manches Gedicht birgt, entstehen daher nicht durch ein formales Aufsprengen semantischer Logik, sondern durch eine scheinbar mutwillige Verbindung von Gedanken- und Beobachtungspartikeln. Alles, was das Auge wahrnimmt, gilt es, als blinkende Scherben des Augen-Blicks festzuhalten. Wenn Heinz Piontek in seiner Rezension für die *Neue Zürcher Zeitung* konstatiert, der »späte Eggebrecht sei ein Schwieriger« geworden, dann begründet er das mit Eggebrechts »Hinwendung zum Spröd-Störrischen, Grotesken, zu Sprachwitz und mutwilligem Rätsel«, die ihr Vorbild in Eich besitzt, ohne dass diesem »epigonal« gefolgt wird. Dem Leser der späten Eggebrecht-Gedichte empfiehlt Piontek: »Unser Verstehen muss sich schlafwandlerisch auf den Weg machen. Der erfordert Sprünge: von einem Bild zum andern, einem Augenblick zum andern, einem Wort zum andern – Schritte vor und zurück, tänzerische Leichtigkeit, der Grat ist schmal […].«¹⁴¹ Piontek bezieht sich dabei konkret auf das letzte Gedicht des Bandes »Liege«, das gleichzeitig das erste gewesen ist, das Eggebrecht

53

nach seiner Operation geschrieben hatte. Möglicherweise noch im Krankenhaus, denn mit der Wand, die hier beschworen wird, ist die Wand hinter dem Krankenbett gemeint. Die sprachliche Artikulation fällt im Wachzustand schwer. Im Reich des Traumes jedoch gelingt sie.

> Liege
> an dieser
> Wand voller Rätselsprüche.
>
> Du
> wirst
> die Lösungen hören,
> wenn du schläfst.

In einem Brief, den Eggebrecht nach Erscheinen von Pionteks Besprechung dem Schriftsteller schickt, erklärt er: »Ich habe gemeint, ›Splitterlicht‹ umfasse meine schwierigste Zeit, die womöglich noch länger dauert. Ich fühle mich heller, luftiger, freier gewiß durch die 6 Jahre, die ich nur mühselig reden konnte. Aber das Glück, das aussprechen zu können, was ich dezidiert meine, ist überraschend für mich selbst.«[142] Gibt es ein besseres Resümee für Eggebrechts letzten Gedichtband?

Letzte literarische Auftritte

Eggebrecht plant nach »Splitterlicht« zunächst einen weiteren Band mit Gedichten bei Suhrkamp herauszugeben. Doch Siegfried Unseld lehnt im Frühjahr 1977 ab. Das geht hervor aus einem Brief Eggebrechts an Wolf-Dieter Bach, in dem er ihn über Unselds Absage informiert: »Da nicht einmal 1000 Stück verkauft sind, fragt er sich, man kann nur sagen: verständlicherweise, wozu?« Über die Gründe, warum »Splitterlicht« schlecht läuft – und daher ein weiterer Band sicherlich auch kein Erfolg werden würde – macht sich Eggebrecht keine Illusionen: »Unser […] Angebot zielt ja nicht aufs Kaufmännische, eher Esoterische mit starker Bindung an die Zeit, die in Vergessenheit gerät […] Damit ist wenig zu machen, meine ich. Ich kann es also Unseld nicht verdenken, wenn der Kaufherr jetzt in ihm regiert.«[143]

Nachdem *Die Tat*, in der Eggebrecht seit Dezember 1966 in großer Regelmäßigkeit seine Arbeiten unterbringt, am 1. April

1977 ihr Erscheinen einstellt,[144] veröffentlicht er vor allem in Walter Lobensteins Lyrik-Heft *Wegwarten*. Freilich hat er dort auch schon vorher ab und an ein Gedicht oder ein Feuilleton untergebracht. Das geht hervor aus Lobensteins »Gruß« zum 80. Geburtstag Eggebrechts: »In den Jahren seiner Mitarbeit an den Wegwarten entstand so mancher Beitrag, für den wir Jürgen Eggebrecht Dank sagen […] Wir denken an seine Würdigung der Briefe Ernst Barlachs [Heft 37, 1970/71], an seinen Paristext [Heft 44, 1972], an seine Stellungnahme zur Museumssituation ›Gerechtfertigte Museen‹ [Heft 52, 1974], an seine Erinnerungen an das Kulinarische bei Mostars ›in Lorbeerblatt‹ [Heft 68, 1978] und viele andere geistreiche Essays. Und dann seine Gedichte!«[145]

Walter Lobenstein ist selbst Schriftsteller, vor allem aber ein umtriebiger Herausgeber (unter anderem war er mehrere Jahre Mitherausgeber der *Horen*). Seine *Wegwarten* haben Rilkes gleichnamiges Projekt von 1896 zum Vorbild, das aber über drei Nummern nicht hinausgekommen ist. Lobenstein ist da mehr Erfolg beschieden. Zum ersten Mal erscheinen die *Wegwarten* 1961, und im Frühjahr 1974 ist er schon beim 50. Heft angelangt.[146] Die Auflage liegt bei etwa 200 Stück, und die Autoren erhalten keine Honorare, da die Hefte unentgeltlich an ausgewählte Personen versendet werden. Auch Rilke hatte seine *Wegwarten* bereits verschenkt. Für die besondere grafische Gestaltung der lange Zeit unter einem bestimmten Thema stehenden Hefte – von Theater über Armut bis Paris, Wasser und Zeit wurde alles verhandelt – sorgte der bekannte Künstler Fritz Möser mit eigens angefertigten Linoldrucken. Erlesen auch der Kreis der Beiträger: Hilde Domin, Hans Erich Nossack, Wolfgang Weyrauch, Ernst Jünger, Karl Krolow, Max Brod. »Abschnitte« heißt Eggebrechts letztes veröffentlichtes Gedicht. Es findet sich im *Wegwarten*-Heft Nr. 82 von 1982.[147]

Umschlag der Literaturzeitschrift »Wegwarten«, Heft 69, Winter 1978/79

Wer glaubt der Vergangenheit?
Sie ist die Erfahrung.
Aus ihr lernt man
oder man lernt nicht

Vielleicht nicht, um den
Augenblick zu genießen,
der, fremdestes Wesen, in die
Zukunft zurücktaucht.

Letzter öffentlicher Auftritt: Jürgen Eggebrecht liest Gedichte auf dem V. Schriftstellerkongress des Verbandes deutscher Schriftsteller, Hofbräuhaus München, 29. Februar 1980

Seinen letzten großen öffentlichen Auftritt hat Jürgen Eggebrecht am 29. Februar 1980 im Festsaal des Münchner Hofbräuhauses. Die Abendveranstaltung mit dem Titel »Anthologie live '80« bildet den Auftakt zum V. Schriftstellerkongress des Verbandes deutscher Schriftsteller in der IG Druck und Papier, der am 1. und 2. März im Münchner Stadtmuseum stattfindet. Hintergrund des Kongresses bilden die Attacken des damaligen Ministerpräsidenten Franz-Josef Strauß, der zuvor einige bundesdeutsche Autoren übel verunglimpft hatte, indem er sie mit Ungeziefer verglich, das vertilgt gehöre. Die IG Druck und Papier erstattete daraufhin Strafanzeige wegen Volksverhetzung. Wohl selten zuvor und niemals danach hat die bayerische Traditionsgaststätte eine so staatliche Anzahl renommierter Schriftsteller und Schriftstellerinnen gesehen. Es lesen an diesem denkwürdigen Abend unter der Moderation von Walter Jens – er ist für den erkrankten Heinrich Böll eingesprungen – unter anderem: Carl Amery, Wolfgang Bächler, Ingeborg Drewitz, Günter Grass, Rolf Hochhuth, Yaak Karsunke, Heinar Kipphardt, Peter Rühmkorf, Thaddäus Troll. Bernt Engelmann, der amtierende Vorsitzende des Verbandes deutscher Schriftsteller äußerte zur Eröffnung: »Daß wir heute so zahlreich, daß wir hier in München auch qualitativ so glänzend vertreten sind, mag auch ein wenig damit zusammenhängen, was bestimmte politisch Verantwortliche in diesem Freistaat Bayern letzthin geäußert haben. Zweifel an dem richtigen Literatur- und Demokratieverständnis des derzeit in München amtierenden Ministerpräsidenten kamen uns schon vor geraumer Zeit, als er erstmals uns kritischen Autoren [...] Plätze außerhalb der menschlichen Gesellschaft zuwies.«[148]

Eggebrecht liest an diesem Abend dreizehn unveröffentlichte Gedichte. Da die Veranstaltung vom Bayerischen Rundfunk mitgeschnitten wird, können wir noch heute einen rüstigen, 81jährigen Autor hören, der seine Texte glasklar und schneidend vorträgt. Weit, sehr weit hat sich Eggebrecht inhaltlich und formal von seinen mystisch-frömmelnden Anfängen Ende der zwanziger Jahre entfernt. Und ist sich doch über die Jahre hinweg treu geblieben. Zwei Gedichte umkreisen noch einmal den Krieg, »Soldat« ist das eine, »Erster Mobilmachungstag« das andere.[149] In letzterem hört das lyrische Ich einen Schrei, der »gegen Abend« untergeht. Doch vorbei ist er deshalb noch lange nicht: »Aber wie ein Echo vernehme ich ihn,/so als gäbe es ihn noch.«[150] Dass der Schrei auf eine nicht näher bestimmte Art und Weise mit Krieg zu tun hat, erfahren wir überhaupt nur aus dem Gedichttitel. Gespenstisch. Andere Gedichte wiederum zeigen den Melancholiker Eggebrecht, der um den unaufhaltsamen Lauf der Zeit weiß. »Jahr um Jahr geht dahin«, heißt es im Gedicht »Was aber sonst?« und im Gedicht »Tannenzapfen« weise-leise: »Ich überlasse es der/Welt, ob sie sich/fortzusetzen/gedenkt.«[151] Die Summe eines Dichterlebens findet sich allerdings in einem anderen Gedicht, dem wunderbaren, nomen est omen, »Facit.«[152]

Mit zwei oder
mehreren Unbekannten
rechnen täte gut.

Das Vorher schreiben
wir ab.
Zahlen hinter dem
Komma sind gleich Null.

Ein Mensch gewesen
zu sein reicht.

Jürgen Eggebrecht im Dritten Reich

Ich bin zur leidenschaftlichen Bekennerin für den Frieden geworden, einen Frieden, der für die Welt kommen muss, will sie sich nicht selbst vernichten.

Oda Schaefer, Auch wenn Du träumst, gehen die Uhren

Am 1. April 1933 muss Eggebrecht seine Arbeit bei der DVA aufgeben. Also zum »denkbar frühesten Termin«, wie er später stets betont.¹⁵³ Der Grund: Weil er nicht der NSDAP angehört. Und auch keine Aussicht zu bestehen scheint, dass er ihr jemals angehören wird – wie auch sonst keiner NS-Organisation.¹⁵⁴ Auch in die Reichsschrifttumskammer tritt er nicht ein, wie viele seiner Freunde, etwa Günter Eich, der die Nummer 59 besitzt.¹⁵⁵ Die folgenden Jahre bis zum Ausbruch des Zweiten Weltkriegs sind für Eggebrecht, seine Frau Elfi und den 1935 geborenen Sohn Arne nicht einfach, denn das Paar verfügt über kein geregeltes Einkommen. Wie und von was die Familie zu dieser Zeit genau lebt, ist vage. Dokumente und Briefe besitzen wir nicht mehr, da sie am Kriegsende nicht gerettet werden konnten – Eggebrechts Haus in Eichwalde im Kreis Teltow fällt in russische Hände. Dort hatte er seit 1938 gewohnt, wohl auch, um Geld zu sparen. Es gehörte seiner verwandtschaftlich nicht näher zu bestimmenden Tante Helene von Möllendorf. »Es ist ein Jammer, daß auch […] meine gesamten Papiere in Berlin beziehungsweise in Eichwalde bei Berlin, wo ich seit 1938 wohnte, verloren gegangen sind,«¹⁵⁶ heißt es 1951 in einem Brief an die DVA.

Der Verlust ist in der Tat schmerzlich. Denn unter den Papieren befinden sich nicht nur diejenigen, die uns Näheres über Eggebrechts Leben und Arbeit erzählen könnten – etwa: schrieb er in jenen Jahren Gedichte und wenn ja, welche? –, sondern auch alle Briefe von Günter Eich und Peter Suhrkamp aus den dreißiger Jahren. Das geht hervor aus Anfragen des Suhrkamp Verlages in den siebziger Jahren. Nach dem Tod von Günter Eich Ende 1972 trat Unseld an Eggebrecht mit der Bitte heran, ihm doch noch frühe Gedichte des Freundes zu geben. Eggebrecht muss verneinen, »die Ms. der Art, die er mir vor allem in der frühen Zeit unserer Begegnung dedizierte, gingen im Krieg verloren«.¹⁵⁷ Und bezüglich Peter Suhrkamp, der die Eggebrechts gemeinsam mit seiner Frau

Juni 1938: Elfi mit Helene von Möllendorf im Garten in Eichwalde. Im Hintergrund Jürgen Eggebrecht

Annemarie des öfteren in Eichwalde besucht hatte, teilt er dem Verlag mit, dass er leider gar nichts mehr an Fotos von Peter Suhrkamp besitze, da sie wohl alle in Eichwalde verkommen sind.[158]

Ein winziges Licht ins Dunkel jener Eggebrechtschen Jahre ab der Machtergreifung Hitlers bringt er selber in seinen Erinnerungen an Günter Eich. Dort schreibt er über die Zeit nach seiner Entlassung: »Es entstand für mich eine schwirige Lage. Sie konnte nur gelindert werden durch den Ullsteinverlag, dessen künstlerischer Leiter mir ein externes Lektorat anbot. Außerdem stand es mir frei, alle vier Wochen ein oder zwei Feuilletons in der *DAZ* unterzubringen.«[159] Welche Bücher Eggebrecht zu dieser Zeit für den ›arisierten‹ Ullstein Verlag, der »1934 für einen Schleuderpreis an eine Finanzierungsgesellschaft verkauft« wurde, »hinter der die NSDAP stand«,[160] lektorierte, wissen wir (bislang) nicht. Familienerzählungen der Eggebrechts zufolge las er die zu lektorierenden Bücher auch gar nicht selber, sondern seine Frau Elfi. Sie musste ihm sodann den Inhalt erzählen, damit er seine Beurteilung schreiben konnte.

Im gesamten Nachlass finden sich aus dieser Zeit lediglich drei Rezensionen, und diese stammen aus den Jahren 1938 und 1939 und sind auch nicht in der *Deutschen Allgemeinen Zeitung,* sondern in der *Deutschen Zukunft* erschienen. Gibt es weitere? Es handelt sich dabei um Bücher weitgehend systemkonformer Autoren. Von Ina Seidel bespricht Eggebrecht den Roman »Lennacker. Das Buch einer Heimkehr«. Von Hans Brandenburg rezensiert er »Vater Öllendahl«. Und vom Mitherausgeber der *Deutschen Zukunft,* Paul Fechter, »Die Gärten des Lebens«.[161] Alle drei sind weit in die Historie ausgreifende, schwülstige Familien- und Entwicklungsromane, die vor bzw. nach dem Ersten Weltkrieg enden. Eggebrecht lobt sie, auch wenn man sich nicht vorstellen kann, dass sie ihn, den einstigen Lektor Breitbachs und Freund Kestens wirklich überzeugt haben – 1946, in seinem ersten Text nach dem Krieg, stellt er für die von Adolf Grimme herausgebene Zeitschrift *Die Schule. Monatsschrift für geistige Dichtung* eine Liste mit Büchern zum Neudruck und zum Wiederlesen zusammen, die viel eher seinen literarischen Geschmack abbilden. Zu den Büchern gehören unter anderem: »Krieg und Frieden« von Tolstoi, »Der große Krieg in Deutschland« von Ricarda Huch und »Professor Unrat« von Heinrich Mann.[162]

Aufschlussreich die Formulierungen, die Eggebrecht verwendet, um die drei Romane zu befürworten. Sie sind merkwürdig verblasen, aus heutiger Sicht wird man den Eindruck nicht los, sie bemühen sich, möglichst nichtssagend zu sein. Schreibstrategien unter der Diktatur? Oder was soll etwa das Fazit bedeuten, das er über Fechters Roman gibt? Er schwadroniert: »Großräumig und ruhevoll liegt dieses opus immensum infinitumque als eine warme unübersehbare abgründige Dämmerheimat des Herzens und des Geistes, als der seelischen Landschaft gewandeltes Erbgut des Einst und Unwiederbringlich vor uns da.«[163] Eindeutiger NS-Jargon wird vermieden, stattdessen schreibt Eggebrecht lieber, wie im Falle Fechters, von einem »zeitüberwindenden Roman«, verfasst von jemandem, dessen »geistige Haltung« die eines »aufgeklärten Aristokratismus« sei. Eingestreut sind dann Signalwörter wie »männlich«, »unsentimental« und »Erbgut«, die den Abdruck einer Rezension ermöglichen.[164] Auch bei Ina Seidels Episodenroman, in dem sie sich »zum christlich humanistischen Weltbild bekennt und dabei nicht nur auf Zustimmung« stößt,[165] versucht sich Eggebrecht zu winden, attestiert ihr »außerordentliche Lebendigkeit«, »Leuchtkraft« und »Geschlossenheit« und schließt: »Lennacker ist ein Buch des persönlichsten Lebens, aber ohne Zweifel auch ein Sendbote in unsere Zeit, dem aufgetragen wurde das Evangelium von der Erhebung des Menschen über sich selbst.«[166]

Ein Leichtes, solch einen Satz rückblickend als pauschale Befürwortung des NS-Regimes zu werten. Damit wird man Eggebrecht jedoch nicht gerecht. Freilich: Wirklicher Widerstand sieht anders aus. Eggebrecht ist definitiv niemand, der die ausdrückliche Konfrontation mit den Nationalsozialisten gesucht hätte. Er ist aber auch niemand, der den Ausweg im vollständigen Rückzug gesucht hätte. Vielmehr ist er jemand, der bei den Nazis nicht mitmachen wollte und von 1933–1939 versucht hat, sich ohne feste Anstellung und damit ohne festes Gehalt durchzulavieren. Und dabei gewisse Kompromisse eingegangen ist. Diese könnten es wohl auch sein, die ihn im Nachkriegsbrief an Annemarie Suhrkamp von dem »vielen Unzulänglichen und seiner Schuld« sprechen lassen.[167] Bei all dem gilt es aber auch für einen Rezensenten, der Eggebrecht in den Konsolidierungsjahren der NS-Diktatur in bescheidenem Umfang war, zu bedenken, was Eberhard Lämmert generell in Bezug auf die Literatur unter den Nazis formuliert hat: »Auch dann, wenn eigener Entschluss oder Nötigung ihn im Lande hielten, ließen die Gesinnungsdiktaturen des 20. Jahrhunderts zwischen Befürwortern und Gegnern ihrer Politik keine neutrale Zone mehr zu, sondern brandmarkten jeden, der in seinen Publikationen Zeichen der aktiven Zustimmung unterließ, als Regimegegner und -schädling mit den einschränkenden oder vernichtenden Folgen, die sich für jedwede künftige publizistische Betätigung daraus ergaben. Aus diesem Grunde tragen schließlich auch die Texte derjenigen, die sich aus ganz unterschiedlichen Gründen dem Sog der diktatorischen Forderung zur Huldigung des Regimes entzogen, gemeinsame Spuren und Narben aus dieser Vorentscheidung davon.«[168] Und Sarkowicz/Mentzer verweisen in der breit angelegten Einleitung ihres Buches »Literatur in Nazi-Deutschland« auf die große Inhomogenität derjenigen Literaten, die nicht das Regime befürworteten: »Jede Schriftstellerpersönlichkeit ist ihren Weg gegangen, hat ihre Kompromisse und Konzessionen gemacht. Wie stark man sich dabei mit dem nationalsozialistischen Apparat einließ, zu wieviel Widerstand man in der Lage war, hing von persönlichen Umständen und von der eigenen Stärke ab. Mut gehörte dazu, den braunen Machthabern die Stirn zu bieten [...].«[169]

Dass jeder Schriftsteller seinen eigenen Weg gegangen ist, dafür ist vielleicht gerade Eggebrechts Freund Günter Eich ein gutes Beispiel – 1936 verbringen die Eggebrechts den Sommer an der Ostseeküste in Poberow bei Cammin: »Da stand Günters kleines Haus, noch ohne Wasser und Licht, an einem paradiesischen Sandstrand.«[170]

Elfi mit Arne an der Ostsee, Poberow 1936

Lange Zeit ging man davon aus, dass Eich das Dritte Reich integer durchgestanden hätte. Bis es im Zuge der Herausgabe seiner »Gesammelten Werke« Anfang der neunziger Jahre des vergangenen Jahrhunderts zur sogenannten Günter-Eich-Debatte kam.[171] Mit über 160 Funkarbeiten in den Jahren 1933–1940 war Eich nicht nur produktiver als in der gesamten Nachkriegszeit, er zählte auch zu den »beliebtesten Funkautoren« der Zeit, was ihm nicht zuletzt auch ein finanziell gesichertes Dasein bescherte.[172] Seine Verstrickung gipfelte in dem anti-englischen Propagandahörspiel »Die Rebellion in der Goldstadt« aus dem Jahre 1940.[173] Aus den Jahren zuvor ist vor allem die mehr als 70 Folgen umfassende Sendereihe »Deutscher Kalender. Monatsbilder vom Königswusterhäuser Landboten« zu nennen, die Eich abwechselnd mit dem Freund aus gemeinsamen *Kolonne*-Tagen, Martin Raschke, ab dem 3. Oktober 1933 verfasste – Vieregg nennt

Ballspiel. Eggebrecht im Urlaub an der Ostsee, Poberow 1936

Familienurlaub an der Ostsee, Poberow 1936

61

die »längste und beliebteste Funkserie des Deutschen Reiches« die »umfassendste Idyllenproduktion des nationalsozialistischen Rundfunks«.¹⁷⁴

Eich ist also umfänglich in den Unterhaltungsapparat des Dritten Reiches eingebunden gewesen, dessen »wichtigste Aufgabe es war, inmitten einer von Terror und Krieg geprägten Umgebung die Illusion einer ›heilen Welt‹ zu produzieren«.¹⁷⁵ In diesen Zusammenhang gehört auch die Duldung von Oskar Loerke und Wilhelm Lehmann und ihrer Naturlyrik, denn »insbesondere während des Krieges war diese Heile-Welt-Illusion offiziell erwünscht. Unpolitisches Schreiben konnte in diesem Sinn systemstabilisierend wirken«.¹⁷⁶ Insofern verkennt Eggebrecht rückblickend die Rolle Eichs als Funkautor im Dritten Reich – und, folgt man dem Zitat, auch seine eigene Rolle als erfolgreicher Vermittler – wenn er in seiner Erinnerung an den Freund schreibt: »Es war mir geglückt, die sich stetig fortsetzende Folkloresendung ›Der Königswusterhäuser Landbote‹ im Verlag G. Stalling unterzubringen. Er schrieb für den Rundfunk weiter, und was er mir als antigesellschaftlich darüber vortrug, ließ sich im Politisch-Sozialen wiederfinden. Er gehörte noch zu den ›Loerkeleuten‹, wie man hin und wieder vernahm, doch glaube man keineswegs, es könnte die Ausgepichtheit des hochentwickelten Fortgeschrittenseins seines Künstlertums etwa Glück oder friedliche Zeiten bedeuten.«¹⁷⁷

Klarer, als es Eggebrecht nach dem Tod Eichs tut, sah Eich nach dem Krieg seine eigene Verstrickung. Und machte sie zum Ausgangspunkt für seine Gedichte und Hörspiele. Das hat Vieregg sehr klar herausgearbeitet, weswegen seinen Schlussfolgerungen voll und ganz zuzustimmen ist: »Nicht, weil er sich ›irgendwie und makellos‹ durch das Dritte Reich ›gerettet‹ hätte, wie man es mit Joachim Kaiser gern sehen wollte, sondern weil er sich im Gegenteil verstrickt hatte und sich seiner eigenen Fehlbarkeit bewusst geworden war, konnte Eich zu einem bedeutenden Dichter und Moralisten werden. Nur weil er an sich selbst die ›Grundsituation‹ erfahren hatte, ›in der der Mensch über sich selbst zu Gericht sitzt‹, in der Reflexion über sein eigenes Schuldigwerden, konnte er jene Gestalten schaffen, die seinen Nachkriegsruf begründeten […]. Sollte man nun den frühen Günter Eich für eine Verstrickung verurteilen, ohne die der spätere nicht zu haben gewesen wäre?«¹⁷⁸

Das Paar in den dreißiger Jahren

Neben den drei Buchbesprechungen weist der Nachlass nur

noch einen Text aus den Jahren 1933 bis 1939 aus. Es ist eine längere Würdigung des Schriftstellers Werner Beumelburg und findet sich 1935 im Mai-Heft der von Will Vesper herausgegebenen Zeitschrift *Die Neue Literatur* – ein aggressives, antisemitisches Forum nationalsozialistischer Kulturpolitik.¹⁷⁹ Der Text unter der Überschrift »Werner Beumelburg. Seine Aufgabe und sein Werk« ist derjenige aus Eggebrechts Feder, dem man am ehesten Sympathie für das neue Regime unterstellen könnte. Handelt es sich doch bei dem 1899 geborenen Beumelburg, Soldat des Ersten Weltkriegs und Verfasser der erfolgreichen Kriegsromane »Sperrfeuer um Deutschland« (1929) und »Gruppe Bosemüller« (1930), um eine nationalkonservative Figur, die die Weimarer Republik und ihr Parteiensystem strikt ablehnte und sich nach einer autoritären Führerfigur sehnte. Ausdruck findet diese Haltung nicht zuletzt in der Schrift »Deutschland in Ketten« von 1931. Hitlers Machtergreifung begrüßt der ehemalige Frontkämpfer umgehend (»Deutschland erwacht. Deutsches Wort, deutscher Geist, deutsche Tat«, 1933) und schickt sich als Geschäftsführer der gleichgeschalteten Sektion für Dichtkunst in der »gesäuberten« Preußischen Akademie der Künste an, den neuen Machthabern zu Diensten zu sein. Obwohl selbst nie NSDAP-Mitglied, ist er unter anderem mit dem Kriegsroman »Das eherne Gesetz« (1934) sogleich ein »williger Propagandist«,¹⁸⁰ der gemeinsam mit anderen Autoren wie etwa Franz Schauwecker »die Verbindung von Frontkämpfertum und Nationalsozialismus« herstellt.¹⁸¹ Beumelburg führt schließlich ab 1942 als Luftwaffenoffizier das Kriegstagebuch für Hermann Göring: »Seine Ämter und seine in riesigen Auflagen erscheinenden Bücher machen ihn zu einem repräsentativen Autor dieses Staates.«¹⁸²

Eggebrecht will mit Beumelburg nach dem Krieg, so erfahren wir aus einem Brief an Muschelkalk vom Mai 1955, keinerlei Kontakt mehr haben: »Ich für meine Person möchte wirklich mit Beumelburg nichts mehr zu tun haben.«¹⁸³ Im selben Brief gesteht er aber auch eine gewisse Faszination ein, die Beumelburg eine Zeit lang auf ihn sowie auf Gescher, Muschelkalks zweiten Ehemann [zu ihm weiter unten ausführlicher], ausgeübt hatte: »Er war für Gescher und mich einst eine gefährliche Zugabe, und gerade wir haben unter ihm gelitten.«¹⁸⁴ Was mit »Zugabe« genau gemeint ist, muss ebenso offen bleiben wie die Frage, worunter beide bei Beumelburg gelitten haben.

Eggebrecht muss Beumelburg wohl im Berlin der frühen

Geburtstagsfeier von Julius Gescher 1932 in Berlin. Rechts am Tischende Jürgen Eggebrecht. Ihm gegenüber Gescher

dreißiger Jahre kennengelernt haben. Beumelburg ist 1939 auch Pate von Eggebrechts zweitem Sohn Jörg geworden, obwohl er sich dann nie für den Jungen interessiert hat. Überhaupt scheint schon ab 1940 der Kontakt zwischen beiden abgebrochen zu sein. »Aber nie hat er sich gerührt«, schreibt er an Muschelkalk, »und sich auch, was ich ihm immer verdacht habe, niemals um meinen Zweiten, den Jörg, gekümmert, bei dem er partout hatte Pate stehen wollen«.[185] Eggebrecht sieht Beumelburg, der 1963 in Würzburg stirbt, kurz nach dem Krieg ein letztes Mal in München.[186]

Eggebrechts Aufsatz über Beumelburg steht wie ein Solitär zwischen all seinen Texten. Das gilt für seinen Betrachtungsgegenstand, einen ausgewiesenen rechten Schriftsteller. Hätte Eggebrecht den Text geschrieben, wenn er nicht mit Beumelburg bekannt gewesen wäre? War es ein Auftrags- oder ein Gefälligkeitstext? Oder möglicherweise beides? Singulär zudem die Diktion, die einzelne radikale Passagen miteinschließt. Sie lassen erkennen, für welche Zeitschrift der Text geschrieben ist. Denkbar wäre, dass der eine oder andere Satz von Redakteuren verstärkt worden ist. Jedenfalls kann man nie wieder danach von Eggebrecht Sätze lesen, wie die über Beumelburgs Verhältnis zur Weimarer Republik: »Ihn verlangte nach seinem Deutschland der Frontgemeinschaft. Aber wo, wo sollte er es finden inmitten einer aus den Fugen geratenen, verludernden Epoche? Der Strudel schmählicher Ereignisse riß manchen Gefährten fort und der gemeine Ton des Parteigezänks verdarb die Gemüter. Wem konnte man trauen? Jedenfalls nicht den leeren Versprechungen, die damals gang und gäbe waren. Man mußte einen neuen, starken Geist zu beschwören wagen, der, wenn man etwas taugte, in einem selber steckte.«[187]

Dass Beumelburg jemand ist, der diesen »neuen Geist« mit jedem seiner Bücher zu beschwören unternahm, daran lässt Eggebrecht keinen Zweifel. Dahinter könnte man freilich auch eine spezielle Schreibstrategie vermuten. Denn so wie Eggebrecht den Text formuliert, klingt er, als wäre es nicht seine eigene Meinung, die er da vertritt, sondern stets die des Antidemokraten Beumelburg: »ihn«, und eben nicht Eggebrecht selber, »verlangte es nach seinem Deutschland«. Denn: »Der Krieg machte *ihn* mündig, er mobilisierte *seine* Begabung und gab *ihm* ein soldatisches Herz, das den Wankelmut nicht kennt.« [Hervorhebung, FW] Eggebrecht hingegen, so viel wissen wir bereits aus seiner Lyrik, erhielt durch sein eigenes Kriegserlebnis kein soldatisches Herz wie Beumelburg. Das »Erbe der Front, ihren Geist tausendfältig bewährter Stärke in eine bessere vaterländische Zukunft hinübertragen zu müssen, rüstete« eben nur »ihn«, Beumelburg, »mit dem zähen Eifer des schöpferischen Menschen« aus.[188] Eggebrecht bemüht sich, bei allen Zugeständnissen an den geschichtsverzerrenden Ton der Rechten und extremen Rechten, Distanz zu wahren. Von den Werken Beumelburgs erwähnt Eggebrecht so gut wie alle, die bis 1935 geschrieben worden sind: von den Kriegsberichten »Douaumont« (1923), »Loretto« (1927) und »Flandern 1917« (1928) über »Sperrfeuer um Deutschland« und die »Gruppe Bosemüller« bis zu »Deutschland in Ketten«, »Bismarck gründet das Reich« (1932), »Der Feigling« (1933) und »Das eherne Gesetz«. Die Leistung des Autors, so Eggebrecht in seiner Schlussfolgerung, besteht nun darin, dass er in seinen Büchern gezeigt hat, dass, »wie einst der Siebziger Krieg, so in noch höherem Grade der Weltkrieg nach Beumelburg zu unserer Volkswerdung entscheidend beigetragen« hat.[189] »Nach Beumelburg«! Weswegen das »neue Reich den heute Fünfunddreißigjährigen, wie es sein Wirken um die Wiedergeburt verdiente, mit den wichtigen Aufgaben bei der Neuschöpfung und Neugestaltung deutscher Kultur betraut [hat].«[190]

Die Freundschaft mit Julius Gescher

Im Zusammenhang mit Beumelburg fiel bereits einmal der Name, von dem nun zu reden ist: Julius Gescher. Gescher, Augenarzt und Homöopath, ist 1897 geboren, stammt wie der nur zwei Jahre ältere Beumelburg aus Traben-Trarbach und ist eine interessante Figur jener Jahre. Als homme de lettres ist er mit vielen Schriftstellern befreundet: nicht zuletzt auch mit Beumelburg. Obwohl selber kein Literat, ist er vielfältig erst mit der Münchner, dann mit der Berliner Künstlerszene verbandelt. Und das nicht erst aufgrund seiner Heirat mit Muschelkalk, der Witwe seines langjährigen Freundes Ringelnatz. Eggebrechts Bekanntschaft mit Gescher rührt aus seiner Zeit in Stuttgart, wo Gescher bei dem Chef des Homöopathischen Krankenhauses, Dr. Leeser, hospitierte: »Ich sehe ihn noch, wie er alle Tage auf seinem Motorrad brausend zu uns in die Kelterstraße kam. Eine helle Mütze tief in die Stirn gedrückt, ein Monteuranzug umschloss seine grazile Person und eine goldene Brille schmückte ihn. Wir gingen dann beide, er kurz vor mir, 1930, nach Berlin.«[191]

Julius Gescher und Jürgen Eggebrecht Ende der zwanziger Jahre in Stuttgart

Unterm Weihnachtsbaum: Julius Gescher mit Ringelnatz und Muschelkalk

Eggebrecht hätte Gescher bereits in München kennenlernen können, schließlich verkehrten sie in denselben Kreisen. Er charakterisiert ihn einmal so: »Ein Zeitgenosse der Seidel, der späteren Mirl Suhrkamp, von Ringelnatz, de Coudre, von Unold, Horwitz, Schweikart, Ginsberg, hatte er eine feste Beziehung zu der Malerin Annemarie Jauss und der Fotografin Grete Vester […]. Julius Gescher war ein schelmischer Geist, ein Mensch voller zweiflerischer Anmut. Wohlerzogen, so wohlerzogen war er, dass es ihm nichts ausmachte, sich vom alten Schwabing durchpusten zu lassen.«[192] Nach seinem Umzug nach Berlin wohnt Eggebrecht dann für kurze Zeit bei Gescher »in einem mit roten Ledersesseln vollgestopften Appartement […] in der Nürnbergerstraße 19«,[193] ehe er seine eigene Wohnung in der Gaisbergstraße bezieht. Gemeinsam verbringen sie den einen oder anderen Tag. Das Foto, das dieses Buch ziert und einen mondän-lässigen Jürgen Eggebrecht im Berlin des Jahres 1931 zeigt, es hat Julius Gescher geschossen. Mit dem gemeinsamen Freund Ringelnatz feiert man manches Fest.

Doch die Zeiten wenden sich für die drei Freunde zum Schlechten. Ringelnatz erkrankt 1933 an Tuberkulose, von den mittlerweile an die Macht gekommenen Nazis erhält der Künstler Auftrittsverbot, seine Frau und er verarmen. Am 17. November 1934 stirbt Ringelnatz schließlich in seiner Wohnung am Sachsenplatz. Seine letzte Ruhestätte findet er auf dem Waldfriedhof an der Heerstraße. Nur neun Personen sind bei der Beerdigung zugegen, unter ihnen natürlich auch Julius Gescher und Jürgen Eggebrecht. Er beschreibt die traurig-trostlose Stimmung dreißig Jahre später folgendermaßen: »[…] da stand Asta Nielsen und da Paul Wegener und da Karl Kinndt und da Rowohlt. Und dann fuhr ein kleiner Sarg wie für einen Sperling, heran. Hinter ihm ging Ringelnatzens Schwager im hohen Hut und seine Schwester aus Leipzig und zwischen beiden: Muschelkalk. Die Kapelle – so kommt mir heute vor – hatte Tausende von Lichtern angezündet. Jeder von uns hatte seinen Blumenstrauß mitgebracht […]. Und dann begann ein sonderbares Spiel: Hinter den Wänden quoll es herauf in Modulationen und Schnörkeln: ›Stürmisch die Nacht und die See geht hoch […]‹, und das ging über in Ringelnatzens Lieblingslied ›La Paloma‹, und unser Herz bebte. Und neben mir Asta Nielsen weinte laut.«[194]

Julius Gescher bringt im Frühjahr 1935 das Buch »Wege zur praktischen Homöopathie. Wissenschaft und Methode« heraus.

In einem Brief vom 15. März 1935, in dem er vor allem dem Ehepaar Eggebrecht zur Geburt seines ersten Sohnes Arne gratuliert und das Angebot Jürgens, dessen Pate zu sein, gerne annimmt, bemerkt er: »Im übrigen weht der offizielle Wind stark gegen Homöopathie. Hätte ich mein Buch aufgeschoben, in diesem Herbst (oder vielleicht schon Ostern) wäre sein Erscheinen fraglich.«[195]

Die ganze Bedeutung des heute weitgehend unbekannten Gescher für Jürgen Eggebrecht lässt sich am besten ermessen, wenn man die Umstände seines Todes im Mai 1945 rekonstruiert. Dies erlauben uns zwei *Monacensia*-Nachlässe auf erstaunlich vielfältige Weise – der von Eggebrecht und der der Schriftstellerin Oda Schaefer. Nehmen wir uns also kurz die Freiheit und springen nach vorne, in die Jahre 1945/46. Hier begegnen uns zwei Personen wieder, deren Beziehung zu Eggebrecht bereits im ersten Kapitel angeklungen ist: das Schriftstellerehepaar Horst Lange – Oda Schaefer. Er hatte sie erst 1937 in Berlin kennengelernt, obwohl beide auch zum *Kolonne*-Kreis um Martin Raschke gehörten – Lange erhielt 1932 den letzten Lyrik-Preis der Zeitschrift – und Eich bei ihrer Heirat 1933 Trauzeuge gewesen ist.[196]

Zeitlebens wird Eggebrecht die Erinnerung an den nur ein Jahr älteren Gescher pflegen. Das Feuilleton »Eine Freundschaft«, aus dem weiter oben bereits zitiert wurde, ist ein Beleg. Ein anderer, wichtigerer, findet sich in Eggebrechts letztem Lyrikband »Splitterlicht« (1975). In dem Gedicht »Nachricht vom preußischen Benn« bringt er Geschers Tod in äußerster Verknappung zur Sprache:

Im Kehlkopf saßen
Scharlachgeschwüre

Freund Gescher blickte
mich ruhig, unruhig an,
starb aber im vergangenen Mai.

Als Heinz Piontek in der *Neuen Zürcher Zeitung* Eggebrechts Lyrikband vorstellt, kommt er auch auf dieses Gedicht zu sprechen. Er kann es nicht enträtseln: »Ich gebe gern zu, dass ich dem Sinn mancher Gedichte nicht auf die Spur gekommen bin. Etwa der ›Nachricht vom preußischen Benn‹.«[197] Man kann Piontek seine Ratlosigkeit nicht verdenken. Erklärt sich das Gedicht doch erst, wenn man weiß, dass Eggebrecht darin auf einen Brief Gott-

Gottfried Benn

fried Benns anspielt, den dieser ihm am 13. Januar 1946 gesandt hatte. Darin berichtet Benn von Geschers letzten Stunden. »Sehr geehrter Herr Eggebrecht«, schreibt Benn, »Freund Gescher starb an einem schweren Scharlach am 25.V.1945, der ziemlich ungewöhnlich verlief. Er sollte Anfang Mai mit dem Res.Laz. zu den Russen nach dem Osten abtransportiert werden, da er sich aber sehr krank fühlte, blieb er und legte sich dann krank nieder. [...] Er starb ziemlich klar und immer gleich freundlich war er sich über den Ernst seines Zustandes nicht im ungewissen; eine schwere, nicht zu behebende Atemnot infolge Geschwüren im Kehlkopf (durch den Scharlach) quälte ihn in den letzten Tagen sehr. Er starb aber gefaßt und menschlich ruhig – etwas Größeres ist uns nicht beschieden. Ich verliere in ihm einen äußerst von mir geliebten jungen Freund und habe seinen Abschied während der letzten vergangenen Monate oft und schmerzlich empfunden. Ich hoffe, seinen Sohn einmal wiederzusehen, vielleicht, man weiß es nicht. Gescher ist tot, meine Frau ist tot, wir vier waren in den letzten Jahren häufiger zusammen und immer war es heiter und friedlich und schön trotz aller Dunkelheiten um uns und in uns. – Leben Sie wohl. Alles Gute für Ihr Leben! Ihr sehr ergebener Benn.«[198]

Zu dem Zeitpunkt, als Benn Eggebrecht über Geschers Tod informiert, hat dieser freilich schon von seinen Freunden – dem Verleger Peter Suhrkamp, dem Ehepaar Horst Lange und Oda Schaefer sowie von Muschelkalk persönlich – die traurige Nachricht erhalten. Auch über die Todesursache weiß er in groben Zügen Bescheid. So berichtet Eggebrecht am 15. Dezember 1945 an Horst Lange: »[...] erhielt ich gleich als Erstes die Nachricht, mein Freund Gescher sei unmittelbar nach dem Einzug der Russen innerhalb drei Tagen an Scharlach in Berlin gestorben. Peter Suhrkamp erzählte es mir. Er hatte es von Benn. Und an den habe ich nun geschrieben, um Näheres zu erfahren.«[199] Die Antwort Langes lässt nicht lange auf sich warten. Sie veranschaulicht aufs Genaueste die Wirren der Nachkriegszeit. Lange weiß zwar um den Tod Geschers, die Ursache vermutet er aber nicht in einer Krankheit: »Geschers Tod, der uns sehr betrübte, erfuhren wir durch einen Brief Muschelkalks vor drei Wochen. Über die näheren Umstände war ich nicht unterrichtet. Ich glaubte, dass der Ausdruck ›Krankheit‹ eine Umschreibung für andere Tatbestände sei.«[200] Muschelkalk schließlich sendet Eggebrecht am 25. Dezember 1945 einen Weihnachtsbrief, in dem sie ihm vom Tod ihres

Mannes, seines Freundes, berichtet: »Lieber Eggebrecht, Deine liebe Postkarte erreichte mich kurz vor Weihnachten. Ich freute mich sehr über dieses Lebenszeichen und danke Dir. Dein Gruß erfüllte mich mit Wehmut, weil Du noch nichts vom dem ahnst, was inzwischen Norberts und mein Leben so ganz verändert hat. Vielleicht hast Du es inzwischen durch Fühlungnahme mit anderen Freunden erfahren und weißt nun, daß Gescher schon am 25. Mai in Berlin gestorben ist. Ich selber erfuhr es erst Ende Juli gerüchtweise und im September dann durch einen langen Krankheitsbericht der Schwester, die ihn bis zuletzt gepflegt hatte. Er hat plötzlich einen Scharlach bekommen, war eine Woche schwer krank und hat sehr leiden müssen. Es ist für mich alles schrecklich schwer, auch der Gedanke an seine Einsamkeit macht mich so traurig [...].«[201]

Von Muschelkalk einmal abgesehen, ist von allen genannten Personen Eggebrecht derjenige, der Julius Gescher am längsten kannte. Schaefer/Lange sowie Benn machten die Bekanntschaft mit Gescher erst während des Krieges. Gescher war zunächst Stabsarzt, schließlich wurde er Oberstabsarzt im Reservelazarett 101.[202] Er lebte und arbeitete in Berlin. Horst Lange, als Soldat in Russland stationiert, bekam am 9. Dezember 1941 »Splitter einer von der Truppe zum Fällen der Bäume selbst entzündeten Sprengung in die linke Kopfhälfte und das linke Auge [...]. Durch die Verwundung entstand ein Sekundär-Glaukom, ein grüner Star mit allmählichem Erblinden durch äußere Einwirkung«.[203] Nach der Verwundung wurde Lange ins Lazarett in Lublin gebracht, anschließend verlegte man ihn in das Reserve-Lazarett 101 nach Charlottenburg. Dort wurde er von zwei Augenärzten behandelt. Dr. Grieger war der eine, der andere war »Dr. Julius Gescher, verheiratet mit Muschelkalk, der Witwe des Dichters Joachim Ringelnatz« und »wie Dr. Grieger ein grimmiger Feind des Systems«.[204] Es bestand Eile, wollte man einen Teil der Sehkraft noch retten. »Elf Augenoperationen waren nun notwendig«, erfahren wir von Oda Schaefer, »um den Druck im Augapfel durch Ableiten der Flüssigkeit niedriger zu halten. Das geschah jedesmal durch hundert Stiche in den Augapfel, mit einer elektrischen Nadel. Gegen Schmerzen gab es nur Skopolamin und einen großen Cognac«.[205] Auch Eggebrecht kommt bei den diversesten Anlässen immer wieder auf Langes Verwundung zurück, unter anderem in seinem »Nekrolog« auf Horst Lange: »Der Krieg wurde Horst Langes Schicksal [...]. Er machte als eingezogener

Oda Schaefer und Horst Lange, 1958 in München

Pionier den Feldzug in Rußland mit und wurde so schwer verwundet, daß sein linkes Auge elf Mal von unserem gemeinsamen Freunde, dem elend umgekommenen, als Stabsarzt eingesetzten Dr. Julius Gescher operiert werden mußte. Ich kannte ihn noch ohne Augenklappe.«[206]

Benn wiederum, so erzählt es Muschelkalk rückblickend, hatte sich Gescher während des Krieges »freundschaftlich angeschlossen«.[207] Gemeinsam traf sich das Ehepaar Gescher des öfteren mit Benn und dessen damaliger Frau Herta: »Die Männer führten Gespräche über ihre medizinischen Fachgebiete oder über literarische und künstlerische Themen. Herta Benn und ich folgten den Gesprächen fasziniert, ohne uns jemals von unseren ritterlichen Männern übergangen zu fühlen. Diese Nachmittage aus den jammervollen Kriegsjahren heben sich noch heute in meiner Erinnerung leuchtend ab.«[208]

Liest man, mit welchen Worten die Freunde Gescher beschreiben, entsteht das Bild eines gütigen, gescheiten und elegant-kultivierten Mannes mit einem Hang zu leicht abgründigem Humor. Eggebrecht attestierte ihm »Herzenshöflichkeit«, nannte ihn liebevoll »von Kindlichkeit durchschossen«.[209] Einen Eindruck von dieser Kindlichkeit kann man sich machen, wenn man eine Tagebuchnotiz Horst Langes vom 14. Februar 1944 liest. Darin schildert er, wie aus einem Skelett, das Gescher sich als Medizinstudent angeschafft hatte, eine richtige Persönlichkeit mit eigenem Namen wurde. »Er nannte es Eginhardt«, schreibt Lange, »und behauptete, es sei sein Urgroßvater, den er ›ausgekocht‹ habe. Eginhardt stand im Kinderzimmer, der Knabe Norbert ging mit ihm vertraulich um und gab ihm vorm Schlafengehen jedesmal die Hand.«[210] Kein Wunder also, dass Gescher, ein so vielschichtig-schillernder Mensch, Eggebrecht, der Anekdotisch-Durchtriebenes über alles liebte, auf Anhieb gefiel und sich Zeit seines Lebens an ihn erinnerte.

Berlin, 1939–1945

Als die Nazis am 1. September 1939 mit dem Überfall auf Polen den Zweiten Weltkrieg eröffnen, wird Eggebrecht zwei Monate später vom Heeresverwaltungsamt auf Grund seiner juristischen Promotion eingezogen. Eggebrecht trägt den Titel eines Kriegsverwaltungsrats – am Ende des Krieges ist er Heereskriegsrat der Reserve – und das OKW überstellt ihn an die »Abteilung Inland«. Dort ist er ab Juli/August 1942 als Gruppenleiter III im Range eines Majors für das Buchpapierkontingent der Wehrmacht verantwortlich. Dass Eggebrecht diesen Posten erhält, geht wohl auf seine eigene Initiative zurück.[211] Wenn er gegenüber Oda Schaefer später schreibt »und setzte mich für die Feldbücherei ein, indem ich sie erst schuf«, dann ist eine solche Aussage mit Vorsicht zu genießen.[212] Wie Hans-Eugen Bühler gemeinsam mit Edelgard Bühler in ihrer Pionier-Studie über den Frontbuchhandel 1939–1945 gezeigt haben, ist dieser ein mehr als komplexes Feld, auf dem sich die heterogene NS-Schrifttumspolitik der Vorkriegsjahre fortsetzte.[213] Bei Bühler heißt es über den schwer durchschaubaren Institutionen- und Kompetenzwirrwarr: »Die Versorgung der Truppe mit Lesestoff war im Zweiten Weltkrieg ein Anliegen und eine höchst einträgliche Einnahmequelle der Wehrmacht, der verschiedenen Reichsstellen (vor allem des RMVP), des Amtes Rosenberg, der RSK, der Partei und auch der privaten Verlage. Mit Ausbruch des Krieges entstand sehr rasch ein neuer Buchmarkt, zu dessen Ausgestaltung und Ausbau die Beteiligten unterschiedlich schnell und auf verschiedene Weise beitrugen. Dabei agierten die genannten Institutionen aus verschiedenen Interessenlagen heraus. Die Kompetenzverteilungen und -verschiebungen zwischen den einzelnen Stellen führten von

Kriegsbeginn an dazu, daß das an die Front gelieferte Schrifttum unterschiedliche Produzenten hatte (Privatverlage, Wehrmacht, Reichsstellen), daß die Produktion von verschiedenen, zum Teil konkurrierenden Instanzen kontrolliert und vertrieben wurde und daß die Bücher für den Frontsoldaten infolgedessen auf unterschiedlichen Wegen zu bekommen waren.«[214] Bühlers Studie, die zum ersten Mal die Rolle des OKW als Buchproduzent im Zweiten Weltkrieg beleuchtet – ein schwieriges Unterfangen, da große Aktenbestände dem Krieg zum Opfer gefallen sind –[215] erwähnt Jürgen Eggebrecht an drei Stellen. Hätte Eggebrecht tatsächlich die sogenannte Soldatenbücherei – denn sie ist es wohl, die Eggebrecht mit Feldbücherei meint – ins Leben gerufen, hätte Bühler ihn öfter in dem Buch erwähnt. So oder so: Über Rolle und Wirken Eggebrechts als Heereskriegsrat gilt es noch viel zu forschen. So ist bei der Masse an Büchern, die das OKW drucken ließ, nur in den wenigsten Fällen (s. weiter unten) eindeutig ersichtlich, ob sich Eggebrecht persönlich für diesen oder jenen Druck eingesetzt hat. Lizenzieren musste er sie allerdings alle.

Die erste Stelle, an der Bühler Eggebrecht erwähnt, ist kurz. Hatte Rudolf Erckmann für die Schrifttumsabteilung VIII des RMVP die Papierverwaltung zu kontrollieren, hielt Eggebrecht für das OKW »die Fäden der Papierkontingentierung in der Hand«.[216] Diesen Tatbestand wiederholt Bühler in seiner Schlussbetrachtung. Dort heißt es: »Die Verlage waren nicht mehr die entscheidenden Faktoren bei dem, was der Leser erhalten konnte und sollte, sondern die Papierverwaltungen der Schrifttumsstellen des RMVP und des OKW, in den Personen Dr. Erckmann und Kriegsverwaltungsrat Dr. Jürgen Eggebrecht. Sie entschieden, was und wieviel gedruckt wurde.«[217] Papier war im Verlauf des Krieges ein immer seltener werdendes Gut, da die Lage auf dem Rohstoffsektor nach dem Russlandfeldzug immer angespannter wurde. Die Folge: Die Papierzuteilung wurde ab Juni 1942 rationiert mit dem Ergebnis, dass ein »völlig neuer Buchmarkt« entstand,[218] da die Papierkontingente »sämtlich der RMVP-OKW-Schiene unterstellt waren und von ihr kontrolliert wurden«.[219] Sogenannte Papierschecks wurden ab Mitte 1942 für jeden Druckauftrag eingeführt. Handelte es sich bei ihnen um Wehrmachtsschecks, dann »mußte Jürgen Eggebrecht vom OKW das Placet der Abteilung OKW/AWA/J (III) geben – AWA stand für Allgemeines Wehrmachtsamt. Hier ging das Urteil der militärischen Zensur ein, die im Propagandaministerium ausgeübt wurde. Die Verteilungsstelle der Reichsstelle für Papier zeichnete den Eggebrecht-Stempel schließlich gegen. Erst jetzt berechtigte der Scheck den Verlag, der den Auftrag ausführte, sich an einen Papierhändler zu wenden, Rohstoffe zu erwerben, respektive diese dem eigenen Lager zu entnehmen und den Druck einzuleiten«.[220]

Wie diese wenigen Hinweise zeigen, sitzt Eggebrecht auf einer der zentralen Positionen in der »Abteilung Inland«. Ihm obliegt es letztlich, über eine Papierzuteilung zu entscheiden. In der Dienstanweisung des Allgemeinen Wehrmachtsamtes (AWA) heißt es über die Aufgaben der Abteilung: »Für die Schrifttumspolitik des OKW ist die Abteilung Inland zuständig [...].«[221] Die Abteilung untergliedert sich in drei Gruppen, wobei Gruppe II (»Freizeitgestaltung, Auswertung des weltanschaulichen Schrifttums für die Wehrmacht«) und das Lektorat (unter anderem »Überwachung des wehrpolitischen und wehrgeistigen Schrifttums, Empfehlungsliste Bücher für die Wehrmacht«) für die Bücherauswahl zuständig sind, »einschließlich der Vorzensur«.[222]

Bühler erwähnt Eggebrecht noch ein drittes Mal, und zwar, wenn es um die Auswahl der Bücher für die Front geht. Beim OKW, so Bühler in Anlehnung an eine Studie Friedrich Denks, wären demnach mehr Autoren verlegt worden, die mindestens ein zwiespältiges Verhältnis zum NS-Staat aufweisen. Und zwar in speziellen Sonderausgaben: »Friedrich Denk hatte darauf hingewiesen, daß die ›regimekritischen Werke im Krieg in Sonderausgaben für die Front gedruckt wurden‹, neben der Andres-Novelle ›Korporal Mombour‹, Bergengruens ›Am Himmel wie auf Erden‹, Unruhs ›Bruderdorf‹ sowie die ›Erzählung aus den Türkenkriegen‹ von Wolfgang Hoffmann-Zampis. Denk vermutete, daß sich beim Heer die Nationalsozialisten nicht so durchsetzen konnten wie in anderen Bereichen des Staates. In diesem Zusammenhang erwähnt er den OKW-Kriegsverwaltungsrat Dr. Jürgen Eggebrecht [...]. Hier tauchen in klaren Umrissen die ersten Abgrenzungen der OKW- und der RMVP-Literaturpolitik gegenüber den NS-Stellen auf (Amt Rosenberg, PPK), die weiter untersucht werden müssen.«[223]

Mehr finden wir über Eggebrechts Wirken im OKW bei Bühler nicht. Ein Rätsel lässt sich dank Bühler allerdings noch ganz konkret für Eggebrecht lösen. Eggebrecht erwähnt nämlich in dem weiter oben zitierten Brief an Oda Schaefer, dass von »Juli 1942 bis zum Ende des Krieges über 34 Millionen Bücher hinaus [gingen], darunter Th. Manns ›Tonio Kröger‹, E. Penzoldts ›Korporal

Mombour‹, Conrads ›Jugend‹.«²²⁴ In der bei Bühler abgedruckten Liste derjenigen Bücher, die das OKW in seiner »Soldatenbücherei« herausgab – sie umfasst 142 Titel – finden sich die drei von Eggebrecht genannten nicht.²²⁵ Sie müssen wohl allesamt als Sonderdrucke erschienen sein, was sich zumindest an Penzoldts »Korporal Mombour« nun belegen lässt.²²⁶

Bei dem Buch handelt es sich um eine in der napoleonischen Zeit spielende Erzählung, »die von Penzoldt als Antikriegsgeschichte konzipiert war, aber dann mehr das Zwangsläufige, Unentrinnbare des Kriegs betonte«.²²⁷ Friedrich Denk konnte allerdings zeigen, daß einige Zeitgenossen sie aber doch so verstanden, wie Penzoldt sie gedacht hatte: als Frage nach dem Sinn des Kriegs und des Tötens.²²⁸ Fest steht: Ohne Eggebrechts Einsatz wäre die von seinem Freund Penzoldt 1940 im Lazarett in Göttingen geschriebene und dann in der letzten Nummer der *Neuen Rundschau* vorabgedruckte Geschichte sicherlich nicht als Feldpostausgabe erschienen.²²⁹ Der Druck von allerlei Romanen und schöngeistiger Literatur stieß zunehmend auf Misstrauen. Das kann man erahnen, wenn man einen Brief liest, den der Vorsteher des Börsenvereins, Wilhelm Baur, an den Ministerialdirigenten und Leiter des Schrifttumsreferats des RMVP, Wilhelm Haegert, am 10. April 1943 sendet: »Als vor einigen Jahren die Wehrmacht dazu überging, Tornisterschriften herauszugeben, und sich dabei nicht nur auf politische und militärische Literatur beschränkte, befürchtete ich bereits eine ungeahnte Ausdehnung. Inzwischen hat die Wehrmacht oder vielmehr einzelne Offiziere im OKW, an der Herausgabe von Romanen, die sie in Lizenz erwarben, Gefallen gefunden und ihre Tätigkeit immer mehr und mehr ausgebreitet. So wünschenswert einerseits die Belieferung unserer Soldaten mit guter Literatur ist, so sehr gibt aber das vom OKW durchgeführte Verfahren Anlaß zu Bedenken. Ohne Kontrolle des Ministeriums werden hier große Auflagen gedruckt und so den Verlagen durch Übergabe von Papierschecks der Nachdruck von allen möglichen Büchern ermöglicht.«²³⁰

Schon das Beispiel Ernst Penzoldt hat gezeigt, wie Eggebrecht seine Arbeit im OKW auffasste: als das Bemühen, möglichst wenig regimetreue Literatur drucken zu lassen und seinen vielen Literatenfreunden zu helfen. Vier weitere Beispiele sollen Eggebrechts Wirken zu dieser Zeit veranschaulichen. Da ist zum einen sein Einsatz für den 1904 im schlesischen Liegnitz geborenen Schriftsteller und Zeichner Horst Lange, wie Ernst Penzoldt eine

Ernst Penzoldt, Anfang der fünfziger Jahre

Doppelbegabung. Wie erwähnt, lernten sich beide 1937 in Berlin kennen, wo Lange mit den Freunden aus einstigen *Kolonne*-Tagen, Raschke, Eich, Huchel, verkehrt.[231] Zu diesem Zeitpunkt ist Langes erster Roman »Schwarze Weide« – eine bedrohliche Geschichte um Mord und Sühne, angesiedelt in einem ostschlesischen Dorf nach dem Ersten Weltkrieg – bereits ein Jahr auf dem Markt. Das Buch zeichnet kein positives Bild einer naturverbundenen und ›gesunden Volksgemeinschaft‹. Stattdessen bestimmen rohe Triebe das Handeln der Figuren. Deshalb verwundert es auf den ersten Blick, dass der Roman »mit wenigen Ausnahmen während der Diktatur geradezu enthusiastisch gefeiert und Lange als ›Dichter europäischen Ranges‹« (Sebastian Haffner) beschrieben wird.«[232] Weitere Zustimmung erhielt er von Karl Korn und Gottfried Benn. Doch der zweite Blick macht klar: Der Erfolg muss im Zusammenhang mit der bereits angeklungenen spezifischen Literatur- und Kulturpolitik der NS-Machthaber gesehen werden, wonach eine gemäßigte Form des Pluralismus der »Herrschaftssicherung« diente.[233]

Dass die verfolgte Politik zum Teil absurde Konsequenzen nach sich zog, kann man an Langes Folgeroman »Ulanenpatrouille« sehen, der 1940 bei Goverts erschien. Die tragische Liebesgeschichte, die während eines Manövers 1913 an der polnischen Grenze spielt, wurde neben »enthusiastischen Besprechungen unter anderem im *Völkischen Beobachter* [...] wegen Verächtlichmachung der Wehrmacht denunziert. Ein NSDAP-Mitglied hatte in dem beschriebenen Manöver von 1913 eine Kritik am Polenfeldzug von 1939 erkannt und Lange angezeigt«.[234] Die Anzeige erfolgte, nachdem der Roman in der *Frankfurter Zeitung* als Vorabdruck zu lesen war. Dass die »Ulanenpatrouille« dann trotzdem noch als Buch veröffentlicht werden konnte, hängt mit dem Einsatz Eggebrechts zusammen, den Lange in seinem Tagebuch unter dem Eintrag vom 18. Mai 1940 folgendermaßen festhält: »Gestern und vorgestern kämpfte ich beim OKW gegen das drohende Verbot der ›Ulanenpatrouille‹ [wegen Verächtlichmachung der alten Armee und des Offiziersstandes!]. Wie seltsam die Kreise sich schließen: der Mann, der die Entscheidung über das Ganze hat, ist ein alter Bekannter von mir. Das Rettende ging so weit, daß er mir Einblick in seine Dienstakten gab und mir gestattete, die Erwiderung, die er selbst auf die Vorstöße Fremder hätte machen müssen, und ein Gegengutachten gegen den Vorstoß eines böswilligen, durch meinen Verlag früher einmal gekränkten Mannes ihm ad hoc in die Schreibmappe zu diktieren. Vor einiger Zeit wäre ich nicht imstande gewesen, die hohe Ironie dieses Vorfalls zu begreifen und zu goutieren!«[235]

Ähnlich, aber mit einer ausführlichen Beschreibung des genauen Vorgangs schildert Lange den Einsatz Eggebrechts für die »Ulanenpatrouille« nach dem Krieg in einer »Eidesstattlichen Erklärung«. Darin schreibt er u. a. »Als ich die Dienststelle betrat, ließ Dr. Eggebrecht das Telephon abstellen, wir verhandelten hinter verschlossenen Doppeltüren, und wenn unser Gespräch abgehört oder belauscht worden wäre, so hätte das zu unvorstellbaren Konsequenzen für uns beide führen können. Obwohl mein Fall nicht zum Ressort von Dr. Eggebrecht gehörte (OKW), hatte er sich seiner angenommen. [...]. Schließlich stellte er mir anheim, ihm ein Gegengutachten zu diktieren, was ich dann auch tat, immer hinter verschlossenen Türen und immer der Gefahr des Belauschtwerdens ausgesetzt. (Man verstehe das Gewicht dieses Vorgangs recht: Der Beschuldigte diktiert demjenigen, der befugt gewesen wäre, sich auf die Seite meiner Ankläger zu stellen, das, was zu seiner Entlastung dient, und dieser Vorgang spielt sich mitten in der ›Höhle des Löwen‹ ab! Nachdem ich das Gegengutachten zu Ende diktiert hatte, kamen wir überein, daß wir zwei negativ ausgewertete Textstellen auswählen müssen, damit der Anschein gewährt blieb, daß einiges an meinem Buch zurecht zu beanstanden wäre (fern stehenden Beobachtern mögen solche macchiavellistischen Praktiken heutzutage unverständlich vorkommen, aber nur auf diese elastische Weise war es möglich, erfolgreich gegen das System und seine Funktionäre zu opponieren). [...] Später kam vom OKW der Entscheid, daß gegen den Weiterverkauf des ›unmilitärischen, unheroischen und erotisch fixierten‹ Buches nichts einzuwenden sei, wenn zwei Textstellen (es handelte sich um die Stellen, die ich selbst ausgewählt hatte!) aus allen künftigen Ausgaben entfernt würden. Damit war das Buch [...] zunächst durch das persönliche Eingreifen von Dr. Eggebrecht gerettet.«[236]

Auch Eggebrecht erinnert sich später an seinen Einsatz für die »Ulanenpatrouille« und zwar in einer Funksendung, in der er Langes Buch »Schwarze Weide« vorstellt, allerdings ohne sich selbst namentlich zu nennen: »Dann kam schon während des Krieges, die vom Propagandaministerium abgelehnte ›Ulanenpatrouille‹ die später aber doch noch vom Obersten Zensor der Wehrmacht freigegeben wurde und daraufhin unter Überspielung von Goebbels erschien.«[237] Im »Lebensbild«, das Oda Schaefer von ihrem Mann anfertigte, erfahren wir aber, dass der Roman nach einer »Erstauflage von 29 000 Exemplaren, von denen allein in Berlin Zweidrittel unter den Nazigegnern abgesetzt wurden, das Propagandaministerium für eine neue Auflage kein Papier mehr [bewilligte]«.[238]

Da ist zum anderen Eggebrechts Einsatz für Günter Eich. Dieser hatte es dem Freund zu verdanken, dass er eine Zeitlang im OKW in Berlin arbeiten konnte. Eich, der nach dem 1. September 1939 in »verschiedenen Luftwaffeneinheiten des ›Heimatkriegsgebiets‹«[239] als Funker und Kraftfahrer Dienst tat und zwischenzeitlich zur Ausarbeitung des Hörspiels »Rebellion in der Goldstadt« [Ursendung: 8. Mai 1940] beurlaubt worden war, trat am 11. Februar 1942 dort seinen Dienst an. Bis zum 31. August 1943 war er im OKW zur Überprüfung der schöngeistigen Literatur für Wehrmachtsbüchereien »mit der Stelle eines Sonderführers (Z) beliehen«.[240] 1942 erscheint auch Eichs 1935 erstmals in der von Paul Alverdes und Karl Benno von Mechow verantworteten Zeitschrift *Das Innere Reich* gedruckte Erzählung »Katharina« als Feldpostausgabe in der Reihe »Lebendiges Wort«. »Dann musste er seines Jahrgangs wegen wieder fort«, schildert Eggebrecht in seiner Erinnerung an Eich die Trennung – er wurde zum Luftwaffenregiment 3 nach Dresden verlegt.[241]

Zudem trifft sich Eggebrecht regelmäßig mit Peter Suhrkamp, der zu der Zeit versucht, den S. Fischer Verlag, dessen Leiter er seit 1936 war, gegen die stetig zunehmenden Anfeindungen der Nazis zu behaupten – »von den 443 in der NS-Zeit ›unerwünschten‹ Schriftstellern [publizierten] 123 bei Suhrkamp«.[242] »Er«, gesteht Eggebrecht später, »stärkte mich während der ganzen Nazizeit im Neinsagen«.[243] Suhrkamp wurde im Juli 1942 gezwungen, auf den Verlagsnamen zu verzichten, da die Verlegerfamilie Fischer Juden waren – Suhrkamp führte ihn zunächst unter »Suhrkamp Verlag, vorm. S. Fischer« fort. Im April 1943 versuchte der Leiter der Parteikanzlei, Martin Bormann, dann die Schließung des Verlages zu erwirken. Ohne Erfolg. Ein Jahr später allerdings wird Peter Suhrkamp denunziert und wegen Hoch- und Landesverrates verhaftet. Suhrkamp kommt zunächst ins Untersuchungsgefängnis nach Alt-Moabit, dann in das Gestapo-Gefängnis Lehrter Straße. Im Januar 1945 wird er schließlich ins KZ Sachsenhausen gebracht, das er im Februar, mittlerweile schwer an einer Lungen- und Rippenfellentzündung erkrankt, durch die Fürsprache Arno Brekers wieder verlässt.²⁴⁴ Sarkowicz/Mentzer weisen in der Einleitung ihres Lexikons darauf hin, dass nur die zahlreichen Sonderausgaben für die Wehrmacht letztlich das wirtschaftliche Überleben des Verlages in den Kriegsjahren garantierten: »Peter Suhrkamp […] konnte einen großen Teil seiner Produktion, und zwar klassische Literatur ebenso wie Bücher zeitgenössischer Autoren, an die Wehrmacht verkaufen. Darunter waren die berühmte Anthologie ›Deutscher Geist‹ (1943) und Goethes ›Kampagne in Frankreich‹ (1944).«²⁴⁵ Welchen Einfluss Jürgen Eggebrecht darauf hatte, können wir nur erahnen. Dass die Freundschaft der beiden von großer Hilfe für den Verleger gewesen ist, dürfte unstrittig sein. Umgekehrt dürfte die moralische Unterstützung Suhrkamps Eggebrecht viel bedeutet haben. Er beschreibt die Zeit mit Peter Suhrkamp während des Zweiten Weltkriegs in der schon einmal erwähnten Rundfunksendung »Zum 75. von Peter Suhrkamp« folgendermaßen: »Allmählich fanden wir häufiger zusammen, und als ich im Juli/August 1942 das Buchpapierkontingent der Wehrmacht an mich heranzog und bestimmte, überlegten wir, was damit anfangen. Seine Vision der Wirklichkeit konnte schon Matthias Claudius oder der junge Goethe (Gedichte und Italienische Reise), J. P. Jacobsen, Hermann Bang sein, was ihm aber noch wichtiger schien: einen Funken Geist in diese Zeit hineinzuwerfen, die er vom ersten Krieg her – mit einigen Abstrichen – in der militanten Praxis genau kannte und die von soviel Warten (immer auf Godot), Isoliertsein, Verlassenheit und Trauer zuböserletzt gekennzeichnet war. Vor meinem Dienst ging ich täglich an seinem Verlagsbüro in der Lützowstraße vorbei. Aber auf einmal war er verschwunden, und die Mirl, seine couragierte Frau, empfing mich und sagte entsetzt: »Sie haben ihn heute vor Tag abgeholt«.«²⁴⁶ Suhrkamp bestimmte Eggebrecht für den Fall seiner Verhaftung zu seinem Nachfolger. Eggebrecht lehnte allerdings ab.²⁴⁷

Schließlich hilft Eggebrecht dem Schriftsteller und Rundfunkpionier Friedrich Bischoff. Der 1896 geborene Schlesier war von 1929 bis 1933 Intendant des Senders »Schlesische Funkstunde«, ehe ihn die Nazis seines Amtes enthoben und ihm den Prozess machten. Monatelang Untersuchungshäftling der Gestapo, wurde 1934/35 das Verfahren gegen ihn eingestellt. Bischoff arbeitete fortan für den Ullstein-Verlag als Lektor, daneben widmete er sich seiner eigenen schriftstellerischen Arbeit. Über die Beziehung zu Bischoff erfahren wir aus Eggebrechts Rundfunkbeitrag, der an-

Der Verleger Peter Suhrkamp, 1955

lässlich von Bischoffs 70. Geburtstag am 26. Januar 1966 im Bayerischen Rundfunk gesendet wurde – da ist dieser gerade ein gutes halbes Jahr nicht mehr Intendant des Südwestfunks in Baden-Baden, das Amt, das er seit dem März 1946 bekleidete und von dort aus Rundfunkgeschichte schrieb. Titel der Sendung: »Friedrich Bischoff im 2. Weltkrieg«.[248] Darin schildert Eggebrecht zunächst, wie er seinen späteren Freund Bischoff kurz vor Ausbruch des Zweiten Weltkrieges über Peter Suhrkamp persönlich kennengelernt habe.[249] Bis dahin sei er ihm lediglich bekannt aus seinen Gedichten und seiner Prosa – etwa »Die Gezeiten« (Gedichte, 1924) oder dem Roman »Die goldenen Schlösser« von 1935: »Er fabulierte, wie nur die Schlesier fabulieren können.« Während des Krieges treffen sich die beiden oft. »Er litt«, so Eggebrecht, »wie ich unter der Vorstellung, dass es keine andere Ursache für die Krankheit der Zeit gebe als Unwissenheit und Unredlichkeit und dass sich kein Mittel finden lasse außer dem außerordentlichen, das niemand von uns gewagt hat«. Und fährt fort: »Ich sehe ihn in einem engen Verschlage unter der Treppe im alten Ullstein-Haus mit zusammengekniffenen Augen lesen und habe Freund Roeselers Wort im Ohr, der [...] zu mir sagte: ›Ich kann Friedrich Bischoff nun nicht mehr halten‹. Da wandte ich mich dem heute [...] 70jährigen ganz zu, und ich lernte in der regelmäßigen Bemühung um sein Werk für die Feldpostausgaben dies, dass in uns eine Sozialkritik wohnen muss, die unseren freien Willen schon kraft unserer Vernunft denen zuwendet, die leiden. Friedrich Bischoff war in all seiner poetischen Unschuld ein leidender und mitleidiger Mensch. Er wollte mit Krieg und Drittem Reich nichts zu tun haben. Er wollte im Einklang stehen mit sich selbst.«[250] Sucht man bei Bühler nach den von Eggebrecht angedeuteten Feldpostausgaben Bischoffs, so wird man zweimal fündig. Demnach erschienen um 1942/43 in der »Soldatenbücherei« noch einmal »Die goldenen Schlösser« und 1943 bei Reclam »Im Morgenrot« (Reclams Reihenbändchen).[251]

Nach dem Krieg

Die Beispiele haben gezeigt, wie Eggebrecht seine überaus wichtige Position in der *Gruppe Inland* während des Zweiten Weltkrieges ausfüllte, Kompromisse sicherlich eingeschlossen. Die Hilfe für bedrängte Freunde kommt ihm dann in der unmittelbaren Nachkriegszeit seinerseits zu Hilfe. Am 20. September

1948 muss Eggebrecht vom Entnazifizierungs-Hauptausschuss im Regierungsbezirk Hannover erstmalig den Bescheid erhalten haben, »wonach Sie zu dem vom Entnazifizierungsrecht ›nicht betroffenen Personenkreis‹ gehören«. Das geht aus einem Schreiben derselben Stelle vom 20. September 1949 hervor.[252] Zwischenzeitlich ist aber gegen Eggebrecht aufgrund einer Denunziation ein »Ermittlungsverfahren wegen Verbrechens gegen die Menschlichkeit« eingeleitet worden. Es wird im Juni 1949 wieder eingestellt. Einen entsprechenden Bescheid von der Oberstaatsanwaltschaft Braunschweig erhält er am 24. Juni.[253] Dieser enthält allerdings nur den einen entscheidenden Satz. Ausführliche Informationen sind dem Brief vom 20. September zu entnehmen. Dort heißt es betreffend Eggebrechts »Entnazifizierung«: »Ich gebe Ihnen zur Kenntnis, dass eine eingehende Prüfung der gegen Sie neuerlich erhobenen Vorwürfe, insbesondere in Bezug auf Ihre Tätigkeit als Kriegsverwaltungsrat in der Abteilung Inland – Truppenbetreuung – beim OKW keine Belastungsbeweise erbracht hat. Es konnte festgestellt werden, dass Sie, ohne Mitglied der NSDAP oder einer ihrer Gliederungen gewesen zu sein, den Nationalsozialismus auch sonst in keiner Weise unterstützt oder gefördert haben, so dass der Tatbestand des § 6 der Rechtsgrundsatzverordnung im Lande Niedersachsen als voll erfüllt angesehen werden musste. Der an Sie unter dem 20. 09. 1948 erteilte Bescheid […] wird daher aufrecht erhalten.«[254]

Für Eggebrecht hat sich unter anderem Horst Lange eingesetzt. Er verfasst am 2. Februar 1949 einen langen Brief an den Licencing Adviser, Zonal Offices of Information, Services Hamburg, in dem er seinen Freund mit einer »beiliegenden Eidesstattlichen Erklärung« in Schutz nimmt.[255] Unter Punkt 1 schreibt Lange: »Die Anschuldigungen, die gegen Dr. Eggebrecht erhoben werden, sind derartig horrend, unglaubwürdig und lächerlich, dass nur jemand, der die internen Verhältnisse, wie sie bei den höheren deutschen Wehrmachts-Dienststellen während des Krieges geherrscht haben, nicht kennt, ihnen stattgeben kann.« Unter Punkt 5 notiert er: »Falls es zu dem von Ihnen in Erwägung gezogenen Verfahren gegen Dr. Eggebrecht wegen ›Vergehens gegen die Menschlichkeit‹ kommen sollte, würde damit ein nicht wiedergutzumachendes Unrecht begangen werden, das allen Begriffen von Recht und Gerechtigkeit ins Gesicht schlüge.« Zum Schluss fügt Lange noch einiges zu seiner eigenen Person an und erwähnt, dass er nach seiner schweren Verwundung zur Pionier-Inspektion des OKH kam: »Von hier aus war es mir möglich, die Tätigkeit von Dr. Eggebrecht während der letzten anderthalb Kriegsjahre hin und wieder zu beobachten. Ich stellte dabei immer von neuem fest, dass seine Haltung genau so unantastbar geblieben war, wie ich das zu Kriegsanfang am eigenen Leib erfahren hatte.«

Anhaben konnte Eggebrecht deshalb auch später die Diffamierungskampagne des Journalisten und Buchautors Kurt Ziesel nichts. Dieser hatte 1957 unter anderem in dem Buch »Das verlorene Gewissen. Hinter den Kulissen der Presse, der Literatur und ihrer Machtträger von heute« versucht, viele Akteure des Kulturbetriebs der jungen Bundesrepublik als Befürworter des Dritten Reichs zu enttarnen. Sein Ziel war es, sich selbst von der Vergangenheit als »überzeugter Anhänger des Nationalsozialismus«[256] reinzuwaschen: »Denn die alten Stars Hitlers, nunmehr neue Stars der Demokratie, hatten am allerwenigsten ein Recht, den Ankläger zu spielen oder gar die Schuld zu verteilen, denn schuldig waren wir alle […] und jene am meisten, denn sie hatten gegen ihr besseres Wissen diesem System gedient.«[257]

Der »denunziatorische Charakter seiner Texte«, fassen Sarkowicz / Mentzer zusammen, »löste abwehrende Reaktionen aus, so daß eine breite Diskussion über Literatur und Publizistik in der NS-Zeit nicht einsetzte«.[258] Eggebrecht reagierte im Gegensatz zu vielen seiner Kollegen nicht auf die Vorwürfe Ziesels, der ihn in dem Buch wüst angriff. »Der oberste Zensurpapst des OKW war der bekannte Literat *Jürgen Eggebrecht*, betonter Preuße vom Scheitel bis zur Sohle, allerdings nicht an der Front, Kriegsverwaltungsrat im Majorsrang, und herrschte, mit unbeschränktem Absolutismus, indem er das Papier verteilte und damit jene Bücher auserkor, die noch erscheinen konnten, jene also, die *er* als kriegswichtig und für die Moral der Truppen förderlich hielt. Heute ist dieser Mann, man weiß nicht wie das kam, ›Literaturpapst der Demokratie‹.«[259] Im weiteren Verlauf der Argumentation wird auch klar, warum Ziesel so einen Hass auf Eggebrecht hatte: Dieser hatte es verhindert, dass Bücher von ihm während des Krieges gedruckt wurden – Eggebrecht hielt u.a Ziesels »Kriegstagebücher« für »zu defaitistisch«.[260] Während Ziesel diese Argumentation als Beweis für Eggebrechts Linientreue den Machthabern gegenüber ansieht, war dies in Eggebrechts Augen, wie er Hans Werner Richter später gestand, die einzige Möglichkeit den Druck von

Hans Werner Richter in Inzigkofen, 1950

Nazi-Literatur zu verhindern. Ziesel dazu voller Spott: »[…] er habe solche Leute wie den Ziesel doch nur verboten, weil sie solche Nazi gewesen seien, zur ›Tarnung‹ habe er das damals schon getan. Was so ein rechter Preuße ist, der tarnt sich was!«²⁶¹

Eggebrechts damals angewandte Taktik, um Nazi-Literatur zu verhindern, ist natürlich eine Wanderung auf einem schmalen Grat gewesen. Hier gilt es noch unbedingt weiter zu forschen und zu rekonstruieren, welche Bücher auf direkte Veranlassung von Eggebrecht gedruckt bzw. nicht gedruckt wurden. Und mit welcher Begründung. Dies dürfte allerdings angesichts der Aktenlage kein leichtes Unterfangen sein. Weitere Untersuchungen müssten zudem den verschiedenen Hinweisen nachgehen, die darauf hindeuten, dass Eggebrecht den Machthabern zunehmend ein Dorn im Auge gewesen sein muss. Einer von ihnen ist das Gerücht, er sei einem Todesurteil der Nazis zum Opfer gefallen. Das kann man Briefen vieler Freunde an Eggebrecht nach dem Krieg entnehmen (vgl. dazu der Brief Eichs vom 29. Dezember 1945 in Kapitel 1). Ein weiterer: Stets sprach man im Hause Eggebrecht nach dem Krieg davon, Wilhelm Keitel, der Chef des OKW, habe ihm gegen Ende des Krieges immer wieder mit dem Tode gedroht.²⁶²

Eggebrecht ist sich ungeachtet seines Einsatzes für lesenswerte, und das heißt: regimeferne Literatur im Allgemeinen und seiner Freunde im Speziellen, dem durch seine Stellung zwangsläufigen Mittun durchaus bewusst gewesen. Es erfüllt ihn mit Scham. Unmittelbar nach dem Krieg spricht er Horst Lange in einem langen Brief zunächst Mut zu für dessen Präsidentschaft in der Kulturliga: »[…] es ist so entscheidend wichtig, wer da sitzt und unegoistisch handelt«. Dann fährt er fort, indem er auf seine einsame Situation während des Krieges zu sprechen kommt: »[…] denk auch daran, daß ich, im Grunde mutterseelenallein, jahrelang unsere Sache vertreten mußte, inmitten einer nur feindlichen Umwelt. Ich weiß heute um den Sinn und die Bedeutung des Ausharrenden nicht nur für ihn selbst.« Sodann stellt er die Frage: »[…] wer kann heute noch gegen eine restitutio in integrum des Menschenbildes, worauf ja doch alles ankommt, sein?« Der Brief endet mit Worten, die viel von Eggebrechts eigenem inneren Kampf angesichts der letzten sechs Jahre verraten: »Kräfte, die ich wieder gesammelt habe, verwende ich, gewollt oder ungewollt, auf den Beweis der Gültigkeit meiner heutigen Einsicht, daß man nämlich nur das besiegt, dessen man sich schämt.«²⁶³ Die

Kräfte, von denen Eggebrecht hier redet, widmet er dann seiner Tätigkeit für den Rundfunk der fünfziger Jahre. Aber auch seiner Lyrik. In dem bereits im ersten Kapitel einmal angesprochenen Feuilleton »Du und das Gedicht« aus dem Jahre 1952 erklärt er seine Auffassung vom Dichter in der Welt. Nicht ohne Pathos sieht er den Lyriker als einen »Deutlichmacher«, ohne den wir »gar nicht richtig da sein können«. Er, »der auf den ersten Blick Überflüssigste«, enträtselt »das innere Leben der Zeit«, denn »die Dichtung, das ist Sprache einer Wahrheit«. In diesem Text gibt es zudem eine Passage, die einerseits Eggebrechts Verarbeitung seiner eigenen Vergangenheit anspricht. Das geschieht, wie es seine Art ist, indirekt und klingt aus heutiger Sicht äußerst zurückhaltend. Trotzdem sind die Formulierungen geschliffen klar. Und andererseits skizzieren sie, trotz allen Zweifels und Fatalismus, die noch aus ihnen sprechen – wir schreiben das Jahr 1952 – wie neues Unheil zu vermeiden wäre: Durch das Gespräch der Menschen untereinander. Immer wieder wird Eggebrecht für seinen Glauben an die Kraft des Dialogs eintreten.

»In sogenannten großen Zeiten sind die an der Reihe, welche dem Staate geben, was diese Gewalt verlangt. Eine andere Gesinnung gilt, wie wir wissen, dann wenig. In sogenannten kleinen Zeiten, den Zwischenzeiten, um deren Fortsetzung wir nur inständig weiterbitten wollen, geschieht das gemeinhin Unauffällige. Die Macht wird zurückgedrängt. Menschen kommen zueinander, und wo Menschen zueinanderkommen, da geschieht etwas; die Beziehungen funktionieren, da wirkt sich der Teppich des Lebens dichter, da hat auch die schöpferische Kraft in unserem Innern Platz. Sie sammelt an und gibt zu denken für später, wieder für die sogenannten großen Zeiten, die arm sind, arm auch an Beseeltheit und immer schrecklich.«[264]

Der Rundfunkredakteur Jürgen Eggebrecht

Die fünfziger Jahre waren – so meine ich – die »Hohe Zeit« des Hörfunks, bevor er in den Schatten des neuen Mediums treten musste.

Franz B. Zons

Aufgenommen in Hannover«. So heißt ein Beitrag, den Eggebrecht wohl 1954 für den Funk verfasst.[265] Darin erhält der Hörer unter anderem einen Einblick in den Alltag des Rundfunkmannes. Sichtlich mit Stolz berichtet er über seine erste eigene Wohnung in der niedersächsischen Stadt. Es handelt sich um die Wohnung Nr. 86 in der Hildesheimer Straße 206: »Ich wohne so hoch, wie man in Hannover nur wohnen kann, im 8. Stock [...] Das Haus hat keine Wände, jedenfalls keine Außenwände. Balkone sind wie Laufgänge in jedem Stockwerk angebracht. Es hat alles ein bisschen den Charakter einer comedia dell'arte, es hat etwas Italienisches, Leichtfüßiges. So hätte ich gern vor 25 Jahren gelebt, ganz für mich allein, oder nicht ganz allein [...]. Über meinem Schreibtisch, einem schön geschwungenen schwarzen Brett, blicke ich hinüber auf das Volk der Dächer und es fällt mir viel dabei ein. Um mich herum wachsen neue Bücherwände. Ich wohne in ihnen wie unter alten und neuen Freunden und die Phantasie treibt ihr Spiel.«

Die Wohnung in der Hildesheimer Straße hat Eggebrecht im September 1952 bezogen. Kaum eingezogen teilt er damals Hans Werner Richter in einem Brief mit, er besitze nun eine kleine Junggesellenwohnung.[266] Und auch in der letzten, der 29. Folge der Sendereihe »Du und die Zeit«, die den Titel trägt »Umziehen, Einziehen, Zuziehen«, kommt er Ende Oktober 1952 zu Beginn und am Ende auf den gerade absolvierten, eigenen Umzug zu sprechen: »Verehrte Hörer, vermutlich interessiert es Sie nicht: aber ich bin umgezogen! Umziehen heute, mein Gott, umziehen können, das ist Tun [...] ein Beweis für persönliche Freiheit. Du kannst die Tür hinter Dir zumachen [...]. Welche Möglichkeiten und welche Aussicht, endlich für sich allein zu sein und dir, versteht sich, langsam, langsam deine eigene Wohnung mit Bett, mit Tisch, mit Stuhl, mit Schrank und Büchern ganz nach deinem eigenen Geschmack wieder einzurichten.« Und er schließt seine

Betrachtung, die den Krieg zum Mittelpunkt hatte, indem er abermals auf seinen Umzug zu sprechen kommt: »Meine Hörer, sagte ich Ihnen zu Anfang, vermutlich interessiere es Sie nicht, dass ich umgezogen sei, so tut es das nun vielleicht doch, eben mit zum Beweise dafür, dass das menschliche Gedächtnis nicht dazu eingerichtet sein sollte, das Wesentliche zu vergessen, sondern, angerührt von den schmerzlichen, den menschlichen Begebenheiten und unserem Wunsch nach Frieden in unserer Zeit, dazu eingerichtet sein muss, das zu behalten, was Sie und wir alle erlitten haben.«[267]

Die häufige Erwähnung der neuen Wohnung in einem nahezu enthusiastischen Tonfall – im Privaten ebenso wie in öffentlichen Verlautbarungen – spiegelt eine ungemeine Freude und Erleichterung wider. Diese erklärt sich aus der schwierigen Wohnungssituation im Nachkriegs-Hannover. 90% der Innenstadt wurden von alliierten Bombenangriffen zerstört, der britische Militärberichterstatter Leonard O. Mosley fasst seine Eindrücke der Stadt unmittelbar nach dem Krieg in den einen Satz: »Hannover sah eher wie eine Verwundung im Erdboden aus als wie eine Stadt.«[268] Dementsprechend angespannt ist die Lage auf dem Wohnungsmarkt noch Jahre nach Beendigung des Krieges.

Eggebrecht, der 1949 als freier Mitarbeiter für den Nordwestdeutschen Rundfunk in Hamburg und Hannover zu arbeiten beginnt, erhält im September 1951 dort eine Festanstellung. 1953/54 wird ihm dann vom Intendanten Ernst Schnabel die Abteilung »Kulturelles Wort« übertragen. Gleichzeitig wird er zum Stellvertretenden Chefredakteur ernannt. »Der Arbeitnehmer ist im NWDR seit dem 01.09.1951 angestellt und wird als Abteilungsleiter einer besonders herausgehobenen Abteilung beschäftigt«, heißt es in einem Arbeitsvertrag vom Oktober 1954.[269] Aus diesem Grund ist Eggebrecht, der bis 1951 mit seiner Frau und den drei Kindern im nicht allzu weit entfernten Warberg gewohnt hatte, endgültig nach Hannover umgezogen. Allein. Er wird zukünftig hauptsächlich das Leben eines Wochenendpendlers führen. Eines Pendlers allerdings, der statt der Bahn, die in jenen Jahren erst wieder funktionstüchtig gemacht werden musste, die Fahrbereitschaft der Sendeanstalt in Anspruch nimmt. Ein Jahr lang wohnt er in einem Zimmer in der Hohenzollernstraße 16, sehr wahrscheinlich bei dem Schriftsteller Gerhard Bahlsen, einem der Söhne des Hannoveraner Keksfabrikanten Hermann Bahlsen. Für den Freund Peter Rusack, einen Hannoveraner Buchhändler,

Gemeinsam mit dem Buchhändler Peter Rusack, 1959/60 in Warberg

Von links nach rechts: Eggebrecht mit Ehefrau, Peter Rusack und Franz B. Zons, dem Leiter des Funkhauses Hannover (1949–1959), in Warberg 1959/60

ein unhaltbarer Zustand. Er bemüht sich um eine richtige Wohnung, doch erst ein Jahr später gelingt es ihm, Eggebrecht ein eigenes Refugium zu ermöglichen.²⁷⁰

»Den Tag über verbringe ich freilich anderswo«, heißt es in »Aufgenommen in Hannover« weiter. Wo, ist natürlich klar. Im neuen Funkhaus am Maschsee, das von Adolf Grimme, dem Generaldirektor des NWDR in Hamburg (1948–1956) und persönlichen Freund Eggebrechts, am 20. Januar 1952 nach dreijähriger Bauzeit feierlich eröffnet worden ist.²⁷¹ Das Funkhaus, entworfen von den Architekten Gerd Lichtenhahn, Friedrich Wilhelm Kraemer und Dieter Oesterlen, ist zu der Zeit »das modernste Europas« und löst das Provisorium der Hamburger NWDR-Dependance in der Pädagogischen Hochschule ab.²⁷² Es reiht sich ein in eine Vielzahl von städtebaulichen Maßnahmen, die Hannover zu einer Modellstadt jener Jahre werden ließen, die auch überregional für Aufsehen sorgt. Gänzlich neue, nicht an der historischen Baugeschichte der Stadt orientierte Viertel entstehen, und der Verkehr hat sich nach den Maßgaben einer autogerechten Stadt zu richten: »Fester Bestandteil des Besuchsprogramms [...] ist eine geführte Tour über Hannovers Schnellstraßen und zu den architektonischen Schwerpunkten der Innenstadt sowie ein kurzes Referat zur Beantwortung der Kernfrage, die das ›Wunder von Hannover‹ zum nachahmbaren Musterbeispiel macht – der Frage nämlich, mit welchen Mitteln und Methoden der Architekt Rudolf Hillebrecht es gegen die Lethargie und den Widerstand der Bürger durchsetzte, daß seine einst utopisch anmutenden Planungen binnen zehn Jahren verwirklicht wurden.«²⁷³

Eggebrecht lässt den Blick von seinem Büro aus über das »Wunder« schweifen: »[...] und schaue vom Funkhaus, diesem liebenswürdigsten modernen Bau der Stadt, auf den heute leichten Schaum seiner Wellen [der Wellen des Maschsees, FW]. Die Lindenallee vor ihm verfärbt sich schon, aber hinter ihr ist wieder Freiheit und Weite. Da liegt [...] das neue Stadion [...]. Der musikalische Nachwuchs des ganzen Kontinents gibt sich im Nordwestdeutschen Rundfunk Hannover ein Rendezvous. Bedeutende Gelehrte, Schriftsteller und Dichter werden von Hannover aus gesendet in immer zunehmendem Maße, denn in dieser Stadt ist die Leitung des Kulturellen Wortes von Hamburg und Schleswig-Holstein gleich mit [...]. Ich fange an Wurzeln zu schlagen.«²⁷⁴

Das neue Funkhaus in Hannover, 1951/52

Eggebrecht obliegt unter anderem die Besprechung von neuen Büchern, ab und an trägt er auch seine eigenen Geschichten und Gedichte im Funk vor. »Ich, da man mich fragt, erzähle Geschichten« fängt er einmal eine Sendung an, die den Titel »Bei uns im Funk« trägt und in der er über den Hörfunk im Allgemeinen und sich im Speziellen plaudert: »Der Rundfunk sagt zum Beispiel nicht, das Programm muss so und so gemacht werden, sondern er zieht planende, schöpferische Kräfte immer von neuem heran, die ihm sein Anliegen, Menschen zu entspannen, ihnen Freude zu machen und Nüsse zum Knacken zu geben, einfach aus ihren Einfällen unterstützen«. Und über sich merkt er mit einem Hauch von Selbstkritik an: »Ob nun in meinem Fall sich Beweise dafür finden lassen, dass ich in meinen mehr oder weniger improvisierten Darlegungen an jedem Dienstag zu schwierig bin, könnte durchaus sein. Jedoch welche Geschichte, die jeder von uns erzählen könnte, ist nicht schwierig? In meinen geht es natürlich auch um mich, aber mehr noch um solche Leute, die einem fortwährend über den Weg laufen und die mindestens eben soviel Schicksal haben wie ich es den Hörern andeutungsweise zu erzählen versuche. Bei uns im Funk [...] ist hoffentlich keiner weniger als der andere.«[275]

Eggebrecht konzipiert zudem neue Sendereihen. Seine erste: »Der Einzelne und die Mächte«. Das sogenannte Gespräch am

Adolf Grimme, Generaldirektor des NWDR in Hamburg von 1948 bis 1956 (Aufnahme 1949)

runden Tisch lädt Persönlichkeiten des öffentlichen Lebens »zu einem freimütigen Austausch von Gedanken« zu wechselnden Themen ein – der gut halbstündigen Sendung liegt kein Manuskript vor.[276] Die erste findet am 2. März 1952 statt, die Diskutanten sind neben Jürgen Eggebrecht: Carl Friedrich von Weizsäcker, Ernst Penzoldt, Carlo Schmid und Landesbischof Hans Lilje. Einer ihrer Hörer ist niemand Geringerer als Adolf Grimme. Am nächsten Tag schreibt er sogleich an Eggebrecht, um ihm seine Höreindrücke zu schildern. Zunächst richtet er ihm aus, dass er die Idee für die Sendung ausgezeichnet finde, die anregende Wirkung stünde außer Zweifel. Sodann folgt liebevolle Kritik, ironisch verpackt. Es geht um die Umsetzung. »Wahrscheinlich«, schlägt Grimme vor, »würde sie noch stärker sein, wenn man bei den nächsten Sendungen dem Hörer nicht zugleich die Preisaufgabe stellte, wer eigentlich denn da nun grade spricht […]. Ich würde also Sorge dafür tragen, daß die Herrschaften einander höflicherweise immer mal anreden, und vielleicht merkt dann der Einzelne auch selbst schon, daß er […] mit seines elegischen Tonnenbasses-Grundgewalt die anderen überkiloherzt.«[277]

Man sieht, Eggebrechts Erfahrungen mit dem Funk sind Anfang 1952 noch sehr jung. Woher sollte er sie auch haben, schließlich hat er zwar seit 1949 für das Medium geschrieben – er soll auch 1932 das Hörspiel »Die Fische« verfasst haben, das wohl als verschollen gelten muss –, aber sich nie mit dessen technischen Voraussetzungen auseinandergesetzt. Trotz des Durcheinanders, das bei dem ersten Gespräch der Reihe »Der Einzelne und die Mächte« also geherrscht hat, fällt das abschließende Urteil des Generaldirektors positiv aus: »[…] von diesen roten Tintenstrichen abgesehen, bin auch ich dafür, daß der Schüler J. E. das Reifezeugnis erhält«.[278]

Eine andere Sendereihe, die Eggebrecht anstößt, sind die »Loccumer Gespräche«. Sie zeugen ebenso wie seine vielen Gespräche mit berühmten Wissenschaftlern dieser Jahre zum Thema der Kernphysik und ihren Gefahren – etwa mit Carl Friedrich von Weizsäcker oder Otto Hahn – von seinem gesellschaftlichen Engagement.[279] Das erste dieser Gespräche wird am 17. Dezember 1953 gesendet. Zuvor wurde die Veranstaltung mit dem Titel »Geschichte – Lehrmeisterin oder Verhängnis« in der Evangelischen Akademie aufgenommen. Ihre Teilnehmer waren neben dem Leiter Eggebrecht der Historiker Hermann Heimpel, Landesbischof Hans Lilje sowie der spanische Philosoph José Ortega y Gasset, eine nahezu omnipräsente Person innerhalb der Kulturlandschaft der fünfziger Jahre.[280] Kurze Zeit später teilt Eggebrecht Annemarie Suhrkamp mit: »Neulich war der Ortega hier. Gott, gäb's von dem was zu erzählen!«[281] Weitere Themen dieser bald auch schon über Deutschland hinaus bekannten Reihe: »Die politische Bewußtseinsbildung«, »Die Remilitarisierung«, »Der Konservatismus«.[282]

Schließlich regt Eggebrecht die Reihe »Stimmen der Dichter« an. Für sie kommen ihm seine zahlreichen Freundschaften aus der Vorkriegszeit zugute, denn unter den »Stimmen«, die live aus dem Funkhaus aus ihren Werken vortragen, befinden sich diejenigen von Ernst Penzoldt, Georg von der Vring und Georg Britting.[283] Die Sendung mit Stefan Andres, der aus dem »Requiem für ein Kind« liest, leitet Eggebrecht am 18. März 1953 wie folgt ein: »Wenn Sie, verehrte Hörer, früher gesagt bekamen: Dichtung! – dann dachten Sie vielleicht an die Bücherrücken der Klassiker in den Schränken eines bürgerlich behüteten elterlichen Hauses […]. Nun, die heute Lebenden […] sahen die festgegründeten Häuser zusammenstürzen und wohnen, ob sie wollen oder nicht, wie die, zu denen sie sprechen, unter freiem Himmel […]. Unsere zeitgenössischen Dichter suchen wahr zu sein, und so ist denn ihr Blick naturgemäß schärfer bei dem einen und bei dem anderen, wie Sie selbst hören werden, weil sie im Grunde skeptische Realisten sind.«[284]

Solche Sätze dürfen freilich nicht vergessen lassen, dass wir es hier mit Kontinuitäten im Literaturbetrieb zu tun haben, die einmal mehr zeigen, dass es eine sogenannte Stunde Null nicht gegeben hat.[285] Penzoldt, Vring, Britting, um nur diese drei zu nennen, haben ja allesamt bereits vor 1933 bzw. während des Dritten Reichs publiziert.[286] Eggebrecht holt sie, wie viele andere auch, vor das Mikrophon. Etwa Curt Emmrich, der unter dem Namen Peter Bamm seit 1923 für die *Deutsche Allgemeine Zeitung* Feuilletons schrieb, später auch in der *Deutschen Zukunft*, in der ja auch Eggebrecht seine Rezensionen publizierte. Den Krieg machte er als Chirurg in einer Sanitätskompanie mit, seine Erlebnisse schrieb er später nieder und veröffentlichte sie 1952 in dem Kriegsbericht »Die unsichtbare Flagge«.[287] Gemeinsam mit Bamm erzählt Eggebrecht im Nachtprogramm des öfteren Stegreifgeschichten – »was Sie auszeichnet, ist in so hohem Maße die Suada des Parlierens«;[288] und auf seine Anregung hin verfasst Bamm seine bei den Hörern äußerst beliebten Sendereihen

Im Gespräch mit Peter Bamm auf der Münchner Buchausstellung im Haus der Kunst, 8. Dezember 1967

hen »Frühe Stätten der Christenheit«, »An den Küsten des Lichts« und »Alexander oder die Verwandlung der Welt«, die erst später, 1955, 1961, 1965, als Bücher erscheinen. Ein Brief informiert uns über die Zusammenarbeit der beiden: »Lieber P.B., zu lange Exzellenz, haben wir uns etwas zugeschwiegen […]. Dabei kann ich mir denken, unter welcher Last Sie seufzen. Dennoch möchte ich gern wissen, was wir im nächsten Jahr zusammen machen wollen.« Es folgt eine ausführliche Liste mit Vorschlägen.[289]

Rundfunkboom

Die zehn Jahre, die Eggebrecht von 1949 bis zu seinem krankheitsbedingten Ausscheiden 1959 für den Funk tätig ist, sind genau diejenigen, in denen das Radio das kulturelle und soziale »Leitmedium« der Zeit bildet.[290] Dann wird es vom Fernsehen verdrängt. Wahrscheinlich lässt sich nirgends so gut wie am Übergang von den sogenannten radio days zu den television days nachvollziehen, was der Sozialhistoriker Axel Schildt generell über den Unterschied zwischen den 50er und den 60er Jahren konstatiert: Dass nämlich Welten zwischen »dem Beginn der fünfziger Jahre, als gerade die letzten Lebensmittelkarten abgeschafft wurden, und der Zeit um 1960 liegen, als die Beatles – in Hamburg – ihren ersten Auftritt absolvierten […]. In diesem Zeitraum setzte in der Bundesrepublik, wie auch in anderen westlichen Ländern, eine stille aber gleichwohl tiefe Sozialrevolution ein«.[291] Die Zusammenbruchsgesellschaft der unmittelbaren Nachkriegsära wird abgelöst von einer »prosperierenden Konsumgesellschaft«.[292]

Doch bis zum Siegeszug des Fernsehzeitalters ist das Radio der unbestrittene »Hegemon der häuslichen Freizeit«.[293] Die Zahl der Rundfunkhörer steigt nach dem Krieg kontinuierlich an – 1951/52 ist man bereits wieder auf dem vormals höchsten Stand aus den Kriegsjahren – bis die Rundfunkdichte im Jahr 1960 85% aller Haushalte beträgt. Gründe für den Boom gibt es viele. Es ist den Menschen ein bereits aus den dreißiger Jahren her vertrautes Gerät, das zudem von allen Haushaltsgeräten während des Kriegs am wenigsten von Verlust betroffen war. Hinzu kommt, dass die Neuproduktion der Geräte nach dem Krieg ebenso rasch wie in großem Umfang ansteigt. Ratenangebote locken die Kunden zum Kauf. Zudem haben sie stetig mehr Geld in ihren Taschen. Schließlich sorgen fehlende Freizeitangebote sowie die generelle Neigung, sich in die eigene, meist immer noch beengte Häuslichkeit zurückzuziehen, dafür, dass das Radio für die allermeisten

Familien zum Lebensmittelpunkt wird.²⁹⁴ Die Sendungen, die Eggebrecht allerdings produziert, werden statistisch gesehen nur von einem Bruchteil der Rundfunkhörer eingeschaltet. Das Gros der Menschen will unterhalten werden, man hört Schlager und Operette, lauscht der Funklotterie oder Kriminalhörspielen – »gegen 19 Uhr stieg die Hörerbeteiligung stark an, erreichte mit Werten von über 40 Prozent zwischen 20 und 21 Uhr ihren Höhepunkt und fiel dann steil ab«. Danach legt man sich schlafen. Nur »die Akademiker waren […] nicht wie die Mehrheit der Bevölkerung um 22 Uhr im Bett und verfolgten die kulturellen Nachtprogramme«.²⁹⁵

All dies muss man im Hinterkopf haben, wenn man über den Rundfunkredakteur Jürgen Eggebrecht spricht. Die Rundgesprächs-Reihe »Der Einzelne und die Mächte« läuft hingegen zu einer respektablen Sendezeit, nämlich von 18.25 Uhr bis 19.00 auf der Mittelwelle. 1954 erhält dann auch Hannover, dort probeweise schon seit 1949 eingeführt, seine Ultrakurzwelle, die das Haus von der Zentrale Hamburg emanzipiert.²⁹⁶ Mit ihr einher geht auf Initiative des Intendanten Ernst Schnabel die Verlegung der Redaktionen »Kulturelles Wort«, »Kirchenfunk« und »Osteuropa« von Hamburg nach Hannover. Nun erst beginnt die eigentliche große Zeit des kleinen Mannes mit der sanften und singenden, eher hohen als tiefen Stimme, die stets auch etwas Pastorales besitzt. Vor allem für uns heutige Hörer.

Jürgen Eggebrecht Mitte der fünfziger Jahre

Meinung, Gegenmeinung und weitere Anregungen

Der Ressortleiter Eggebrecht ist bemüht, weitere Sendereihen zu entwickeln. So entstehen zum einen die »Nächtlichen Zwiegespräche«. Sie beinhalten stets einen Dialog, entweder aus der Literatur oder zwischen zwei lebenden Personen. Den Auftakt macht man im April 1954 mit Shakespeares »Der Kaufmann von Venedig«. Und zwar mit dem Gespräch zwischen Lorenzo und Jessica zu Beginn des 5. Aktes – »in einer Nacht wie der« usw.²⁹⁷ Drei Monate später diskutiert dann Jürgen Eggebrecht mit dem Schriftsteller und Humoristen Gerhart Herrmann Mostar über die Todesstrafe und das Benehmen der Deutschen im Ausland. Zum anderen wird die Sendereihe »Das Tribunal« ins Leben gerufen. »Wir haben uns nun zu Beginn des Winters für die Ultrakurzwelle Nord ein Programm überlegt, das gewisse neue Akzente setzen möchte«, heißt in der Einleitung für das neue Format

von links nach rechts: Hörspielregisseur Ernst Drolinvaux, Franz B. Zons und Jürgen Eggebrecht im Funkhaus. Rechts vorne die Chefsekretärin Jutta Strube

im November 1954. Drei »Tribunale«, jeweils von Dienstag bis Donnerstag zwischen halb elf und elf Uhr abends, werden angekündigt: Das Tribunal der Literatur, das der Kultur und das der Zeit. Man möchte nicht reden über Kunst, Literatur, Musik und Wissenschaft, sondern den Hörer »unterhalten durch Notizen, Anmerkungen, ein gesprächiges Hin und Her […]. Erfrischen und Meinung und Gegenmeinung austauschen, das verstehen wir unter Tribunal«. Dabei sollen die erörterten Gegenstände stets auch »im Zusammenhang mit den politischen Kräften unserer Zeit« gesehen werden.[298]

Natürlich bestreitet Eggebrecht die Sendung nicht allein, ihre Beiträger sitzen in Hamburg, Hannover, Berlin. Eggebrecht sondiert für die Reihe die Neuerscheinungen auf dem Buchmarkt, kümmert sich aber auch um die Literatur- und Verlagsszene. So schaut er sich im Februar 1955 das erste Heft der Zeitschrift *Texte und Zeichen* von Alfred Andersch an: »Diese neue literarische Vierteljahreszeitschrift wünscht Mitteilungen zu machen, wie sie dem Bewusstsein der Menschen unserer Zeit entsprechen und stützt sich, wie es scheint, wesentlich auf die Gruppe 47, dann aber auch auf Schriftsteller von internationalem Rang«. Er endet lapidar: »Man muss ihr eine Chance geben.«[299] So ruft er dem am 26. April 1955 gestorbenen Hamburger Verleger Eugen Claassen nach.[300] Oder er fragt vier Jahre nach dem Tod des Verlegers Anton Kippenberg unter der Überschrift »Ist die Insel noch eine Insel?« was aus dem renommierten Verlag geworden ist. Er mahnt an, dass es ihm an Neuem, an Wagemutigem fehle.³⁰¹ Und am Anfang eines jeden Jahres blättert sich Eggebrecht durch den Kalender-Markt, vom Kunstkalender über den Hundekalender bis zum Kalender der Arbeiterwohlfahrt lässt er dabei nichts aus.³⁰²

Neben den Reihen animiert Eggebrecht seine Schriftstellerfreunde, Sendungen für ihn zu machen. Peter Bamm wurde schon genannt. Auch Mostar, der seine »Weltgeschichte – höchst privat« lieferte, ehe sie 1953 in einer sehr hohen Auflage im Verlag Henry Goverts erscheint.³⁰³ Beiden sichert Eggebrecht auf diese Weise »die finanzielle Unabhängigkeit zum Schreiben neuer Bücher«.³⁰⁴ Ein weiterer ist Hermann Kesten, ebenso Exilautor wie Mostar. Im Dezember 1949 betritt er erstmals wieder, nach siebzehn langen Jahren des Exils in Holland, Belgien, Frankreich und Amerika, deutschen Boden. Kesten sollte es nicht leicht haben im Literaturbetrieb der jungen BRD, seine Auseinandersetzungen als Vertreter eines »anderen Deutschlands«, nämlich desjenigen des Exils, mit der »Gruppe 47«, die sich zur sogenannten »jungen Generation« stilisierte, stehen dafür exemplarisch.³⁰⁵ Für Eggebrecht konzipiert er seine Sendung »Dichter im Café«, in der er nach seinem erfolgreichen Essayband »Meine Freunde die Poeten« (1953 im Wiener Donau Verlag erschienen), wo er unter anderem über Heinrich, Thomas und Klaus Mann, über Alfred Döblin, Joseph Roth und Stefan Zweig erzählte, nun geistreich über die Frage nach dem spezifischen Zusammenhang von Kaffeehaus und dichterischer Schaffenskraft sinniert. Das Buch zur Sendung kommt 1959 im Verlag Kurt Desch heraus.³⁰⁶

Hermann Kesten in den fünfziger Jahren

Ein anderer ehemaliger Exilautor, an den sich Eggebrecht, diesmal aus seiner Kur in Ascona, wendet, ist Carl Zuckmayer. Eggebrecht fragt ihn, ob er nicht Peter Bamm zum 60. Geburtstag gratulieren wolle. Zur Zeit der Anfrage lebt Zuckmayer bereits in der Schweiz und zwar in Saas-Fee im Wallis, weshalb er am 24. September 1957 antwortet: »Sehr geehrter, lieber Herr Eggebrecht, ich bin Ihnen sehr dankbar, dass Sie mich mit dem Datum von P. B.s Sechzigstem bekannt gemacht haben, ich wusste es nicht. Gerade bei seinen ältesten Freunden weiß man sowas nicht […]. Schreiben werde ich den [Glückwunsch, FW] gern, – würde ihn auch gern auf Band sprechen, fragt sich nur wann und wo. Ich arbeite hier in Saas-Fee, wo es im Herbst ganz still ist und wo ich mich am besten gegen Störungen abschirmen kann, an einem neuen Stück und werde bis Ende Oktober hier oben blei-

Carl Zuckmayer

ben, – das ist wohl auch für die Rundfunkgesellschaft ein bisschen weit, und ich kann die Arbeit nicht durch eine Reise irgendwohin unterbrechen. Hätten Sie irgendeinen Vorschlag, was man da machen kann?«[307]

Eggebrecht wusste, was er machen sollte: Er schlug dem Schriftsteller vor, dass die Aufnahme ja in Ascona stattfinden könne. Jedenfalls telegrafiert Zuckmayer am 2. Oktober 1957 aus Ascona an Jürgen Eggebrecht, der bei einer Gräfin Kanitz, Sasso Boretto Ascona, logiert, die Zeilen: »Mit Besuch hier zwecks Aufnahme einverstanden. Bitte um Mitteilung darum. Gruss Zuckmayer.«[308]

Einer der produktivsten Beiträger ist Eich. Der vielbeschäftigte Hörspielautor erzählt auf Anregung Eggebrechts vom August bis Dezember 1954 in insgesamt zehn Teilen »Die schönsten Geschichten aus Tausendundeiner Nacht«. In einem Presseartikel zum Hörspielprogramm vom 7. Juli 1954 steht, dass »die Hörspielredaktion […] diesem meistdiskutierten unter den deutschen Hörspieldichtern eine Atempause [gönnt], während der sich Eich damit beschäftigt, im Auftrage Jürgen Eggebrechts für die Wortabteilung des NWDR in Hannover die schönsten Geschichten aus 1001 Nacht in eine neue deutsche Form zu gießen«.[309] Die Reihe wird immer am Sonntagvormittag ausgestrahlt, den Auftakt bildet am 29. August »Der Fischer, der Dämon und der versteinerte Prinz«. Es folgen unter anderem »Abu Mohammed, der Faulpelz«, »Chalifa, der Fischer« und »Die fünf Räuber«. Den Schluss macht am 25. Dezember »Sindbad, der Seefahrer«. Bereits am 24. Dezember sendet der NWDR Hannover die erste von insgesamt drei Folgen der Hörreihe »Indianer und Rothäute. Traumbilder der Jugend – Figuren der Wirklichkeit«, in der Eich Geschichten des Lederstrumpfautors James Fenimore Cooper erzählt.[310] Schließlich erarbeitet Eich für Eggebrecht 1956 – aus dem NWDR ist mittlerweile der NDR geworden – die zehnteilige Hörfolge »Phantastische Geschichten«. Aus seinen Ferien in Dürnstein vermeldet Eich am 13. Januar: »Ich möchte hier auch etwas arbeiten, und zwar die Seltsamen Geschichten für Dich. Schreibst du mir, ob Wilhelm von Scholz (›Antwerpener Legende‹) und Tanja Blixen (›Der Falke‹) von den Verlagen genehmigt sind. Mit Herrn Asche hatte ich ferner die Erzählung ›Germelshausen‹ von Gerstäcker und eine Geschichte des Chinesen Pu Sung-Lin verabredet. Nach dem damaligen Plan fehlen also noch zwei Titel. Ich suche noch. Vielleicht habt Ihr aber auch noch etwas gefunden.

Schreibst du mir möglichst bald über den ganzen Plan und ob ich anfangen kann.«[311] Die Reihe startet am 21. Mai 1956 mit »Die schönste Geschichte der Welt« nach Rudyard Kipling. Es folgen unter anderem »Die Nase« nach Gogol, die erwähnten »Germelshausen« nach Gerstäcker und »Das lachende Mädchen« nach Pu Sung-Lin. Mit »Die Siebenmeilenstiefel« nach Marcel Aymé endet sie am 7. Oktober.[312] Wilhelm Scholz und Tanja Blixen sind ebenfalls mit dabei gewesen, von Blixen aber wählte man »Die Sintflut von Norderney«.

Für Günter Eich, so vermerkt es der Rundfunkhistoriker Hans-Ulrich Wagner, ist »die zehnteilige Reihe [...] eine wichtige Verdienstquelle. Anfang Juni 1956 äußert Eich die Bitte um eine Vorauszahlung des gesamten Honorars, der zwar unmittelbar nicht vollständig, jedoch mit einer größeren Teilsumme entsprochen wird«.[313] Immer wieder kämpft Eich in den fünfziger Jahren mit Geldproblemen. So muss er sich im Zuge der Scheidung von seiner ersten Frau Else Burk 1949 verschulden. Alte Freunde wie Adolf A. Kunert und Hermann Kasack helfen.[314] Aber auch als Eich dank seiner vielen Hörspiele »innerhalb von drei bis vier Jahren ein freier Schriftsteller mit Spitzenverdienst« geworden ist,[315] plagen ihn immer wieder Geldsorgen, weswegen ihm die Angebote Eggebrechts gelegen kommen. Als Eggebrecht in den folgenden Jahren bis zu seiner Tumor-Operation seinen Freund zu weiteren Projekten animieren möchte, lehnt Eich indes ab, da er mit anderen Arbeiten genügend zu tun habe. Unter anderem hat Eggebrecht eine Sendereihe »Die Frühvollendeten« und eine Reihe mit »Unheimlichen Geschichten« geplant.[316]

Vom Beruflichen einmal abgesehen »ergreift« Eich auch privat von Zeit zu Zeit die »helfende Hand« seines langjährigen Freundes und bittet ihn um Geld.[317] Sobald Eich und seine Frau Ilse Aichinger – sie haben 1953 geheiratet – wieder über Geld verfügen, zahlen sie ihre Schulden umgehend zurück.[318] Ein besonders anschauliches Beispiel für Eichs Geldsorgen sei ausführlich zitiert. 1959 wendet er sich an Eggebrecht mit den Worten: »Lieber Jürgen, noch eine Bitte, wenn Du's kannst: Ich kriege zwar den Büchner-Preis, aber erst am 1. November. Und unser Portemonnaie ist ganz leer. Könntest Du uns einige hundert Mark leihen bis Anfang November? Wir leben immer nur bis zum nächsten Tag [...]. Aber ich verstehe sehr gut, wenn es bei Dir auch nicht geht! Schreibst Du mir eine Zeile darüber? Dein Günter.«[319]

Günter Eich mit Ilse Aichinger, 1953

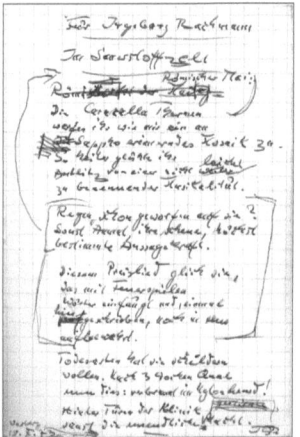

Handschriftliche Fassung des Gedichts »Im Sauerstoffzelt. Für Ingeborg Bachmann«, 1973

Ingeborg Bachmann, 16. Oktober 1964 in Darmstadt

Die Liste der Schriftsteller, die für Eggebrecht gearbeitet haben oder die er zur Mitarbeit animieren wollte, ließe sich noch beliebig fortsetzen. Ilse Aichinger macht eine Sendung über die »Geschwister Scholl«.[320] Ingeborg Bachmann, die Eggebrecht auf einer der vielen Tagungen der Gruppe 47 kennengelernt hatte, an denen er soweit es ihm seine Tätigkeit erlaubt, teilnimmt,[321] möchte er zu einem Projekt mit dem Titel »Durch Raum und Zeit nach Athen usw. reisen« animieren. Bachmann jedoch lehnt ab.[322] Das ist 1957, kurz bevor er in Düsseldorf ohnmächtig zusammenbricht. Ingeborg Bachmann schickt Eggebrecht anschließend etliche Briefe, in denen sie sich besorgt nach seinem Gesundheitszustand erkundigt – eine weitere Brieffreundschaft, deren Intensität sich bei Eggebrecht noch Jahrzehnte später in der lyrischen Verarbeitung ihres Todes zeigt.[323] Am 27. Oktober 1973 erscheint in der *Tat* das Gedicht »Im Sauerstoffzelt. Für Ingeborg Bachmann«. 1958 schickt ihm dann Wolfgang Hildesheimer einen Brief, dem er das gänzlich neue Manuskript seiner Erzählung »Der Brei auf unserem Herd« beilegt und fragt, ob Eggebrecht sie nicht gebrauchen könne. Er kann. Sie wird am 1. Mai 1958 gesendet.[324]

Wie diese Beispiele zeigen, lässt Eggebrecht alle Gruppierungen der bundesrepublikanischen Nachkriegsliteratur gleichermaßen zu Wort kommen. Grabenkämpfe scheint dieser still im Hintergrund wirkende Vermittler nicht zu kennen. Dass sie um ihn herum getobt haben – siehe etwa Kesten – mag er mitbekommen haben, sich um sie zu kümmern oder gar sich an ihnen zu beteiligen, fällt ihm aber nicht ein. Und so lesen und diskutieren bei ihm etablierte Vorkriegsautoren wie Ernst Penzoldt, Georg von der Vring und natürlich auch Günter Eich. Es kommen aber auch die Stimmen einer wirklich jungen Generation wie Ilse Aichinger und Wolfgang Hildesheimer zu Wort. Schließlich aber genauso die Exilautoren und Remigranten wie Hermann Kesten, Carl Zuckmayer und Gerhart Herrmann Mostar. Ob und in welchem Maße Eggebrecht also integrativ gewirkt hat, mag eine spannende Frage sein, die noch einer Antwort harrt.

Begegnung mit Thomas Mann

Als Glanz- und Höhepunkt des Rundfunkschaffens Jürgen Eggebrechts darf die Zusammenarbeit mit Thomas Mann gelten: Dass es Eggebrecht gelingt, den 79jährigen Nobelpreisträger im Frühjahr 1955 zu einer Aufnahme seines Jugendwerks »Tonio

Kröger« zu bewegen, erfreut ihn mit Recht über alle Maßen. Sogleich wusste er, dass ihm mit der mehr als dreistündigen Komplettlesung ein richtiger Coup gelungen war. »Am Abend kamen dann die 3 ½ Stunden Lesung ›Tonio Kröger‹. Bedenke Peter, 3 ½ Stunden, das hat's so im Rundfunk noch nicht gegeben«, schreibt Eggebrecht in aufgeregter Freude im Juni '55 an Peter Suhrkamp, und fügt hinzu: »Ich leitete ein und gratulierte im Namen des NWDR, und die weithinreichende Akklamation bestätigte mir den Erfolg«.³²⁵ Thomas Mann hatte ja am 6. Juni seinen 80. Geburtstag gefeiert. Auch noch ein Jahrzehnt später ist etwas von dieser ungemeinen Freude zu spüren. Da fertigt Eggebrecht für den BR seine »Erinnerung an Thomas Mann« an, in der er die gemeinsam mit dem Zauberer im Schweizer Kilchberg verbrachte Zeit vor dem inneren Auge Revue passieren lässt: »Es hatte für mich, seinen Zuhörer, hohen Reiz, wie der alte Mann sich selbst wiederzubegegnen schien in dem Jünglingsbild, dem beweglichen Selbstportrait, das er mit dem unvergeßlichen ›Tonio Kröger‹ benannt hat.«³²⁶

Thomas Mann mit seiner Frau Katia im Gästehaus der Stadt Frankfurt a. M., 1949

Eggebrecht versucht zum erstenmal im Herbst 1954 in Kontakt mit dem in der Schweiz lebenden Thomas Mann zu treten, dem er ja schon in seinen Münchner Jugendjahren auf dem einen oder anderen Faschingsfest begegnet ist – aber das wissen wir ja. Er bittet Mann um einen Beitrag für den Tag des Buches. Doch dieser, eingespannt mit anderen Arbeiten, sagt höflich ab: »Sehr verehrter Herr Doktor Eggebrecht, […]. Ich brauche es Ihnen kaum zu sagen, wie gern ich gerade Ihnen und Ihrem Sender einen Wunsch erfüllen würde. Aber ich bin so überlaufen und überlastet, so ermüdbar und von älteren Verpflichtungen beschwert, dass ich in diesem Fall um Nachsicht und Dispens bitten muss. Die Erfüllung solcher von aussen kommenden Anregungen kosten mich ganz unverhältnismäßig viel Zeit und Kräfte (die Forderer machen sich kaum eine Vorstellung davon). Gerade jetzt habe ich es übernommen, nächsten Mai in Stuttgart die Schiller-Rede zu halten […]. Lassen Sie mich auf Ihr Verständnis hoffen!«³²⁷

Nur wenige Tage später richtet Eggebrecht, der Forderer, folgende Worte an Thomas Mann: »Hochverehrter Herr Professor, auf gar nichts anderes, ich gestehe es, war ich aus, als Sie für eine Rede zum Auftakt der »Woche des Buches« zu gewinnen. […]. Ich verstehe Ihre Bedenken und hoffe nur, nicht etwas Ungebührliches getan zu haben, indem ich Sie bat. Ich fand mich einigermassen zur Ordnung gerufen durch Ihre gütigen Zeilen, aber, wenn das Wort erlaubt ist, auch wieder getröstet, einfach indem Sie mir schrieben. Gute Wünsche für Sie und Ihre Arbeiten darf ich Ihnen, auch im Namen von Ernst Schnabel, übermitteln.«[328]

Nun, die erste Fühlungnahme mit dem »großen Thomas Mann«, dem »Dichter unserer Zeit und Zunge«, scheitert.[329] Doch Eggebrechts Vorgesetzter, der Intendant Ernst Schnabel, und er bemühen sich in der Folgezeit weiter um eine Zusammenarbeit. Und siehe da, es klappt. Eggebrecht reist ein halbes Jahr später nach Kilchberg bei Zürich, wo Thomas Mann vom 18. bis zum 20. April seine 1902/03 fertig gestellte Künstlernovelle, die um den zentralen Konflikt zwischen dem Künstler einerseits, dem Bürger andererseits kreist, vollständig einliest: »[…] und auf unsere Bitte hin erzählte er so privat, so ruhig in sich versunken, daß es uns vorkam, als belebte sich jetzt eben erst der Stoff, als entstünden durch einen ganz und gar glaubhaften Zauberspruch in einer grandiosen, in einer im Augenblick improvisierten Lesung das Thema und die früh berühmt gewordene Variation aus dem Jahre 1903 vor unserm Ohr.«[330]

Da liest also der 79jährige Thomas Mann dank Ernst Schnabels und Jürgen Eggebrechts Engagement eines seiner wichtigsten Jugendwerke ein: »Das Geistgeprägte seines Wesens werden Sie [die Hörer, FW] gewiss spüren; seine Stimme verrät es mit je-

Mit Franz B. Zons und Peter Rusack, 1959/60

dem Wort. Jedenfalls scheint es uns so.«[331] Ein Ereignis! Franz B. Zons, der langjährige Hannoveraner Funkhausleiter (1949 bis 1959), erinnerte sich einmal an den »Tonio Kröger« wie folgt: »Ja, und dann der Altmeister persönlich: Thomas Mann! Er wollte zwar seines hohen Alters wegen nicht nach Hannover kommen, bat aber um technische Hilfe des Funkhauses und den Besuch des verantwortlichen Redakteurs in seinem Haus am Zürichsee und las dort – auf Wunsch des Hauses und für dieses Haus – den ganzen ›Tonio Kröger‹ auf Band, eine bewundernswerte Leistung und ein einmaliger Glücksfall für das Funkhaus. Das fertige Band benötigte drei volle Stunden Sendezeit, die dann […] am Geburtstag Thomas Manns ohne Pause über die Mittelwelle des NWDR lief – damals ein nicht mehr wiederholbarer Erfolg beim Publikum, das uns mit Anrufen und Telegrammen die Nacht über wachhielt.«[332]

»Tonio Kröger«, ein Highlight, das allerdings auch schon auf eine nahezu unheimliche Weise vom Tod umflort ist. Thomas Mann wird ja nur wenige Monate später, am 12. August, im Alter von 80 Jahren sterben. Doch bereits während der Aufnahmen ist der Tod scheinbar zugegen. Diesen Eindruck bekommt man unweigerlich, wenn man Eggebrechts »Erinnerung an Thomas Mann« hört bzw. liest. »Vor dem Frühstück«, heißt es darin, »las ich in der *Neuen Zürcher Zeitung*, dass Albert Einstein überraschend verschieden sei. Ich kam zu Thomas Mann, der die Zeitung noch nicht gelesen hatte und sagte ihm, um wen es sich handle: Er sprang mir mit dem Satz entgegen: ›Das ist nicht wahr. Er lebt, er wird ewig leben!‹ Und am Ende der Woche wurde im Hotel jemand, mit Leintüchern bedeckt, an mir vorbeigetragen. Es war Alfred Polgar, der gestorben war. Ich erfuhr es erst durch Manns.« Und als die beiden eine Pause zwischen den Aufnahmen einlegen und »bei klarem föhnlosen Wetter auf den Balkon, der den Blick zum Zürichsee freigab, hinaus [traten]«, da kommt ihr Gespräch auf Ernst Penzoldt zu sprechen, der im Februar jenes Jahres gestorben war: »›Ein wirklicher Poet‹, sagte er, ›wie gern las ich seinen Squirrel‹!«[333]

Eggebrechts Erinnerungstext ist auf diese Weise nicht nur als ein Dokument zu lesen, das uns von den Tonio Kröger-Aufnahmen Kunde gibt, sondern im Grunde ist es eine lange Reflexion über Tod, Vergänglichkeit und Vergessen. Es erzählt uns etwas von Eggebrechts Auffassung darüber, aber auch, wie Thomas Mann mit dem Tod umging. Gleich zu Beginn des Textes kommt Eggebrecht auf den flüchtigen Charakter jeglicher Erinnerung, also auch seiner eigenen, zu sprechen. Gar nicht mehr wahr scheint für ihn seine einstige Begegnung mit dem großen Schriftsteller zu sein: »Die Beweisbarkeit dessen, dass man nämlich ihn, Thomas Mann, wiedergesehen habe, noch einmal kurz vor seinem Tode, ist eben nicht recht zu beweisen. Zwar versteht sich, dass ich acht Tage lang bei ihm zu Gast war. Auch kann ich ein mir Gewidmetes, von seiner Hand Geschriebenes vorlegen: ›Zur freundlichen Erinnerung an unsere Zusammenarbeit im Zeichen Tonio Krögers. Kilchberg 1955‹. Aber er verflüchtigt sich. Ich höre ihn sagen: ›Vergänglichkeit ist etwas sehr Trauriges? Nein, sie ist die Seele des Seins, ist das, was allem Leben Wert, Würde und Interesse verleiht, denn sie schafft Zeit‹«.«[334]

Trotz dieser weisen Sicht Thomas Manns auf das Leben und den Tod, als er stirbt, ist Eggebrecht von aufrichtiger Trauer erfüllt. Sein Nachruf im Funk kündet vom Schock der Nachricht. Der Beginn, Sätze im Stakkato: »Thomas Mann ist tot. Der Zauberer ist tot. Diese Nachricht hat keinen Trost […]. Er war 80 Jahre alt, eben geworden, da riss es ihn fort. Plötzlich.« Das Ende, eine bange Frage und eine Aufforderung an alle, die vor ihren Geräten sitzen und zuhören: »Wer wird jetzt noch da sein zu sagen, wo und wie uns Gefahr droht? Freunde, nahe und ferne, seid angesprochen und hört unseren Schmerz um diesen Verlust eines Mannes, der dich und dich und dich, der den Menschen liebte, weil er selber ein Mensch war […].«[335] Ende August richtet er persönliche Worte an Thomas Manns Witwe Katia: »Sehr verehrte, liebe gnädige Frau, was ich zum Tode Thomas Manns gesagt habe, möchte ich Ihnen nun doch auch schicken dürfen. Für mich war es die schönste Fügung, dass ich in Kilchberg und in Lübeck so kurz vor seinem Hingang den grossen Künstler noch einmal gesehen habe.«[336] Katia Mann antwortet und bedankt sich für Eggebrechts zahlreiche Rundfunksendungen anlässlich des Todes: »Lieber Herr Doktor Eggebrecht. Längst hätte ich Ihnen danken sollen für Ihr teilnehmendes Telegramm und für die Uebersendung der verschiedenen Radioansprachen, die Sie unmittelbar nach dem Tode gehalten haben. Ihre Worte, die so offenbar aus tiefem Empfinden und aus wirklicher Verehrung kamen, haben mich sehr bewegt. […]. Es war schön, dass es zu einer Zeit, als der Dahingegangene sich noch vollen Wohlseins erfreute, zu der sympathischen menschlichen Berührung kommen konnte.«[337]

Der Inspirator

Die Beispiele bestätigen, was viele Freunde sowie Personen aus Funk und Presse in den unterschiedlichsten Zusammenhängen – in Erinnerungen etwa oder anlässlich von Geburtstagen – über den Rundfunkredakteur Jürgen Eggebrecht geschrieben haben. Das schönste gleich vorweg. Es stammt von Walter Jens, der in einem Brief vom März 1957 an Eggebrecht formuliert: »Auf unsere Arbeit freue ich mich riesig: wahrscheinlich sind Sie, so sagte meine Frau neulich, heute der einzige wirkliche Mäzen in Deutschland, Mäzen unter lauter Funkgeldverwaltern, denn nur Sie wissen, was die Autoren schreiben müssen und folglich schreiben sollen.«[338] Peter Bamm erzählt den Radiohörern in seiner Laudatio zum 60. Geburtstag Eggebrechts in ähnlichem Tenor: »Es sei heute unseren lieben Hörern ruhig verraten – viele der schönen Sendungen, die Sie im Laufe der Jahre gehört haben, sind zustande gekommen, wenn der akute Geldmangel irgendeines Autors mit der Phantasie von Jürgen Eggebrecht zusammenstieß. Dir fiel ein, was unser einer schreiben sollte. Dass Dir nichts einfiel – das ist niemals vorgekommen!«[339] Friedrich Rasche wiederum schreibt über den 60jährigen: »Was Eggebrecht auszeichnet und ihn gerade für den Rundfunk prädestiniert, ist sein Glaube an das lebendig

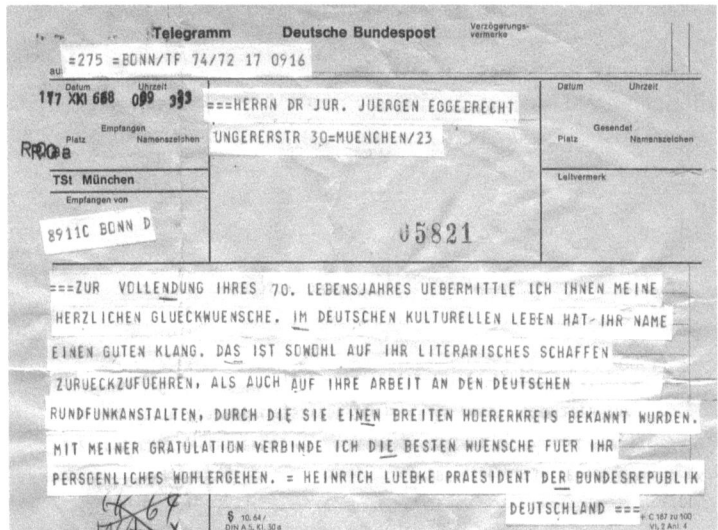

Telegramm des Bundespräsidenten Heinrich Lübke zum 70. Geburtstag von Jürgen Eggebrecht am 17. November 1968

atmende Wort. [...] Deshalb sein inständiges Bemühen, nicht bloß ein Manuskript, sondern den Autor samt Stimme für den Funk zu gewinnen.«[340]

Die Liste ließe sich fortsetzen, doch nur zwei weitere Stimmen seien noch angeführt. Zum 75. Geburtstag schreibt Reiner Hollmann in der *Neuen Hannoverschen Presse*, dass Eggebrecht »einen der produktivsten Abschnitte Hannoverscher Rundfunkgeschichte« verkörpere und endet: »Fabulierer und Schnurrenerzähler, war er weniger Organisator als Inspirator. [...] Krankheit hat ihn gezwungen, vorzeitig seinen Abschied zu nehmen. Aber sein Name wird noch oft genannt.«[341] Schließlich noch ein Schreiben, das Eggebrecht zu seinem 80. Geburtstag von dem NDR-Intendanten Martin Neuffer persönlich erhält: »Wenn die Redaktion ›Kulturelles Wort‹ im Funkhaus Hannover des NDR noch immer als ein Markenzeichen für Güte gilt, so ist das in erster Linie Ihr Verdienst. [...] Indem Sie das gesprochene Wort, das Erzählerische, das ›Narrative‹ – wie Sie selber oft sagten – zum Signum für die Vermittlung von Literatur im Rundfunk erklärten, haben Sie viele der ›medienspezifischen‹ Theorien von heute durch Ihre Praxis bereits vorweggenommen [...]. Und dies strahlte auch auf die Stadt aus, in der Sie wirkten: Hannovers kulturelles Leben empfing in den 50er Jahren durch Ihre Arbeit für den Rundfunk entscheidende und entschiedene Impulse.«[342]

Die Antwort Eggebrechts auf den Brief zeigt noch einmal die Bedingungen, unter denen der Rundfunklaie, der er 1949/51 noch war, zu arbeiten und dann zu wirken begonnen hatte. Bedingungen, die äußerlich zwar schwer waren, die aber auch jede Menge Spielraum ließen, unbekannte Wege einzuschlagen: »Von außen gesehen, lag alles im Argen, war kaputt, zerstört, in Unordnung. Doch vom Kern her breitete sich das Leben aus, Aktivität, Aufbau, im Nu begriffene Pläne, größte Hoffnungen auf die Zukunft. Dieser mächtige Impuls hat mich befeuert und mitgerissen, machte meine Arbeit sinnvoll.«[343]

Überblickt man all die Sendungen, Hörfolgen und Reihen, die Eggebrecht in seiner zehnjährigen Rundfunkzeit initiiert hat, dann fällt eines auf: Sie haben zum Ziel, Menschen miteinander ins Gespräch zu bringen. Eggebrecht wollte den Diskurs, also die Unterredung, das wahrheitssuchende Gespräch. Habermas hätte seine Freude gehabt. Hin und her sollten in seinen Funkrunden die Argumente gehen, Meinungen ausgetauscht, für und wider eine Sache gestritten werden. Keine Selbstverständlichkeit nach zwölf langen Jahren Nazi-Diktatur. Eggebrechts Einsatz für eine neue Gesprächskultur der Deutschen besteht gerade in dieser Einsicht: Dass ein Signum des Dritten Reiches die Korrumpierung, ja die gänzliche Tötung des freien Wortes gewesen ist. Angst und Misstrauen bestimmten jede Rede. Jetzt galt es wieder die Stimme an sein Gegenüber zu richten, das Gespräch zu suchen. »Das Besondere, ja, das waren eben jene Männer und Frauen der Literatur, die mit Jürgen Eggebrecht als dem Chef […] an unsere Mikrophone herantraten – zum Monolog, zum Dialog, zu Gott weiß was noch«, erinnert sich Franz B. Zons.[344] Von Eggebrecht selbst gibt es aus jener Zeit einen Essay, »Das Wagnis des Gesprächs« überschrieben. Er verdeutlicht sein Ringen um die Sprache, die er auch im Jahr 1954 gefährdet sieht: »Sprechen, Sprache, Gespräch gibt es nur in toleranten

Die Stegreiferzähler in ihrem Element: Peter Bamm und Jürgen Eggebrecht in den fünfziger Jahren

Jürgen Eggebrechts P.E.N. Mitgliedsausweis von 1958

Zeiten. Wir leben in einer anderen. Wir haben Diskussionen, die von der Geschicklichkeit der Diskussionsleiter und der Intelligenz der Teilnehmer abhängen. Man spricht, um seinen eigenen Standpunkt zu behaupten […]. Förderliches kommt dabei selten genug heraus. Man geht beruhigt auseinander und hat selbst keinen Gewinn davon«. Für Eggebrecht aber ist das Gespräch mehr, er spricht ihm lösende, befreiende Kraft zu. Dann nämlich, wenn es aufrichtig geführt wird. Hier ist er wieder, der unverbesserliche Optimist, den letztlich nichts in seinem Glauben an den Menschen erschüttern kann: »Man kann niemandem vorschreiben, was er besonders schön finden und lieben soll, aber man müsste doch dahin kommen, auch heute noch, den anderen gelten zu lassen in seiner jeweiligen Besonderheit und redlichen Gegnerschaft, wenn nicht aus sich selbst heraus, dann doch aus dem Geiste der Humanität. Und damit wäre ich denn an dem Punkt, deutlich zu machen, wie eminent wichtig es ist, immer von neuem den Versuch zu unternehmen, nicht mit der Diskussion, sondern mit dem Wagnis des Gesprächs.«[345]

Am 7. Mai 1958 wird Eggebrecht, der geistreiche Inspirator, freigiebige Mäzen und unnachahmliche Lyriker in das Deutsche P.E.N.-Zentrum der Bundesrepublik gewählt.[346] Im Ausschuss, der über die Aufnahme Eggebrechts beriet, saßen: Rudolf Hagelstange, Gerhard F. Hering, Hermann Kasack, Martin Kessel, Rudolf Alexander Schröder und Georg von der Vring. Eggebrecht stimmt natürlich zu, gerührt und bewegt schreibt er an das Generalsekretariat des P.E.N.: »[…] daß Sie mich in einem einstimmigen Beschluss des Präsidiums zum Mitglied des Deutschen P.E.N. der Bundesrepublik gewählt haben, freut mich anders, als man gemeinhin sagen kann. Die Berührung mit der internationalen Welt Völkergrenzen überwindenden Schrifttums geht mir mit meinen Anlagen und früh gefaßten Ansätzen zusammen.«[347]

Dann kommt die Krankheit, die eine erfolgreiche Rundfunkkarriere nach zehn produktiven Jahren beendet. Eggebrecht zieht nach München um. Von dort arbeitet er als freier Beiträger für den NDR weiter. Aber er schreibt auch für andere Funkhäuser, etwa den SWF oder den BR. Für die Münchner entstehen seine bekannten Erinnerungsbeiträge, in denen er seinen verstorbenen Freunden huldigt: »Zum 30. Todestag von Joachim Ringelnatz«, »Zum 75. Geburtstag von Peter Suhrkamp«, »Zum 75. Geburtstag von Ernst Penzoldt« usw. Mit ihnen löst er ein, was er unmittelbar nach dem Krieg an Horst Lange formulierte. Freilich bezieht sich die Äußerung auf die vielen, die den Krieg nicht überlebt haben. Doch eigentlich gilt sie Eggebrechts immerwährendem Bemühen, keinen seiner Freunde je zu vergessen: »Und davor habe ich Angst, daß wir aus der Sintflut Übriggebliebenen einmal den Untergang unserer Freunde vergessen könnten, von einfachen Bekanntschaften schon überhaupt zu schweigen. Wir dürfen unsere Freunde nie nie nie vergessen!«[348]

Der Schriftsteller Jürgen Eggebrecht

Ich fange erst an. Nichts liegt hinter mir, alles vor mir.
Theodor Fontane am 18. August 1879 an Wilhelm Hertz

Jürgen Eggebrecht nimmt sich spät der Prosa an. Er ist bereits 61 Jahre alt, als seine erste längere Geschichte, »Der Backofen«, in der Ausgabe der *FAZ* vom 28. Mai 1960 erscheint.[349] Zwei Jahre später sendet der Süddeutsche Rundfunk die Erzählung »Kinderkrankheit. Eine Jugenderinnerung«.[350] Unter dem Titel »Schiff hinter Grünau« soll die Geschichte im selben Jahr auch in der ersten Nummer von Hans Benders *Jahresring* erscheinen. Daraus wird allerdings nichts.[351] Sie wird erst in den P.E.N.-Almanach von 1967 aufgenommen.[352]

Die Hinwendung zur langen Form hat keine poetologischen Gründe. Eggebrecht hadert zwar seit seinem Verlust der Sprachfähigkeit infolge des Gehirntumors mit der Lyrik, ihren Möglichkeiten, ihren Beschränkungen. Das hat aber nicht zur Folge, dass er sich von seinem angestammten literarischen Terrain ab- und ausschließlich der Prosa zuwenden würde. Wie gesehen, geschieht das Schreiben von Gedichten parallel zur Prosaarbeit und begleitet ihn schließlich weit über diese hinaus bis zum Ende des Lebens. Es scheint vielmehr, als hätte die schwere Erkrankung und, damit unmittelbar verbunden, das Ausscheiden aus dem Rundfunk, erst die Voraussetzungen geschaffen, sich der neuen Gattung zuwenden zu können. Nun erst findet Eggebrecht die nötige Ruhe, um ein Buch zu schreiben. Davor fehlte ihm schlicht und ergreifend die Zeit.[353]

1959 erblickt der Prosaautor Eggebrecht das Licht der Welt. Die Tumoroperation hinter sich, raus aus dem Funk und nach München umgezogen, beginnt er ernsthaft an einem Roman zu arbeiten. Eine Arbeit, die über zehn Jahre seines Lebens in Anspruch nimmt und 1971 in die Veröffentlichung von »Vaters Haus. Huldigung der nördlichen Stämme« mündet. Die Niederschrift der Kindheitserinnerungen ist also unmittelbar mit Eggebrechts Schicksalsschlag verknüpft. Ob die Beschäftigung mit der Prosa ihm zudem bei der Wiedererlangung der Sprachfähigkeit geholfen hat – so wie das die vielen Gespräche mit Georg Schneider taten – muss unbeantwortet bleiben. Denkbar wäre es. Eine

Jürgen Eggebrecht 1979 in München

radikale Veränderung des Schreibstils bewirkt die Krankheit jedenfalls nicht. Dies im Unterschied zur Lyrik, die ja unter dem Verlust der Sprache und ihrer mühsamen Wiedergewinnung seit 1959 karger wird, die ausdünnt und zudem das Problem der Sprache thematisch einfängt. Die Prosa ist anders gelagert.

Dichtung und Wahrheit I

Eggebrecht entdeckt die Prosa für sich nicht neu. Vielmehr hat er schon immer mit ihr geliebäugelt, was nicht zuletzt aus einem Brief Peter Suhrkamps hervorgeht, der seinem Freund im November 1957 rät: »Zu Deinen schriftstellerischen Projekten: ich würde es nicht für gut halten, nach dem ›Schwalbensturz‹ so bald wieder mit einem Gedichtbändchen zu kommen. Nimm Dir doch jetzt, soweit Du dazu kommst, Deine Prosa vor. Versuche die Begegnungen mit Zeitgenossen zu schreiben. Oder auch Deine Anekdoten. Auf einem dieser beiden Gebiete versuche zunächst Deine Form herauszuarbeiten. Wenn Du sie einmal gefunden hast, wird das Ganze nicht mehr so schwierig sein. Die eigentliche Schwierigkeit liegt nur in der Gewinnung der eigenen Form.«[354]

Dass Eggebrecht in den fünfziger Jahren noch gänzlich seinen Prosastil suchen müsste, wie Suhrkamp es unterstellt, stimmt in dieser Ausschließlichkeit nicht. Im Gegenteil. Schon früh hat Eggebrecht eine genuin eigene Darstellungsform und Ausdrucksweise gefunden. Über die Jahre hinweg wird er sie allerdings stetig verfeinern. Seine kurzen Geschichten, für Zeitungen geschrieben, bezeugen dies. Die erste datiert auf den 24. September 1949, findet sich in der *Kasseler Zeitung* und heißt »Sie nannte sich Paulinchen«.[355] Bereits sie besitzt das Merkmal, das für die gesamte Prosa – ja, eigentlich das gesamte Werk – kennzeichnend ist: den autobiografischen Kern. Eggebrecht entwickelt seine Geschichten stets aus dem eigenen Erleben. Gänzlich Neues erfindet er nie. Seine eigene Familie, die seiner Frau sowie die vielen Begegnungen mit Zeitgenossen sind ihm die Inspirationsquellen. Hier findet er den Stoff für seine Texte – bei »jeder Geschichte, die ich schriftlich erzählt habe, überblicke ich in nuce mein ganzes Leben« –,[356] die überwiegend dem Genre der Anekdote zuzuordnen sind. Das hat Suhrkamp selbstverständlich erkannt. Kleine und marginale Begebenheiten werden zum Anlass genommen, um tiefere Lebenszusammenhänge aufschimmern zu lassen. Das bedeutet aber: So sehr die Texte autobiografisch grundiert sind, sie erschöpfen sich niemals in der Darstellung von Selbsterlebtem. Eggebrecht spielt mit Personen und Fakten, wie es ihm gefällt. Er vermischt Wirklichkeit mit Erfundenem, weswegen man die Texte, die seit 1949 entstehen und, wie wir sehen werden, zum größten Teil in »Vaters Haus« münden, am ehesten als Autofiktionen zu charakterisieren hat.

Das beherrschende Thema der Prosa ist dasselbe wie das der Lyrik: die Vergänglichkeit des Lebens. Aber der Prosaist Eggebrecht begegnet dem unabwendbaren Gang alles Irdischen mit Witz und Humor. Gemeinsam mit dem Schalk, der ihm im Nacken sitzt, vernimmt er das Ticken der Lebensuhr. »Sie nannte sich Paulinchen« trägt den Tod bereits im Titel. Ein Ich-Erzähler berichtet uns vom Leben, vor allem aber vom Sterben seiner Tante, die eigentlich gar nicht seine Tante ist, »allenfalls« eine »Patentante«. Und die in Wirklichkeit – welche ist das? die der Literatur oder die tatsächliche? – auch gar nicht Paula bzw. Paulinchen heißt, sondern Maximiliane.

Abgesehen davon, dass es literaturwissenschaftlich längst überholt, weil methodologisch fragwürdig ist, Biografie aus Literatur zu destillieren, so machen es die vielen Einschränkungen, die Eggebrecht gerne durch Konjunktivkonstruktionen anzeigt, schwierig, sich auf die autobiografische Fährte zu begeben und herausfinden zu wollen, ob es im Leben des Autors tatsächlich diese Patentante gab. Um es kurz zu machen: Ja, es gab sie. Mit ziemlicher Sicherheit verbirgt sich hinter ihr Helene von Möllendorf, jene nicht näher zu bestimmende Verwandte, bei der die Eggebrechts ab 1938 in Eichwalde wohnten. Es gab auch all die anderen Figuren, die in den Geschichten auftauchen. Bis hin zu der mit ihrem Doppelnamen etwas seltsam anmutenden alter-ego-Figur »Lentulus und Joachim«, der Hauptfigur aus »Vaters Haus« – der Ich-Erzähler der »Paulinchen«-Anekdote heißt übrigens Jochen. Mit ihrer Identifizierung ist jedoch nichts gewonnen. Mehr noch: Für das Verständnis der Geschichten ist es unerheblich, wer sich hinter den Namen konkret verbirgt. Es genügt zu wissen, dass jede der Geschichten einen autobiografischen Kern besitzt. Der Rest ist Erfindung. »Autobiographie als Maskenspiel« heißt ein Aufsatz des amerikanischen Literaturwissenschaftlers Paul den Man,[357] der sehr gut beschreibt, was Eggebrecht macht: eine poetische Realität kreieren. Wie wir sehen werden, baut er einmal erzählte Geschichten im Laufe der Zeit ziemlich keck aus und um. Auch die von Paula, genannt »Paulinchen«.

Die achtzigjährige Patentante, den Tod vor Augen, bittet Jochen, er möge dafür sorgen, dass dieser Name und nicht ihr richtiger einst den Grabstein ziert. Weil der ihr als Kind einfach besser gefiel: »Ich bestand auf meinem Kopf, [...], weißt du, einfach auf meinem Kopf«. Viktorine hätte der Tante auch gefallen, doch so hieß bereits ihre jüngere Schwester. Jochen verspricht es und erzählt sodann von ihren letzten Tagen. Wir schreiben das Jahr 1947, Jochen und Paulinchen teilen sich eine Wohnung »auf dem Lande bei fremden Leuten«. Einst hatten beide gemeinsam in Berlin gewohnt, wo sie ihm eine »sehr wachsame Haushälterin gewesen war«. Paulinchen plagt Heimweh nach Berlin und Jochen ein Gedanke: »Hätte sie sich damals nicht evakuieren lassen, wäre mir, dem Eingezogenen, vielleicht wenigstens das eine oder andere meiner Bücher erhalten geblieben.« Paulinchen scheint die trüben Gedanken Jochens zu ahnen. Eines Tages nun findet er nach der Heimkehr von einer Geschäftsreise zwei Postkarten vor. Auf der ersten steht: »Berlin, den 9. Juni. Lieber Jochen, bin angekommen. Sieht ziemlich doll aus. Deine Tante Paula.« Auf der zweiten: »Berlin, 10. Juni. L. J. – Wie Du siehst, bin ich gut und ziemlich rasch angekommen. Suche noch. Deine Tante Paula.« Jochen, erschrocken über die Tatsache, dass sich seine gebrechliche Tante allein nach Berlin aufgemacht hat, läuft in ihr Zimmer. Und siehe da: Da liegt die Tante im Bett. Tot. Vor ihr eine dritte Karte: »Berlin, den 10. Juni. Lieber Jochen, schick mir nichts nach. Essen muß hier keiner. Deine Bücher alle gefunden, alle. Wie ich Dir wohl schon schrieb, bin ich jetzt da. Deine Tante Paula.« Der Text endet, natürlich, mit der Erfüllung ihres letzten Willens. Jochen errichtet einen Grabstein, auf dem bloß »Paulinchen« steht.

Die Anekdote von Tante Paulinchen ist typisch für Eggebrechts Prosa. Ihr Thema ist tragisch und komisch zugleich; ihre Hauptfigur ist eine resolute Person, die schon als Kind auf ihrem eigenen Willen besteht und erst recht als erwachsene Frau. Der Stil ist gleichzeitig konkret und sprunghaft-verspielt. Um der Geschichte folgen zu können, muss man sehr langsam und genau lesen. Was später, in »Vaters Haus«, auch nichts mehr nützen wird. So viel sei schon jetzt verraten. Da geht mit Eggebrecht das Phantasieross durch. Wechselt er Zeit und Ort der Handlung schon mal innerhalb eines Satzes. Hintertreibt der Konjunktiv die vermeintlich reale Situation. Das beabsichtigte Ergebnis: Konfusion, die Jean Paul, einem von Eggebrechts Hausgöttern, zur Ehre gereichen würde. Soweit ist Eggebrecht 1949 freilich noch nicht. Doch ist er

Der Dorffriedhof von Baben

auf dem Wege. Das sieht man, wenn man »Sie nannte sich Paulinchen« mit dem Funktext vergleicht, den Eggebrecht zwei Jahre später aus der Geschichte herausspinnt, für die zweite Folge von »Du und die Zeit«, jene bereits erwähnte 29teilige Sendereihe, bestehend aus jeweils fünfminütigen Anekdoten, Reflexionen, Aperçus. Er trägt sie am 30. Oktober 1951 selbst vor.[358]

In diesem Text ist aus Paulinchen Tante Helene geworden.[359] Die ist nicht mehr achtzig Jahre alt, sondern älter, an die neunzig. Sie wohnt auch nicht mehr mit dem Erzähler zusammen, sondern lebt in der DDR. »Sie kennen Helene nicht?« wendet sich Eggebrecht direkt an die Hörer, um dann fortzufahren: »Sie wohnt in der anderen Zone und in diesem Sommer kam sie mich besuchen.« Angesichts dieses Tons, den Eggebrecht anschlägt und mit dem er die Radiohörer ins Vertrauen zieht, entsteht nur allzu leicht der Eindruck, hier würde eine real erlebte Geschichte erzählt werden. Dieser wird dadurch verstärkt, dass man, anders als bei einem geschriebenen Text, zudem die Stimme vernimmt, die hier »Ich« sagt. Doch Eggebrecht, der Spintisierer, flunkert. Das Risiko erwischt zu werden, wenn es überhaupt eins ist (schließlich handelt es sich ja um Literatur) ist gering: Wer von den Hörern kennt bitte schön die Geschichte vom »Paulinchen«?

Auch diesmal erhält er wieder drei Postkarten, jedoch aus der Ferne. Helene schreibt sie ihm, nachdem sie wieder nach Hause zurückgekehrt ist. Die erste lautet: »Mein Lieber! Bin angekommen. Deine gestohlenen Bücher noch nicht gefunden. Suche weiter. Gruß! Helene.« Die zweite, drei Wochen später: »Mein Lieber! Bin angekommen. Deine gestohlenen Bücher noch nicht gefunden. Suche noch weiter. Helene.« Und die dritte, abermals drei Wochen später: »Mein Lieber, wie ich Dir wohl schon schrieb, bin ich angekommen. Gestern hatten wir Sonntag hier. Gras hoch und trocken. Ging auf den Friedhof, auch da Gras hoch und trocken. Legte mich neben Viktorine zur Probe auf den Platz, den Du mir zugedacht hast. Wollte Dir nur schreiben: er passt! Deine Tante Helene.«

Ein Vergleich beider Texte zeigt Übereinstimmungen, etwa was die Struktur der Handlung und ihre patente Hauptfigur angeht. Zudem scheint die Erwähnung von »Viktorine« beide Texte miteinander zu verkoppeln. Erinnern wir uns: Viktorine ist in der ersten Fassung die jüngere Schwester. Auch in der zweiten scheint sie eine Schwester der Hauptfigur zu sein.[360] Bei allen offensichtlichen Parallelen gibt es aber auch eine entscheidende Akzentverschiebung. Ging es bei »Sie nannte sich Paulinchen« neben den Todesvorbereitungen von Pauline auch um die Vergangenheitsbewältigung des Erzählers – die Tante findet schließlich im dritten Brief dessen heißgeliebte Bücher – so ist davon in der »Du und die Zeit«-Fassung nur in den ersten beiden Briefen die Rede. Der dritte und damit entscheidende Brief erwähnt die Bücher gar nicht mehr. Stattdessen wird das Abschiednehmen der noch sehr lebendigen Tante ausgeschmückt. Mit liebevoll morbidem Humor wird Helene, indem sie Probe liegt, als eine noch patentere Person vorgestellt als Paulinchen. Stand für die Szene eventuell die erste Begegnung mit Ringelnatz Pate? Erinnern wir uns: Als Ringelnatz bei dem Zeichner Rolf von Hörschelmann aufkreuzte, bei dem Eggebrecht gerade wohnte, legten sich alle drei auf den Boden, um auszuprobieren, wie es wohl wäre, im Grab zu liegen.[361] Patenter als Paulinchen ist also Tante Helene, aber auch schrulliger. Wobei die Schrulligkeit präzise vorbereitet wurde. Und zwar mit der Zeile, mit der Helene alle ihre Briefe einleitet: »bin angekommen«. Pauline erwähnt in ihrem dritten Brief diese redundante Mitteilung nicht mehr.

Der Funktext endet nicht mit dem dritten Brief Helenes. An die Anekdote, die Eggebrecht geschickt den neuen Zeitumständen angepasst hat – Bestehen der BRD und DDR statt unmittelbarer Nachkriegszeit – schließt sich eine Reflexion über die menschliche Existenz an. Diese mag der Sendereihe geschuldet sein, die nicht nur Literatur sein will, sondern Nachsinnen über die Stellung des Menschen in der Welt. Darauf verweist ja bereits ihr Titel »Du und die Zeit«, der als zeittypisch gelten kann. Nach der Katastrophe des Zweiten Weltkrieges sucht die junge BRD nach Sinn, Halt und Orientierung.[362]

Was Eggebrecht hier unter der Frage »Was ist mitteilenswert?« entfaltet, verrät viel über den Autor, seine Ansichten und Themen, seinen Stil. Darum überhaupt wurde am Beginn des Kapitels, das den Schriftsteller Eggebrecht vorstellen will, so ausführlich auf die beiden Texte eingegangen. Er spricht: »Vom Standpunkt der Jugend aus scheint das Leben eine unendlich lange Zukunft, vom Standpunkt des Älterwerdens eine sehr kurze Vergangenheit. Vermutlich müsste man sehr alt geworden sein, […] um zu erkennen, wie wenig Mitteilungen das Leben gewürzt oder gar bestimmt haben. […] Was sind uns zum Beispiel fünf Mal hundertsiebenundachtzig Millionen oder Milliarden? Aber eine Mark, die wir haben oder nicht haben, ist uns wichtig genug, davon zu reden. Die Begegnung also der Nachricht mit dem Einzelnen – und das ist der Mensch – auf sie kommt es an bei dem, was man hört, was einen angeht.« Und er endet mit folgenden Zeilen, die in der Tat Leitmotivcharakter für den Schriftsteller wie den Lyriker, den Rundfunkredakteur wie den Brieffreund Jürgen Eggebrecht besitzen: »Nicht der bloße Austausch von Worten, die strudelnde Bewegung von Lauten und Zeilen erreicht uns. Es muss etwas in ihnen sein, das in den Grund der menschlichen Existenz hinabreicht, […], ob nun in Alltagsgeschichten, in schlichten Übermittlungen, in einem gewöhnlichen oder in einem Geistergespräch.«

Vaters Haus. Huldigung der nördlichen Stämme

Im Herbst 1971 erscheint im Münchner Verlag Kurt Desch Eggebrechts einziges Prosabuch. Es trägt den Titel »Vaters Haus. Huldigung der nördlichen Stämme« und besteht aus insgesamt zwölf in sich geschlossenen Erzählungen.[363] Man kann sie durchaus einzeln lesen. Zusammengenommen spinnen die Geschichten jedoch auch einen roten Faden: Der Erzähler nimmt uns in ihnen mit in seine altmärkische Kindheit um neunzehnhundert, nach Baben, seinen Geburtsort, sowie in die drei Kreisstädte Stendal, Osterburg und Salzwedel, wo er die Schule besucht. Er, der Sohn des Pfarrers, schlüpft mal in die Rolle des Ich-Erzählers, der sich als Erwachsener an seine Kindheit erinnert: »ich dachte an zurückliegende Jahre, wo ich mir eingebildet hatte, Vater sei unser aller Gott«; »ich höre sie wieder schlagen, die Drosseln und Nachtigallen der Vergangenheit«. Dann wieder ist er mitten im Geschehen: »In der Nacht wachte ich auf und vernahm den Schritt des Großpapas über mir.« Und wieder ein anderes Mal tritt er uns als Er-Erzähler entgegen, spricht von sich als »Knäblein, das gut Lentulus oder Joachim heißen könnte«, ein wieselflinker Bursche, der sich mit seinem Freund »Fritze Hellmuth« in der Natur herumtreibt, Abenteuer als Indianer und Matrose besteht.[364] Gemeinsam ziehen sie durch das Dorf, greifen Gesprächsfetzen der Erwachsenen auf, die der Nachbarn und die der Honoratioren. Ganze Passagen des Buches bestehen aus Dialogen. Der Junge lauscht auch den abenteuerlichen Geschichten seiner Großeltern. Und einmal sieht er gar die deutsche Kaiserin, als sie zu Besuch in Osterburg ist. Dann heißt es: »Mit einem Sonderzug würde sie fahren à la mode. Aber dem Lentulus oder Joachim war es so, als hätte die Mutter gesagt: ›Mit Krone und Reichsapfel‹.«

Umschlag des Prosaromans »Vaters Haus« (1971)

Einzelne der Erzählungen hatte Eggebrecht bereits in den sechziger Jahren einem Publikum dargeboten. Die Geschichte, die zuerst fertig war, ist »Der Backofen«, die im Buch unter dem Titel »Der reine Backofen« das fünfte Kapitel bildet. Allerdings ist sie dort stark umgearbeitet.[365] Die nächste fertiggestellte Erzählung ist »Schiff hinter Grünau«, die unter dem Titel »Kinderkrankheit. Eine Jugenderinnerung« im SDR urgesendet wird.[366] Für »Vaters Haus« greift Eggebrecht dann wieder auf den ursprünglichen Titel zurück. Ansonsten übernimmt er den Text bis auf den allerletzten Satz – »Er aber hatte, stehenbleibend, die Freundlichkeit mir zu sagen: ›Es liegt hinter Grünau‹« – eins zu eins.[367] Darüber hinaus sind zum Zeitpunkt der Buchveröffentlichung bereits die Kapitel »Die Zigeuner« und »Mein Homer« erschienen.[368]

Zudem hat Eggebrecht ins Buch Passagen aus Erzählungen eingearbeitet, die er in den fünfziger Jahren als Funk- und Prosatexte geschrieben hatte. Auch diese führen allesamt in seine Kindheit zurück. Ein, zwei Beispiele sollen an dieser Stelle genügen. Für den NWDR verfasst Eggebrecht zu Weihnachten 1952 »Post Festum. Eine Betrachtung«.[369] Darin schildert er zunächst den Zauber des Festes, sein »liebliches Durcheinander«. Lobt sodann die Feiertage als Zeit, sich »Es war einmal«-Geschichten zu erzählen. Und beginnt sodann ein nachhaltiges Bild aus der eigenen Kindheit zu schildern. In ihm taucht schon sein Freund »Fritze Hellmuth« auf, gemeinsam huschen die beiden in die festlich geschmückte, von Kerzenlicht illuminierte Kirche. Die Gesichter all der Jungen und Mädchen »schienen voller Erwartung und so, wie Jan van Eyck seine Engel gemalt hat«. Als die Gemeinde dann »Oh, du fröhliche« anstimmt, ist es dem Jungen, als würden »die Seelen der Feiernden, jede in ihrer eigenen Melodie, vor Freude« erbeben.

Im März 1953 trägt Jürgen Eggebrecht in Hannover aus seinen Texten vor. Über die Lesung informiert uns ein Zeitungsbericht der *Hannoverschen Presse*.[370] Darin erfahren wir, dass er an dem Abend auch aus der Jugenderinnerung »Woher wir kommen« vorgelesen hat, die, so der Autor des Textes mit dem Kürzel Ra., »den Duft und die Farben eines Lebens- und Ostermorgens so kräftig wiedererweckt«. Im Nachlass findet sich nun ein Manuskript, das »Altmärkische Ostern« heißt und mit dem Satz beginnt: »Woher wir kommen, wir kommen von zu Hause.«[371] Mit ziemlicher Sicherheit handelt es sich bei »Woher wir kommen« und »Altmärkische Ostern« um ein und denselben Text. Darin

Landschaft in der Altmark

beschreibt Eggebrecht ein Osterfest in Baben, viele Dorfbewohner, die später auch in »Vaters Haus« vorkommen werden, tauchen hier schon auf: der Schmied »Quast« etwa, die Nachbarskinder »Juste Meth« und »Lene Holst«. Und es ist schon von den Telegraphenstangen die Rede, von ihnen sind »es schon sechs dorfein und -aus«. In »Vaters Haus« heißt es: »Sechs Telegraphenstangen gibt's schon.«[372]

Und das Osterfest? Nun, hierfür findet sich in »Vaters Haus« keine Entsprechung. Aber seine Beschreibung ist Wort für Wort dieselbe wie die des Weihnachtsfestes aus »Post Festum« von 1952. Wieder die Kindergesichter, »wie Jan van Eyck seine Engel gemalt hat«. Wieder »die Seelen der Feiernden, jede in ihrer eigenen Melodie«. Nur das Lied ist ein anderes: Statt »Oh, du fröhliche« singt die Gemeinde nun »Christ ist erstanden von der Marter alle«.[373] Ebenso wie er schon die »Paulinchen«-Geschichte um- und überschrieben hat, so macht er aus auch hier: Besonders gelungene Passagen bettet er in andere Geschichten ein. Ganz scheint es, als hätte Eggebrecht sein Leben lang an einem einzigen großen Text gearbeitet.

Katastrophengeschichte

»Vaters Haus« ist ein autofiktives Erinnerungsbuch. Ein von Eggebrecht so sehr geschätzter Realist wie Wilhelm Raabe lässt grüßen. Daher auch die vielen verschiedenen Perspektiven und Zeitebenen, die der Erzähler einnimmt – der Text, ein literarisches Kaleidoskop. Daher auch die häufige Benutzung der Möglichkeitsform. Erinnerung ist trügerisch. Erzählen, wie es wirklich gewesen, ist unmöglich. Der Ausweg heißt Literatur, in der Fakt und Fiktion zusammenfließen können, dürfen, müssen. Das Buch beschwört Kindheit, und über diese Beschwörung lässt es eine untergegangene Epoche der deutschen Geschichte wiederaufleben. Und ist doch alles andere als eine nostalgische Suche nach der verlorenen Zeit.

Das Buch endet mit dem Ausbruch des Ersten Weltkrieges. Mit dem anderen großen Krieg des 20. Jahrhunderts beginnt es. Im ersten Kapitel »Mein Homer« eilt der Sohn »mitten im Krieg, am 16. Dezember 1941« zu seinem im Sterben liegenden Vater. Der Erzähler kommt noch rechtzeitig, um von seinem Vater Abschied zu nehmen. Und dieser gibt dem Sohn eine allerletzte Lebensweisheit mit auf den Weg, die auch die Kapitelüberschrift erklärt.

Vater und Sohn Eggebrecht
am 13. Juni 1926

Auf dem Nachttisch liegen die »Ilias« und die »Odyssee« in einem Bande. Der Vater rät: »Seit mehr als sechzig Jahren lese ich jeden Morgen fünfzig Verse Homer im Urtext. Das solltest du dir doch auch angewöhnen. Es ist eine gute Luft.«[374]

Die deutsche Katastrophengeschichte des 20. Jahrhunderts bildet die Klammer des Buches. Eine Klammer, die so fein geheftet ist, dass sie die meisten Rezensenten gar nicht bemerkten. Karl Krolow erwähnt die Weltkriege in seiner Rezension für *Die Welt* überhaupt nicht. Ebenso wenig wie Willi Fehse in den *Badischen Neuesten Nachrichten*. Hermann Kesten sieht zwar in seiner ansonsten weitsichtigen Besprechung in der *Süddeutschen Zeitung* die Klammer, Schlussfolgerungen zieht er aus ihr allerdings nicht. Lediglich Georg Schneider gibt ihr am Ende seines Textes für die *TAT* den Raum, der ihr gebührt, indem er den Schluss des Buches ausführlich zitiert.[375] Dort äußert der Erzähler in dem Wissen um das, was kommen wird, in einer Mischung aus Reflexion und (An)Klage: »Buchsbaumrabatten blinkten und blitzten, und vereinzelte Büsche strotzten von üppigem Laub. Es war ja gar nicht gesagt, daß die darauffolgende Epoche, jener Ozean, den man zu überfliegen gedachte, nicht genau derselbe blieb, ging man in ihm unter, wie der Tag, den man am Ende erwartet. Jedenfalls Gottfried und Justus erfuhren es. Sie waren zwanzig – einundzwanzig wurden sie nicht.«[376] Schneider folgert angesichts des Ersten Weltkrieges, wie er am Ende von »Vaters Haus« zur Sprache gebracht wird: »Seine Erschütterungen, seine Irrnis und Wirrnis lassen die Erde noch heute erbeben. Unser Seismograph, unser Buch verzeichnet es […].«[377]

Wieder also geht es um den Tod. Er steht am Anfang. Und er steht am Ende. Beide Todesfälle sind zudem biografisch miteinander verknüpft. Zu Beginn ist es der Tod des Vaters, mithin das ganz gewöhnliche Schicksal eines Individuums, das seine Lebensspanne vollendet hat. Eine Lebensspanne allerdings, die geprägt worden ist durch den Krieg und den Verlust eines Kindes. Der Vater, ehe er den herbeigeeilten Sohn auf Homer verweist: »Man treibt nicht irgendeine, man treibt seine Geschichte. Aber was Geschichte – sie kommt mir einfach lächerlich vor. Die beiden Weltkriege waren für mich große Lehrer. Im ersten fiel dein Bruder, und ich wurde darüber alt.« Am Schluss des Buches erfährt der Leser dann den Namen des toten Sohnes: Gottfried. Indem mit Justus ein weiterer Name genannt wird, weist Eggebrecht hier über ein Einzelschicksal hinaus; sie stehen mit der Nennung ihres genauen Sterbealters für eine ganze Generation, die gewaltsam aus dem Leben gerissen worden ist.

Gottfried, so hieß freilich auch der vier Jahre ältere Bruder Eggebrechts, der 1915 in Polen fiel und dem der Autor hier natürlich ebenso ein literarisches Denkmal setzt wie seinem Vater, der 1941 gestorben ist. In dem Kontext sind Name und Alter aber weit mehr als biografische Anspielungen. Sie sind Chiffre für die Millionen von Toten auf den Schlachtfeldern des Ersten, aber auch des Zweiten Weltkrieges. Unterstützung findet diese Interpretation durch ein Gedicht aus dem Band »Splitterlicht« von 1975. Es heißt »Die Auferstehung«. Ob es Eggebrecht vor oder nach »Vaters Haus« verfasst hat – also die Prosa in Lyrik oder die Lyrik in Prosa überführt worden ist – lässt sich leider nicht mehr ermitteln. Die erste Strophe lautet:[378]

Gottfried Eggebrecht Ende der dreißiger Jahre

Da liegt die Gedenkstätte
des Soldaten.
er war 20. 21 wurde
er nicht.

Die Weltkriege bilden den Grund, auf dem die nur auf den ersten Blick so ganz heiteren Kindheitserinnerungen »aus der Perspektive eines kleinen Jungen voller Phantasie« aufruhen.[379] In den Gesprächen der Erwachsenen, die »Lentulus oder Joachim« belauscht, wird die gesamte preußisch-deutsche Geschichte durchdekliniert, von Lothar von Supplinburg über Friedrich den Großen bis zu Kaiser Wilhelm II. Schließlich ist die Altmark das Kernland des brandenburgisch-preußischen Staatsgebildes. Überflüssig zu erwähnen, dass dessen Geschichte eine kriegerische ist. »Die Deutschen«, erklärt einmal der Vikar Quispel dem mit Soldaten spielenden Lentulus oder Joachim, »sind im Grunde fürchterliche Patrioten«.[380] Natürlich feiert man auch das alljährliche Sedanfest. So kommt in den Erinnerungen des Kindes auch die Vorgeschichte des Ersten Weltkrieges zur Sprache, die Verherrlichung alles Militärischen im Wilhelminismus. Schließlich bilden die Weltkriege ganz konkret den unheimlichen Ausgangs-, Mittel- und Endpunkt von »Vaters Haus«.

Mittelpunkt? Ja, auch das. Im fünften Kapitel mit dem Titel »Der reine Backofen« schneidet Eggebrecht ein Kindheitserlebnis mit einem Erlebnis aus dem Ersten Weltkrieg gegen. Sein Bruder grub im Garten ein Loch, in das seine Mutter hineinfällt. Doch

Die Mutter Alwine

sie beschuldigt Lentulus, für die Grube verantwortlich zu sein. Er muss sie zuschütten, obwohl er seine Unschuld beteuert. Sie glaubt ihm nicht. Nun beschließt er trotzig »im Backofen zu sterben«. Er klettert in den großen Ofen, sein Freund Fritze schlägt die Tür zu. »Und nun hockte er drin wie in einem Vorzimmer der Zukunft […]. Die stumm-dumpfe Tiefe oder Höhe mußte durchdrungen werden.« In der Zukunft war der Knabe also schon.

Absatz, Ortswechsel, aus der Zukunft ist die Gegenwart des Krieges geworden: »Es war im ersten Weltkrieg, zehn Jahre später […]. Die Nacht kam, sie war längst da, wo er vier Stunden lang vom Schornsteinkopf einer Grube in St. Auguste (Picardie) aus feindliche Feuer mit dem Scherenfernrohr anschneiden mußte. Die Abschüsse von drüben fauchten vorbei […]. Er kletterte nach unten, und Augenblicke später wurde der obere Teil der Esse getroffen und zerschellte. War das alles nicht die Hölle?«

Wieder Absatz, wieder Ortswechsel, wieder zurück zu Lentulus, der im Backofen schmollt. Den die ahnungslose Mutter nun anzündet. »Ein knabberndes, knackendes Brausen […] rührte sich im Backofen. ›Verdammt!‹, und ausgerechnet da musste er husten.« Die Mutter hört es, rettet ihren Sohn: »›Kind‹, schrie sie, ›Kind! Mein Junge, was treibt dich denn hierher?‹ Ihr Mund wurde zu einem Ring. Große und fremde Augen blickten sie an.«[381]

Besser als an dieser Szene lässt sich kaum ablesen, wie Eggebrecht arbeitet: Der Mikrokosmos eines heranwachsenden Kindes in der Altmark, er weitet sich zur Welt; ein dramatisches Kindheitserlebnis in der Feuer-Hölle eines großen Backofens, das genauso gut tödlich hätte enden können, geht über in die Feuer-Hölle des Ersten Weltkieges, die der Autor genauso wenig hätte überleben können wie sein Bruder Gottfried. Zufall? Schicksal? Zwei Dramen. Auch zwei Traumata, die nachträglich im Medium der Schrift aufgearbeitet werden? In der ersten Fassung des Kapitels von 1960 fehlt jedenfalls die Anspielung auf den Krieg noch gänzlich, liegt der Schwerpunkt auf dem Mutter-Sohn-Konflikt. Mehrere Sätze verwendet Eggebrecht dort zur Schilderung der erleichterten Mutter.[382]

»Vaters Haus« ist die von Eggebrecht einst so leidenschaftlich beschworene Alltags- und Weltgeschichte genauso wie das so leidenschaftlich beschworene Geistergespräch. »›Wir stecken nun einmal in der Geschichte mittendrin!‹ flüsterte die Pastorin der Nachbarin zu.«[383] Das Buch errichtet einen persönlichen ebenso wie einen kollektiven Erinnerungsraum.[384] Durch die virtuose Überblendung reicht es hinab in den Grund der menschlichen Existenz.

Dichtung und Wahrheit II

A propos Geistergespräch. Noch auf eine andere Art und Weise ist das Buch vom Krieg unterminiert. Sein zweites Kapitel heißt »Der gemeine Kuckuck«. Am Kapitelende kehrt ein ehemaliger Bewohner nach langen Jahren auf See ins Dorf zurück. Wie ein Geist taucht plötzlich dieser alte Matrose auf. Das Dorf feiert Schützenfest, und er steht ganz verloren zwischen den tanzenden Paaren, niemand scheint ihn zu kennen: »Der durchpustete lange Kerl bebte und suchte es zu verbergen, er wuchs und sank zusammen in einem; denn er schaute sich bei jedem Schritt vergeblich nach einem bekannten Gesicht um.« Er vermeint »Traumgesichter« zu erblicken. Und dann beginnt der Matrose sich an seine Kindheit zu erinnern, an die Eltern, die Kameraden: »Wie um es zu beweisen, begann er Namen herzuzählen, die alle mit ihm hier gespielt hatten.« Er wiederholt also en miniature die Geste des Buches, eine Erinnerungsszene im Erinnerungsbuch. Was über den Matrosen gesagt wird, gilt gleichermaßen für den Erzähler: »Er betrachtete durch ein Fernrohr Bilder vergangenen Lebens.« Erst der Großvater von Lentulus erkennt schließlich in dem Fremden den alten Freund: »›Ludwig Flügge, bist du's? Du bist's! Und von der See zurück?‹ Dieser antwortet: ›Ja, ich!‹, obwohl er kein Wort herausbrachte; denn so unwahrscheinlich kam es ihm vor, wo er sich befand.«[385]

Noch einmal die Frage, ob es sich bei den autobiografischen Geschichten in »Vaters Haus« um eben solche handelt, Eggebrecht sie also so oder zumindest so ähnlich als Kind wirklich erlebt hat. Die Antwort: Jein. Es handelt sich um Autofiktionen. Obwohl es schon hinlänglich klar sein dürfte, noch ein Beleg: das Kapitel vom gemeinen Kuckuck. Es existiert noch in einer anderen Version. Eggebrecht hat sie bereits 1951 für die *FAZ* geschrieben und »Die Heimkehr« betitelt.[386] Unverkennbar die Gemeinsamkeiten. Bis in den Wortlaut hinein sind die Fassungen zum Teil identisch. Auch 1951 hat der Rückkehrer schon ein paar gelbe Zahnstümpfe, schaukeln die Arme in den Gelenken, haben die Beine an Straffheit verloren.[387] Kurz: Ist er der »ganze durchpustete lange Kerl«, der sich »bei jedem Schritt vergeblich nach einem bekannten Gesicht« umschaut.

Doch Eggebrecht hat für sein Buch wieder eine entscheidende Akzentverschiebung vorgenommen: In »Die Heimkehr« ist der Rückkehrer nämlich noch nicht der Matrose Ludwig Flügge, sondern der Soldat Ludwig, der aus russischer Gefangenschaft zurückkehrt. Die Geschichte ist eine Kriegsheimkehrer-Geschichte und als solche ganz ihrer Entstehungszeit, den frühen fünfziger Jahren, verhaftet. Damit besitzt aber die so wichtige Erinnerungsszene des Heimkehrers – auch sie gibt es bereits – eine tiefere Dimension als später im Buch. Hier sind es nämlich nicht mehr die Freunde aus der Kindheit, die nur mehr im Gedächtnis existieren, sondern die gefallenen Kameraden. Das Geistergespräch Ludwigs geht folgendermaßen: »So dahinschlendernd, genoß der Fremde von neuem Brot und Zukost der Kindheit. Sie ist entschwunden. Warum schwindet sie denn, die doch eine Art unzerstörbarer Dauer in sich birgt?, fiel ihm flüchtig ein. Zwar erneuerte sich die Welt alle Morgen, die Erde bewirkte Wachstum und Blüte. Trotzdem, was vermochten dies Wissen und selbst der Trost des Glaubens gegenüber der Majestät der Opfer? Viele, zu viele! Und wie um es sich zu beweisen, begann er Namen herzuzählen, Freundesnamen, hinter denen, als er sie aussprach, die schwer zu unterscheidenden Stirnen und Haarschöpfe verwehter Gefährten aufblitzten.«

Auch »Die Heimkehr« besitzt am Ende bereits die Wiedererkennungsszene. Diesmal ist es die Schwester, die in dem zerlumpten Soldaten ihren Bruder erkennt. Zu ihr gesellt sich der alte Bauer Mewes. Hier ist es nun er, der den Rückkehrer fragt: »›Du?‹« Worauf dieser antwortet: »›Ja, ich!‹, obwohl er kein Wort herausbrachte; denn so unwahrscheinlich kam es ihm vor, wo er sich befand.« Genauso wie Eggebrecht die Geschichte vom Paulinchen über die Jahre hinweg ummodelliert und dem historischen Kontext angepasst hat, genauso wie er einen Weihnachtskirchgang in einen Osterkirchgang verwandelt hat, so also auch die Geschichte von einem, der nach langer Abwesenheit in sein Dorf zurückkehrt. Der Kern von dem, was er die Leser wissen lassen will, scheint ihm auch hier so bedeutsam, dass er ihn 20 Jahre später wieder aufgreift.

Venezianischer Improvisator

Will man mit einem einzigen Wort benennen, was das große Thema von Eggebrechts Prosa ist, dann muss man sagen: Der Mahlstrom der Zeit. Es wurde bereits darauf hingewiesen. Zudem kennen wir das Thema aus der Lyrik. Unzählig die Sentenzen, in denen in »Vaters Haus« die große Gleichmacherin Zeit direkt oder indirekt Erwähnung findet. Eine der schönsten Stellen: »Über die Jahre, die Jahre! Viele sind vergangen. Die Zeit fährt vor, und zurück bleibt das, was manchmal in der Nacht auftritt [...].«[388] Wie stemmt man sich gegen die Zeit und ihre kleine Schwester, das Vergessen, die beständig ihr »Nie wieder« leise vor sich hinwispert? »Nie wieder war der Kirschsaft so rot und das Brot so weiß.«[389] Indem man versucht, sich zu erinnern.

»Vaters Haus« ist als Buch eine »Erinnerungsschaukel«[390], auf der der Autor Platz genommen hat und zurückblickt, genauso wie all die Personen innerhalb des Buches permanent zurückblicken: der Vater auf dem Sterbebett denkt noch einmal an seinen Vater; der heimkehrende Matrose an seine Spielkameraden und so weiter und so fort. Den Vorgang des Sich-Erinnerns rückt Eggebrecht ganz zu Recht in die Nähe des nächtlichen Traumes – siehe das obige Zitat – und seiner Logik und Unlogik. Und wohl deshalb hängt in dem Buch beständig Nebel über der Landschaft, den Dörfern und ihren Bewohnern. Und wenn einmal kein Nebel das Treiben verschleiert, dann »verräuchertes Licht«,[391] »Zigarrenrauch« oder »Dunst von Bier.«[392] »Vaters Haus« ist wahrhaft ein nebulöses Buch.

Womit wir bei Eggebrechts eigentümlichem Schreibstil wären. Er ist seinem nebelverhangenen Generalthema entsprechend ebenso verworren und unklar. Der Text scheint aus einer unendlichen Vielzahl von Anekdoten gewebt zu sein, stets spitzt er sich zu zur erkenntniserhellenden Pointe. Die Erzählhaltung

In seiner Münchner Wohnung, im Jahr 1979

Mit Sohn Harald, 1975

ist dabei, wie schon angedeutet, reichlich verwirbelt: »Ich stieg auf mein geflügeltes Ross und redete frisch in den Wind.«[393] Mal heißt es »ich«, mal »er«, mal »Lentulus oder Joachim«. Dieser Luftikus von Erzähler springt durch Raum und Zeit, wie es ihm gefällt; gerade noch bei Heinrich dem Löwen in der Vergangenheit, kehrt er zurück in sein Heimatdorf Baben, nur um sich von dort in die Schützengräben des Ersten Weltkriegs zu legen. Aber nur für einen Augenblick, die Altmark mit ihren Menschen und Geschichten wartet schließlich. Henry Beyle etwa, der sich nach dem Geburtsort Winkelmanns Stendhal nannte. Aber auch die Mittagsfrau des Volksglaubens. Vom Dorfschulmeister einmal ganz abgesehen. Erkennbare Übergänge würden dem Traumcharakter des Textes zuwiderlaufen.

Die Sprache ist metaphernüberladen. Es wird kräftiges Platt gesprochen und Hochdeutsch mit spitzen Mundwinkeln. Und es wird ein humanistisches Bildungs- und Zitatentheater aufgeführt, wie man es sonst wohl nur von Fontane kennt (oder von Jean Paul; oder Arno Schmidt). Cicero, Ovid, Apuleius. Selbstverständlich. Schiller und Winckelmann. Aber sicher doch. Eine Passage kann dann schon mal so humorvoll-versponnen klingen wie folgende: »›Du bist mir, freilich nach Rabelais, illustriert von Gustav Doré, den du dir ruhig zu Gemüte führen könntest, ein echter Gastrolater, zwar ziemlich hoch aufgeschossen‹, sagte der Onkel, ›halte dich gefälligst an Euripides, der mit Beziehung auf Polyphem äußerte: ›Nur mir opfere ich, meinem Bauch … Es gibt hier um den Tisch herum zu viele schlechte Beispiele‹.«[394]

»Halt ein, Leser!« wird uns einmal zugerufen. Und gerne möchte man als eben dieser Leser genau dies dem Verfasser gebieten. Doch Eggebrecht, der Sprachjongleur, ist einem schon wieder entwitscht. Er hat seinen erkennbaren Spaß. Was der Erzähler über den Vater sagt, passt genauso gut auf den Autor selbst: »Die Feinheiten, ja Finessen jenes vorigen gelehrten Gesprächs des Sichversteckens und -umguckens hatten unseren Vater äußerst erfrischt.«[395] Und so ist es wohl zu erklären, dass beim Erscheinen des Buches alle Rezensionen ausführlich auf den besonderen Stil des Buches zu sprechen kommen, vor lauter stilistischem Textnebel aber ganz die erwähnten Abgründe übersehen. Als hätte Eggebrecht sie absichtlich in die Irre geführt. Bloß keine trauerweidenschwere Prosa. Im Nachlass findet man den Anfang eines »Vaters Haus«-Kapitels, »Qui vive?« heißt es, das nicht Eingang in das fertige Buch gefunden hat, Fragment geblieben ist. Dort äußert der Erzähler: »Humorvoll zu sagen, was in der Gesellschaft im Argen liegt, ist besser, als es voller Unmut vorzubringen.«[396] Nun, da ist Wahres dran, es birgt aber auch die Gefahr, auf die leichte Schulter genommen zu werden. Und das scheint Eggebrecht zum Teil widerfahren zu sein. Davon einmal ganz abgesehen findet Eggebrechts Prosa nicht nur Anhänger. Zu den Gegnern gleich, zuerst die Befürworter.

Willi Fehse vergleicht den Autor mit dem »Elf im Märchen, der aus allem das Gold (oder sagen wir: das Wesentliche, Bleibende und Poetische) herausschürft«.[397] Der bereits zitierte Georg Schneider meint, dass, wer alt wird, »seine Kindheit zum zweitenmal« erlebt, »das Innerste, den Traum im Traum, der eben das Kind im Mann ist und bleibt usque ad infinitum«, und resümiert: »Ein Dichter hat dieses Buch geschrieben, Anfechtung und Trost für ihn und alle, die guten Willens zu ihm kommen, ein eminent dichterisches Buch, Dichtung, Dokument, Traum – dreifacher Reichtum in einer dürftigen sinkenden Zeit.«[398] Schließlich Hermann Kesten, der Eggebrecht einen »venezianischen Improvisator des 18. Jahrhunderts« nennt, einen »Equilibristen«, der auf seiner Prosa schwebt und tanzt »wie auf einem hohen Seil, verweilt, wo man annimmt, er würde eilen, eilt, wo ein andrer Autor verweilen würde, schwebt über Zeiten und Orte mit der Willkür von Wind und Wolke«.[399] Der Improvisator schmeichelt Eggebrecht am meisten, wie aus einem Brief an Kesten hervorgeht, in dem er sich für die Rezension bedankt: »Meine Schliche haben Sie erraten, wie ich so geschwind und behende über die verästelten Dinge hingehe, dass nur Wolken und Wind übrigbleiben. Sie verglichen mich mit einem Equilibristen, […], mit einem – das ehrt mich besonders – ›der venezianischen Improvisatoren des 18. Jahrhunderts‹. Das wäre in der Tat mein Jahrhundert, wo wir beide uns aus lauter Geist in die Luft erheben könnten, parlierten in allerhand Sprachen, uns freuten an einem Nichts und uns im Alter die Zeit vertrieben mit tragischen Possen, die uns vom Leben so reichlich mitgeteilt wurden.«[400]

Fast noch wichtiger, als dass Kesten seinen Freund mit den Literaten des 18. Jahrhunderts in Verbindung bringt, ist ein anderer Hinweis. Kesten erkennt als einer der wenigen, dass die Eggebrechtsche Prosa ihren Ursprung in der mündlichen Rede besitzt: »Jürgen Eggebrecht schreibt, wie er spricht. […] Im Alltag, auch am Telefon, im Kaffeehaus, auf der Straße sprach er eine eigentümlich inspirierte, von Improvisationen und kecken Bildern

Warberg, Juni 1932

schwirrende Prosa [...] Kaum im Sprechen stieg er auf wie ein Ballon, geriet wie ohne Absicht ins Erzählen, verspritzte Maximen und Paraphrasen, zitierte, deklamierte, persiflierte, schweifte ab und schweifte aus, sprachlich, und ging schwindelfrei auf dem unsichtbaren Trapez seiner scheinbar nur durch Impressionen kontrollierten Sprachphantasie und Sprechleidenschaft.«[401]

Auch der Rezensent des Mannheimer Morgens, der unter dem Kürzel A.v.d.B. Eggebrechts Buch bespricht,[402] erwähnt die mündliche Sprachmächtigkeit. Nebenbei: Sie wird in vielen, vielen Briefen an Eggebrecht dem Adressaten zum Kompliment gemacht. Nur ein Beispiel ist der im Rundfunk-Kapitel bereits zitierte Brief von Walter Jens, in dem der Tübinger Sprachwissenschaftler Eggebrecht neben seinem Mäzenatentum bescheinigt, »die Inspirationsgabe eines alten Fabulierers« zu besitzen.[403] A.v.d.B. zieht aber einen anderen Schluss als Kesten: Statt Begeisterung leise Enttäuschung. Er erinnert sich an einen Abend, »an dem ich den alten Herrn kennenlernen durfte. Er erzählte, spintisierte, sponn seine zwei Zuhörer ein in ein aus Fabel und Erinnerung gewobenes Netz. Es war hinreißend, verzaubernd. Diese Nacht noch im Gedächtnis, bin ich ein ganz klein wenig enttäuscht von ›Vaters Haus‹. Vielleicht ist es weniger ein Buch zum Lesen als zum Vorgelesenwerden.«

Man mag es verstehen, dass A.v.d.B. beim Lesen Eggebrechts Stimme vermisst.[404] Vor allem aber hat er nicht wie Kesten die Verbindung von mündlichem Vortrag und Prosa erkannt. Stattdessen sieht er sie in der Lyrik verankert. Und so »ringen in seinem Buch Poesie und Prosa miteinander, sie vertragen sich nicht. Oft endet ein ganz rational begonnener Satz im deklamatorischen Ausruf, verläuft sich eine Schilderung im bloßen Wohlklang des Lyrismus, werden aus Worten Wörter.«

Alle, die Eggebrechts Prosa ablehnen, machen den Fehler und unterstellen dem Autor, seine Prosa schiele zu sehr nach der Lyrik. Die Kritik wird jedoch der Prosa Eggebrechts nicht gerecht. Denn sie unterscheidet sich radikal von der lyrischen Produktion. Diese ist eben nicht sprunghaft und verspielt, pointenreich und versponnen. Genau das aber wird ihm in Bezug auf die Prosa vorgeworfen. Am harschesten von dem Österreicher Edwin Hartl in *Die Presse*: »Die Ereignisse sind nicht besonders interessant, die Perspektive ist glorifizierend, der Stil manieristisch gehoben, die Ausdrucksweise eines Lyrikers, der sich der Prosa mit Glacéhandschuhen bedient.«[405] Weniger harsch, aber ins selbe Horn bläst

Karl Krolow, der darauf verweist, dass man »sich des Lyrikers Eggebrecht erinnern« muss, »seiner Eigenarten, einer gewissen Verschmitztheit, einem kauzigen Humor, der sich an der Einzelheit bestätigt fühlte, wenn man die Prosa [...] liest«.[406] Dabei scheint der Widerspruch, der Krolows Kritik inhärent ist, diesem selber gar nicht aufgefallen zu sein. Den Lyriker Eggebrecht bezeichnet er als einen »stillen Aquarellisten« – was durchaus richtig ist; »Vaters Haus« wiederum nennt er ein »krauses Traumgespinst« – was auch durchaus richtig ist. Was aber bedeutet: der Prosaist Eggebrecht ist eben gerade nicht der Lyriker Eggebrecht. Sie sind sicherlich nicht grundverschieden, verschieden aber sind sie – weniger thematisch, als stilistisch.

Ein ganzer Eggebrecht!

Eggebrecht hat sich selbst in der Rolle eines tragischen Possenreißers gesehen. Es scheint jedoch, als hätte sein eigentümlicher Schreibstil dafür gesorgt, dass man in ihm vor allem den Possenreißer erblickt hat. Die tragischen Elemente wurden hingegen selten bemerkt. Lag es am vielen Nebel? Schwirig zu lesen ist »Vaters Haus« auf jeden Fall. Deswegen war es für ihn auch nicht leicht, einen geeigneten Verlag zu finden. Interessenten gab es für den gut vernetzten Autor und Freund vieler Verleger zunächst genügend. Eine wechselvolle Geschichte.

Wie gesehen, arbeitet Eggebrecht seit der Übersiedelung nach München an seinem Erinnerungsbuch. Dies scheinen auch seine Verlegerfreunde zu wissen. Allen voran Klaus Piper, für dessen Verlag Eggebrecht 1956 ja die Einführung zu einem Buch mit 50 Zeichnungen seines jüngst verstorbenen Freundes Ernst Penzoldt geschrieben hat,[407] bemüht sich frühzeitig um das Buch. 1961 bittet er zum ersten Mal um das Manuskript.[408] Eggebrecht ist allerdings noch nicht so weit. Danach scheint die Arbeit Eggebrechts mühsam voranzugehen, sieht man einmal von der Erzählung »Schiff hinter Grünau« ab. Jedenfalls drückt Piper erst 1965 wieder gegenüber dem Autor seine große Freude auf das Buch aus – Eggebrecht hat ihm zuvor eine Erzählung vorgelesen. Um welche genau es sich handelt, geht aus dem Briefwechsel nicht hervor. Möglicherweise um »Die Reise durchs Fenster«, denn gegenüber Günter Eich und Ilse Aichinger erwähnt er, dass dieses Kapitel »vermutlich noch vor den großen Ferien fertig« wird.[409] Ein Jahr später meldet sich der engelsgeduldige Piper erneut bei

Klaus Piper, 7. Mai 1956,
P.E.N.-Zentrum in Freiburg

Eggebrecht. Am 15. März 1966 schreibt er: »Sehr geehrter, lieber Herr Dr. Eggebrecht, kürzlich sprach ich mit Herrn Dr. Rössner über die uns schon lieb gewordenen ›Fernziele‹ der Verlagsplanung. Wir kamen dabei natürlich auch auf Ihr Erinnerungsbuch zu sprechen. Sie wissen ja, daß wir Ihre Arbeit beide seit langem mit den herzlichsten Wünschen für ein gutes Gelingen begleiten. Heute will ich mich einfach wieder einmal bei Ihnen melden, um Ihnen ganz schlicht zu sagen, daß unsere Vorfreude auf den ersten Lektoratseindruck, den Sie uns erlauben werden, anhaltend groß ist.«

Eggebrecht antwortet am 24. März unter anderem: »Lieber, verehrter Herr Piper, […]. Meine eigene Arbeit schreitet, ich kann nicht sagen: ›rüstig‹ – aber doch fort. Das letzte Kapitel ist bereits geschrieben. Es halten mich die voraufgegangen noch etwas auf. Sobald ich mit ihnen fertig bin, bekommen Sie es natürlich noch im Manuskript.« Noch etwas aufhalten: Das ist stark untertrieben. Es scheint ganz so, als würde Eggebrecht die Zeit nutzen, um an den Kapiteln, zumindest jenen, die gänzlich neu entstehen, akribisch zu feilen. Dieser Eindruck findet im Nachlass optische Bestätigung. Ähnlich wie die Gedichte, durchläuft auch die Prosa mehrere Phasen. Am Anfang stehen handschriftliche Skizzen, Notate, auch schon mal längere Ausführungen, die Eggebrecht in eine Kladde schreibt. Diese werden anschließend mit der Schreibmaschine abgetippt. Die so entstandenen Manuskripte werden sodann per Hand korrigiert und erneut getippt. Und so fort bis zur vorläufig endgültigen Fassung. Diese bekommt dann Günter Eich zum Lesen und Korrigieren. Im Juli 1966 schreibt Eggebrecht jedenfalls an Kesten: »Ich erhielt Ihren Brief gerade in dem Augenblick, als ich mich fest in das letzte Kapitel meines Buchs verbissen hatte. Inzwischen brachte ich das vollständige Ms. nach Großgmain (Österreich), wo meine Freunde, die Eichs, es lesen wollen und es mir hoffentlich mit Strichen und einigen Korrekturen zurückgeben.«[410]

Was die nun folgenden Verzögerungen auslöst, wissen wir nicht. Bestand Eich auf mehr als nur einigen Korrekturen und Änderungen, die Eggebrecht erst einmal einzuarbeiten hatte? Möglich wäre es. Fest steht jedenfalls: Mehr als zwei Jahre nachdem er Piper das Voranschreiten des Buches und Kesten seine Beendigung vermeldete, erhält Eggebrecht wieder Post vom Piper-Verlag. »Sehr geehrter Herr Dr. Eggebrecht«, schreibt dort Albrecht Roeseler, »bevor Herr Piper in Ferien reiste, bat er mich,

Ihnen kurz zu schreiben und Ihnen seine besten Grüße zu sagen, verbunden mit der herzlichen Bitte, doch bedacht darauf zu sein, uns in absehbarer Zeit einmal die ersten beiden Kapitel Ihrer Memoiren zuzustellen. Es wäre reizend, wenn sich dies vielleicht bis Anfang September ermöglichen ließe.«[411]

Die Antwort Eggebrechts lässt nicht lange auf sich warten. In ihr vertröstet der Autor erneut. Zudem lässt er wissen, dass für ihn der erste Ansprechpartner der Suhrkamp-Verlag sei, bei dem 1956 ja sein Gedichtband »Schwalbensturz« erschienen war: »Zunächst natürlich fühle ich mich verpflichtet, Herrn Unseld den Prosaband meiner Erinnerungen vorzulegen. Zu den Kapiteln, die ich ihm schickte, hat er sich beifällig geäußert. Er hofft wie ich auch auf das fertige Skript. Daran arbeite ich.«[412] Was Unseld angeht, bezieht sich Eggebrecht auf dessen Brief vom 28. März 1968, in dem Unseld schreibt: »Ich habe die mir zugesandten Seiten Ihrer Kindheitserinnerungen gelesen. Sie sind ein ganzer Eggebrecht! Sie sind sich in dieser Prosa treu geblieben, wobei ich freilich anmerken muß, daß es heute natürlich immer weniger Leser gibt, die die Eigenart und Schönheit solcher Prosa zu schätzen wissen.«[413]

Jürgen Eggebrecht, gezeichnet von Elsa Beyer-Temme., um 1955

Mehr als sieben Jahre nach dem Beginn an »Vaters Haus« sind also zwei renommierte Verlage ernsthaft an Eggebrechts Kindheitserinnerungen interessiert und hoffen auf deren Fertigstellung. Wie der Autor selbst. Wobei sich in Unselds Äußerungen schon eine gewisse Skepsis dem Text gegenüber ausdrückt, die schließlich in eine Absage münden wird. Und auch Piper, der sich all die Jahre so sehr um das Manuskript bemüht hat, wird sich am Ende in seinen Erwartungen getäuscht sehen. Doch ich greife vor. Zunächst wendet sich ein Vierteljahr später Klaus Piper in einem langen Brief erneut an Eggebrecht, in dem er ihm ausführliche verlegerische Ratschläge für die Platzierung des Textes auf dem Buchmarkt erteilt. Sprich: ihm den Suhrkamp-Verlag auszureden und den Piper-Verlag einzureden versucht. Er sei mit wenigen Kürzungen in voller Länge zitiert:

»Sehr geehrter Herr Dr. Eggebrecht, […]. Sie sagten mir, daß Ihr Manuskript (inzwischen wohl abgeschlossen bzw. zu einem guten Teil vollendet) jetzt bei Ihrem Freund Günter Eich liegt. Von da werden Sie wichtige Reaktionen erfahren. Vielleicht darf ich darüber einmal von Ihnen hören. Ich hatte bei unserem Gespräch den deutlichen Eindruck, daß Sie nicht mehr fest entschlossen sind, das Manuskript zunächst mit eindeutiger Vorhand dem Verlag in F. anzubieten. Ich darf zu der für Sie sehr wichtigen Verlagsfrage ganz offen Stellung nehmen. So sehr ich Ihre Entscheidung respektieren werde, wie sie auch sein möge, so sehr möchte ich Sie andererseits sachlich in der richtigen Weise beraten, wobei ich allerdings das Licht des Piper-Verlages nicht unter den Scheffel zu stellen vermag. Die Qualität des Hauses in F. und der Rang des verstorbenen Gründers und Verlegers, dem Sie sich verbunden fühlen, sind außer Debatte. Es handelt sich für Sie aber darum, welcher Verlag für Sie der geeignetste ist. Dazu ist aber zu sagen, daß Sie bitte nicht nur an die Vergangenheit, Ihre persönliche Lebenstradition, (die alte Bindung) denken sollten, sondern in erster Linie an die Zukunft. Entscheidend ist, wie Ihr Manuskript sein Leben entfalten wird, wenn es als Buch erschienen ist. Daß es kräftig und lange leben wird, ist meine feste Vorstellung. Eine deutsche Lebensgeschichte mit Geist, Wärme und Humor, mit soviel persönlicher Zeitcharakteristik und Gestaltenfülle – dafür würden wir uns alle hier mit Begeisterung einsetzen. Nun wäre aber wohl im Hauptverlag in F. das Gesamtklima von dem Ihres Manuskriptes ziemlich different [...]. Die Zusammenarbeit hier in München, am selben Ort, wäre für das Gelingen der Sache, von den anderen Faktoren abgesehen, sehr förderlich. Unser literarisches Lektorat ist jetzt personell sehr gut und ausgiebig besetzt. Sie hätten für alle gewünschten Diskussionspunkte erfahrene und kompetente Partner. Das wär's, was ich Ihnen (vertraulich!), lieber verehrter Herr Dr. Eggebrecht, doch gern ganz sachlich, ohne jedes Ressentiment, vielmehr mit ›Respekt nach allen Seiten hin‹, sagen wollte als Berater, der sich Ihnen freundschaftlich verbunden fühlt. Mit herzlichen Grüßen Ihr Klaus Piper.«[414]

Eggebrecht beantwortet den Brief am 12. Februar und teilt dem Verleger mit, dass das endlich fertiggestellte Manuskript bei Unseld liege und sich dieser noch im Verlauf des Monats entscheiden werde.[415] Unseld jedoch lässt sich etwas länger Zeit. Erst am 27. Mai schreibt er an Jürgen Eggebrecht – zwischenzeitlich hatte Piper erneut sein Interesse signalisiert –[416] und sagt aus verlegerischen Gründen ab. Zunächst meint er, dass Eggebrecht »die Darstellung, so wie Sie sie geben können, durchaus geglückt« sei, dass er »persönlich auch viele sympathische Einstiegsmöglichkeiten in den Text gefunden« habe. Eine Veröffentlichung würde aber an der Tatsache scheitern, dass »diejenigen, die die Bücher des Verlages rezipieren und vor allem die, die sie von Berufs wegen kritisieren, in den letzten Jahren eine andere Vorstellung von den Büchern gewonnen (haben), die das Signet Suhrkamp tragen.

Man würde sich wundern, dieses Buch bei uns zu finden, die Kritiker würden es allzu ungerecht attackieren, der Buchhandel wäre in Verlegenheit«. Unseld endet, indem er fragt, ob das Manuskript nicht etwas für Piper sei.[417]

Nach der Absage durch Unseld scheint in der Tat der Weg frei für Klaus Piper, der sich mittlerweile seit fast genau acht Jahren um die Kindheitserinnerungen bemüht. Eggebrecht übersendet ihm das Manuskript und meldet sich am 25. September noch einmal schriftlich bei Piper.[418] Nur vier Tage später antwortet ihm Piper. Und sagt ab. Eine Absage, die aufgrund seiner Beharrlichkeit, die er die Jahre über an den Tag gelegt hatte, überrascht. Warum nun dieses Nein? Die Antwort ist zweigeteilt. Zunächst hat sich Piper komplett in dem Tun Eggebrechts geirrt. Aus seinem Brief geht hervor, dass er annahm, Eggebrecht würde im Stile eines »Memoiren-Buches« aus seinem Leben erzählen, nicht jedoch »dichterisch«, und fügt erklärend hinzu: »hatte ich mir immer vorgestellt […]. Sie würden ein Erinnerungsbuch schreiben, das voll von erlebten Szenen von Menschen und Begegnungen sein würde in der Art Ihrer unvergesslichen Schilderung vor vielen Jahren in Hannover über die Veranstaltung der Goethe-Gesellschaft, oder des noch unvergeßlicheren Berichts über die Beerdigung von Ringelnatz. Ich dachte auch an Erlebnisbilder aus Ihrer Jugend, aus dem deutschen Bürgertum, dem kulturellen Leben der Weimarer Republik, und an Gestalten wie Peter Suhrkamp und viele andere.« Die Fehleinschätzung einsehend, stellte sich Piper sodann die Frage, »ob die Möglichkeit gegeben wäre, dies Buch so zu veröffentlichen, daß eine angemessene Verbreitung zu erwarten sein würde. Nur mit aufrichtigem Bedauern vermag ich Ihnen zu sagen, daß ich diese Frage nicht positiv beantworten konnte.« Zur näheren Erklärung schickt er hinterher, dass nicht »etwa die Frage einer ›Modernität‹ und der Darstellung eine Rolle gespielt« habe, sondern: »Ich mußte mir nur objektiv sagen […], daß die Feinheiten, die Verschlüsselungen des intimen Stoffes zu schwierig an einen gedachten Leserkreis hinzutransportieren wären«.[419]

Gerührt und außer sich

Für Unseld wie für Piper sind es also verlegerische Gründe, die ihre Absage erzwingen. »Vaters Haus« passt nicht in das Programm des Suhrkamp-Verlages; und für ein breites Publikum,

München, 1979

wie es der Piper-Verlag anstrebt, ist das Buch mit seinen vielen literarischen Anspielungen, inhaltlichen wie stilistischen Finessen zu komplex. Aus verlegerischer Sicht sollte Piper, dessen Überlegungen Eggebrecht vollauf versteht,[420] Recht behalten. »Vaters Haus« erscheint schließlich im Sommer 1971 im Verlag Kurt Desch in einer Auflage von 1.300 Exemplaren. Von ihnen sind 1974 immer noch 46 Stück auf Lager.[421] Eine der Leserinnen ist Eggebrechts langjährige Freundin Oda Schaefer. In einem Brief an ihn bringt sie die Eigentümlichkeit ihres Schriftstellerfreundes auf den Punkt: »Das ist etwas ganz Besonderes, das sich überhaupt nicht um Moden kümmert, d. h. literarische, sondern eine Aussage ist, und dazu in einem höchst eigenartigen unverwechselbaren Stil. Ich gratuliere. Das bist Du ganz selber.«[422]

Eggebrecht landet also nach den zwei Absagen im Sommer 1970 schließlich beim Münchner Verlag Kurt Desch. »Ich bin gerührt und außer mir«, schreibt Eggebrecht an Hermann Kesten, der zu der Zeit Lektor beim Desch-Verlag ist.[423] Die Publikation betreut dort Hans-Josef Mundt. Diskussionen zwischen Autor und Lektor gibt es vor allem über den Titel des Buches, an denen sich schließlich sämtliche Freunde Eggebrechts beteiligen. Eggebrecht plädiert zunächst für »Huldigung der nördlichen Stämme«, und zwar wegen der Ironie, die darin stecken würde.[424] Genau die Ironie des Titels sei das Problem, antwortet Mundt, denn diese sei aus der Sicht des Verlegers stets ein Irrtum, weil für den Käufer nicht erkennbar. Erst derjenige, der das Buch gelesen hat, würde sie kapieren. Mundt plädiert für »Das Vaterhaus«, was Eggebrecht wiederum für viel zu konservativ erachtet.[425] Wenig später sucht Eggebrecht Mundt dadurch zu überzeugen, dass er ihm mitteilt, Günter Eich finde seinen Titel gut. Darüber hinaus teilt er ihm einen Ersatztitel mit: »Das war. Das blieb«. Er stammt von Georg Schneider.[426] Zwar existiert keine Antwort Mundts, doch anscheinend ist er noch nicht zufrieden. Denn man überlegt weiter. Schließlich vermeldet Eggebrecht im Dezember Hermann Kesten den entscheidenden Durchbruch. Er schreibt am 13. Dezember: »Lieber Hermann Kesten, der Titel ist geboren. Mein Vorschlag war: ›Vaters Haus. Geschichten aus dem Backofen.‹ Und so soll das Buch auch heißen, Ihr Einverständnis vorausgesetzt. Das Einfachste – und wieviel Zeit kostete es mich, um es zu erkennen – scheint mir mit diesem Titel und Untertitel gegeben.«[427]

Eine Reaktion von Mundt auf Eggebrechts neuen Vorschlag existiert nicht. Doch die Variation – oder ist es ein Kompromiss? – des von ihm favorisierten scheint ihn überzeugt haben, denn wenige Monate später erscheint das Buch unter dem Titel »Vaters Haus. Huldigung der nördlichen Stämme«.[428] Warum allerdings Eggebrechts Untertitel »Geschichten aus dem Backofen« durch Eggebrechts Wunschtitel »Huldigung der nördlichen Stämme« ersetzt worden ist, muss offen bleiben. Vielleicht weil der Backofen sich nur auf eine einzige Geschichte des Buches bezieht, Huldigung hingegen für alle zwölf Erzählungen Gültigkeit beanspruchen kann? Oder, falls Eggebrecht seinem Verleger mit dem Titel »Vaters Haus« entgegengekommen ist, vielleicht ist dann dieser ihm seinerseits entgegengekommen, indem er Eggebrechts Wunschtitel immerhin als Untertitel akzeptierte.

Ein Detail aus der Veröffentlichungsgeschichte von »Vaters Haus« sei zum Schluss noch unbedingt erwähnt. Und zwar betrifft es die Motti des Buches, die für dessen Verständnis von großer Wichtigkeit sind. Zwei hat Eggebrecht vorangestellt. Das erste verweist bereits auf einen zentralen Themenkomplex. Die Rede ist von Preußen und seinen Bewohnern. Eggebrecht zitiert aus einem Brief, den Friedrich II. am 30. Oktober 1770 an Voltaire richtete: »Geben Sie Ihrer Genfer Kolonie Gesetze, arbeiten Sie zu Ehren des Parnasses, klären Sie die Welt auf, schicken Sie mir die Widerlegung des ›Systems der Natur‹ und empfangen Sie mit meinen guten Wünschen die aller Bewohner des Nordens und dieser Gegenden.«

Das zweite Motto ist meiner Ansicht nach aber wichtiger. Es stammt von Lawrence Sterne, einem der Lieblingsautoren und Vorbilder Eggebrechts, und ist als eine Art Leseanleitung für die folgenden 136 Seiten zu verstehen. Sterne, und mit ihm Eggebrecht, ermuntert darin die Leser, sich stets ihre eigene Geschichte zu spinnen – eine Art Rezeptionsästhetik avant la lettre. »Der wahre Leser«, schreibt Sterne fünf Wochen vor seinem Tod, »trägt selber die halben Kosten seiner Unterhaltung, seine eigenen Gedanken nur werden geweckt durch das, was er liest, und die Schwingungen in seinem Innern entsprechen durchaus denen, die in ihm erregt werden – es ist, als lese er sich selber – und nicht das Buch.« Das, was Sterne hier äußert, könnte den Leser nicht treffender auf »Vaters Haus« vorbereiten. Es gibt ihm zu verstehen, dass er sicherlich Gewinn aus dem Buch ziehen wird. Dann nämlich, wenn er sich als aktiver Leser selbst in die Geschichte einbringt.

Genau an dieser Stelle beschert uns der Nachlass nun einen besonderen Fund. Denn dort befindet sich ein kompletter Satz

Verlagsdruckfahnen von »Vaters Haus«. Das Erstaunliche: An der Stelle von Lawrence Sterne ist ein Zitat aus Shakespeares Komödie »Wie es Euch gefällt« zu lesen. Eggebrecht muss also seinen Sterne erst kurz vor dem endgültigen Druck eingefügt haben, zu Lasten Shakespeares. Hier sei er nun wieder erwähnt, denn auch er passt nur allzu gut zu dem, wonach Eggebrecht mit »Vaters Haus« der Sinn stand:

»Der letzte Akt mit dem/Die seltsam wechselnde Geschichte schließt/Ist zweite Kindheit, gänzliches Vergessen/Ohn Augen, ohne Zahn/Geschmack und alles.«

Der Tumor

Spaziergang, März 1980

Mit der Publikation von »Vaters Haus« ist für Eggebrecht seine literarische Auseinandersetzung mit dem eigenen Leben noch nicht zu Ende. Es lassen sich im Nachlass mehrere Hinweise finden, dass er unter dem Titel »Der Tumor« an einer Fortsetzung von »Vaters Haus« arbeitete. So äußert er gegenüber Kesten 1973: »Ich sitze an einer neuen Arbeit romanesken Inhalts. Könnte heißen Der Tumor [...].«[429] 1974 schreibt er dann an den Freund: »Der Titel: Der Tumor. Mein zurückliegendes Leben wird in Kapiteln geschildert, die Ähnlichkeit haben mit Vaters Haus.«[430] Und 1976 heißt es: »Ich mache noch immer neue Verse, schreibe auch an meinem Prosabuch weiter [...].«[431] Um welche Kapitel es sich handelt, ist aus dem Nachlass bislang kaum ersichtlich. Denn vollständige Texte, die sich dem Romanprojekt »Der Tumor« zuordnen ließen, konnten bis auf zwei nicht ausfindig gemacht werden. Bei ihnen handelt es sich um die Erzählungen »Onkel Arthur« und »Der Rest«. In ersterer beschreibt Eggebrecht die Familie seiner Frau Elfi. Beide Geschichten wurden im November 1978 im NDR produziert und gesendet.[432] Legt man einen Brief an Unseld von 1980 zugrunde, dann sollte das neue Buch fünf Kapitel umfassen: »[...] wenn Du willst, schicke ich Dir noch 5 Geschichten, die eigentlich noch zu Vaters Haus gehören. Sie sind erst später entstanden. An der fünften sitze ich.«[433]

Im Nachlass gibt es zwei Ordner, die voll sind mit Kapitel-Entwürfen für »Vaters Haus«. Etliche sind bekannt, haben Eingang in das Buch gefunden.[434] Darüber hinaus stößt man dort auf zahlreiche Fragmente von Kapiteln – es sind mehr als fünf – die für die endgültige Fassung nicht berücksichtigt wurden. Oder handelt es sich bei ihnen teilweise um Kapitel, die erst nach 1971 für »Der Tumor« entstanden sind? Eine Datierung fällt äußerst schwierig, Jahreszahlen fehlen. All diese Entwürfe – meist besitzen wir nicht mehr als ein paar zusammenhängende Seiten und diverse Einzelblätter in loser Reihenfolge, die bislang noch kein Ganzes ergeben – liefern einen interessanten Befund. Sie zeigen, dass Eggebrecht »Vaters Haus« von Anfang an als ein viel größeres Buch geplant hatte, das über das Jahr 1914 hinaus bis nach dem Ende des Zweiten Weltkrieges und schließlich bis zur Erkrankung 1959 gehen sollte. Zusammengenommen wäre so ein historisches Gemälde des zwanzigsten Jahrhunderts bis ca. 1960 entstanden. In allen Fragmenten, die die Zeit nach 1914 behandeln, heißt der Erzähler allerdings nicht mehr »Lentulus oder Joachim«, sondern »Josaphat«, ein weiteres Pseudonym, hinter dem sich der Autor selbst verbirgt. Josaphat ist auch die Hauptfigur in »Onkel Arthur«. Am Schreibstil ändert sich nichts. Noch immer schildert Eggebrecht eine poetische Realität.

Auf eines der Kapitel, »Qui vive«, wurde bereits hingewiesen. Soweit man aus den wenigen Seiten schließen kann – oftmals haben wir gar nur eine Seite – spielt es im Ersten Weltkrieg. Ebenso wie drei andere Kapitel. Das eine heißt »Der kaputte Globus« und beschreibt die Zeit kurz vor 1914 – die Erzählung ist am 23. Januar 1966 im Rundfunk gelaufen. Das andere »Die Hölle«. Es nimmt den Leser ebenso mit in den Krieg wie das Kapitel »La Gioconda«. Dann gibt es noch das Fragment »Die Entdeckung«, das in Paris spielt und wohl Eggebrechts Paris-Reise von 1927 zu ihrem Vorbild hat. Schließlich findet sich ein Kapitel »Eichwalde« in zwei unterschiedlichen Fassungen. Geschildert wird zunächst der Umzug nach Eichwalde im Jahr 1938 – er geschieht, so sagt der Text, auf Rat von Tante Helene hin: Tante Helene! Über Josaphats Tante, seine Frau Anna und die Kinder erfahren wir: »Anna mit den kleinen Kindern – Jörg war inzwischen geboren – war via München, wo sie auch bombardiert wurden, in einem entlegenen Gasthaus in der Steiermark untergebracht. Das erzählte Josaphat seiner Tante Helene. Ihre Schwester litt an Herzbeutelwassersucht und es schien, daß da westlich von hier in der Altmark einmal ein Pfarrer in Baben gewesen sei […].«

Mit dem Kapitel »Eichwalde« schließt sich der Kreis und der Roman kehrt an seinen Anfang, nach Baben, zurück. »Vaters Haus« ist von Eggebrecht also ausufernder gedacht worden als das letztlich fertige Buch es uns suggeriert. Sollte es sich bei den meisten der Texte zudem um Entwürfe handeln, die bereits in den sechziger Jahren geschrieben worden sind, dann hätten wir auch eine Erklärung, warum Eggebrecht mögliche Interessenten wie Klaus Piper immer wieder vertröstet hat und um Geduld bat. Doch gewiss können wir uns zum jetzigen Zeitpunkt eben nicht sein. Bei all der Unsicherheit gilt, was Eggebrecht in dem bereits weiter oben zitierten Brief an Hermann Kesten formuliert und das den Autor von »Vaters Haus« aufs Genaueste fasst: »Ich, der ich aus so vielen, mikroskopisch vielen Geschichten zusammen-

Bei der Verleihung des Bundesverdienstkreuzes am 5. Februar 1976 durch den Regierungspräsidenten von Oberbayern Raimund Eberle

gesetzt bin, kann eigentlich nicht sicher sein, daß eine laufende Fabel, Anfang und Ende, mein neues Buch bestimmen werden. Wenn's geht, dann geht's! Aber der eigentliche Ton bleibt.«[435]

Am 2. Oktober 1975 erhält der Lyriker, Verleger, Rundfunkredakteur und Schriftsteller Jürgen Eggebrecht in Anerkennung der um Volk und Staat erworbenen Verdienste das Verdienstkreuz am Bande verliehen. Krönender Höhepunkt eines Lebens für die Literatur.

Verleihungsurkunde

Humor und Humanität
Statt eines Nachworts

Als Jürgen Eggebrecht am 19. April 1982 im Alter von 83 Jahren in München stirbt, rufen ihm viele Freunde und ehemalige Kollegen in Zeitungen und im Funk nach. Der Tenor der Texte und Sendungen ist stets ähnlich. Alle heben seine ungemeine Liebenswürdigkeit hervor. Und mit dieser verbunden sein ureigenes Talent: das Freundemachen. Joachim Kaiser in der *Süddeutschen Zeitung*: »Aber was Jürgen Eggebrecht konnte: [...] seinen Freunden über die Jahrzehnte hin Freund sein: darin war er einzigartig.«[436] Karl Korn in der *FAZ*: »Er war vom Wesen her Freund und freundlich [...]. Er war nie laut, drängte sich nicht vor und nicht auf [...] ein stiller, herzlicher Mensch.«[437] Alle würdigen Eggebrechts große Verdienste um den Rundfunk, sein Mäzenatentum, das ihn in seiner Zeit als NDR-Redakteur auszeichnete. Reiner Hollmann in der *Hannoverschen Neuen Presse*: »Vielen, älteren und jüngeren, sicherte er durch seine Aufträge die finanzielle Unabhängigkeit zum Schreiben von Büchern. Oft konnten sie gleich eine Honoraranzahlung in Empfang nehmen – und einen guten Schluck obendrein.«[438] Hans-Joachim Werbke in der *NDR-Zeitung*: »[...] wurde dann in den fünfziger Jahren mit Dichter- und Autorenlesungen das Funkhaus Hannover zur Drehscheibe akustischer Literaturvermittlung. Für ihn las Thomas Mann selber seinen ›Tonio Kröger‹. Bei den Alten blieb es nicht, die damals junge Literatur bekam ihre Chance: Karl Krolow, der Lyriker und Essayist, Heinrich Böll mit dem ›Haus ohne Hüter‹, die Gruppe 47 in ihren vielseitigsten Vertretern.«[439]

Alle erinnern an Eggebrechts Zeit während des Zweiten Weltkriegs, als er im OKW für das Papierkontingent zuständig war. Am eindrucksvollsten Kaiser: »Diesem Jürgen Eggebrecht, der aussah wie eine Mischung aus Schwejk und Max Reger, gelang während des Zweiten Weltkriegs etwas, woran sich alle seine damaligen Kollegen, Freunde und Gesinnungsgenossen mit heißer Dankbarkeit erinnern. Als denkbar unmilitärischer Major war er nämlich für die Papierzuteilung und für die Front-Literatur zuständig: was er da alles an Un-Heroischem, Un-Erwünschtem, aber eben Wunderschönem veröffentlichte, mutet wie ein Wunder an.«[440] Und alle preisen die Leistungen Jürgen Eggebrechts als Prosaautor, vor allem aber als Lyriker. Hier am prägnantesten Karl Korn, der ihn einen »Meister« nennt, »der Empfindung kunstvoll und genau ins Wort zu bringen wußte; ein Dichter, den wir neu zu entdecken haben«.[441]

Doch lassen wir Jürgen Eggebrecht noch einmal selbst sprechen. Aus zwei seiner Texte möchte ich kurze Ausschnitte bringen, die ihren Verfasser besser beschreiben, als tausend Worte aus fremder Feder und Tastatur es vermöchten. Jeder von ihnen bringt eine Facette der Person Eggebrecht zum Vorschein. Oder sollte man besser sagen: einen Ton zum Klingen? Da ist zum einen seine unbändige Lust und Freude am Humoresken in all seinen feinen Nuancen. Da ist zum anderen, untrennbar mit der Liebe zum Humor verbunden, sein unerschütterlicher Glaube an den Menschen und sein unermüdlicher Einsatz für diese Über-

Jürgen Eggebrecht im August 1968

zeugung. Dies war sicherlich sein Naturell, gründet aber auch in der Verarbeitung der deutschen Katastrophengeschichte der ersten Hälfte des zwanzigsten Jahrhunderts. Einer Katastrophengeschichte, die er als achtzehnjähriger Soldat im Ersten Weltkrieg miterleben musste und in die er selbst als Anfang Vierzigjähriger im OKW nolens volens verstrickt war. Auf die er aber nicht mit Resignation und Pessimismus reagiert hat, sondern mit einem heiter-verzweifelten Lachen.

In der 19. Folge der Sendereihe »Du und die Zeit« widmet er sich am 11. März 1952 im NWDR dem Humor. Am Ende der fünfminütigen Betrachtung formuliert Eggebrecht entscheidende Sätze:

»Wer Humor hat, übt die heilsame Macht des Lächerlich-Machens, die leider nur in anderen Ländern so viel gilt, und rettet uns so am ehesten vor Dünkel, Beschränktheit, grämlicher Sorge und dummem Wahn. Wir sollten nur lernen, uns selbst wenigstens einmal alle Tage ernsthaft auszulachen. Gleich würden wir erquicklicher leben und mancher Knopf spränge uns auf. Denn das ist ein anderes Lachen als das Lachen gemeiner Seelen. Finden wir, was uns begegnet, mehr komisch als tragisch, dann, scheint mir, sind wir in uns selbst der Zeit immer um jenen einen Schritt voraus, den sie trotz allem so schwer, was so viel heißt wie: nie, einholt.«[442]

Der andere Ausschnitt ist der Einleitung zu einer der vielen Büchersendungen entnommen, die er in den fünfziger Jahren für den Funk produziert und selbst mit seiner sanft-melodischen Stimme eingesprochen hat. Eggebrecht stellt in der Sendung aus dem Jahr 1955 fünf Bücher vor, aus denen er, wie er sagt »Einsichten« gewonnen hat. Bei ihnen handelt es sich um: »Die Träumer« von Tania Blixen, »Sodom und Gomorrha« von Marcel Proust, »Frühe Stätten der Christenheit« von Peter Bamm, »Engelsbrücke« von Marie Luise Kaschnitz und »Botschaften des Regens« von Günter Eich. Und wie leitet er diese Sendung ein? Hören wir Eggebrecht:

»Bücher? Was denn, Sie lesen keine Bücher? Aber dann sind Sie ja ein ganz armer Mensch, dann nehmen Sie ja gar nicht am inneren, dem eigentlichen Leben unserer Zeit teil. Im Parlaments- und Geschäftsleben weiß man gemeinhin wenig davon. Das gute Buch aber, der Freund, der uns nicht enttäuscht, scheint uns, wenn wir es aufschlagen, zuzurufen: setz Dich, nimm Platz, schalte ab, werde endlich, wenigstens für einen Augenblick, der, der Du bist und werden musst: ein Mensch.«[443]

Eggebrecht, der als Lyriker, Lektor, Wächter über ein Papierkontingent, Rundfunkredakteur und Schriftsteller ein Leben für die Literatur führte, war solch ein Mensch. In der Zukunft war er schon.

Jürgen Eggebrecht 1981

Jürgen Eggebrecht Ende der 1920er Jahre

Siglen

AWA	=	Allgemeines Wehrmachtsamt
BR	=	Bayerischer Rundfunk
FAZ	=	Frankfurter Allgemeine Zeitung
HAZ	=	Hannoversche Allgemeine Zeitung
HK M	=	Hermann Kesten Manuskripte
HP	=	Hannoversche Presse
JE B	=	Jürgen Eggebrecht Briefe
JE D	=	Jürgen Eggebrecht Dokumente
JE M	=	Jürgen Eggebrecht Manuskripte
JE P	=	Jürgen Eggebrecht Presse
L	=	(Horst) Lange
NDR	=	Norddeutscher Rundfunk
NWDR	=	Nordwestdeutscher Rundfunk
NZZ	=	Neue Zürcher Zeitung
OdS B	=	Oda Schaefer Briefe
OKW	=	Oberkommando der Wehrmacht
RMVP	=	Reichsministerium für Volksaufklärung und Propaganda
RSK	=	Reichsschrifttumskammer
SWR	=	Südwestrundfunk
SZ	=	Süddeutsche Zeitung
VH	=	Vaters Haus
WDR	=	Westdeutscher Rundfunk

Anmerkungen

1. Hans Werner Richter. Briefe. Hg. von Sabine Cofalla. Berlin 1997, S. 773. Siehe Boris von Haken, Holocaust und Musikwissenschaft. Biografische Untersuchungen zu Hans Heinrich Eggebrecht. München 2010.
2. Stefan Zweig, Einleitung. In: Willi R. Fehse/Klaus Mann (Hg.), Anthologie jüngster Lyrik. Hamburg 1927, S. 4.
3. Vgl. Eggebrechts unveröffentlichtes Erzählfragment »Der kaputte Globus«, wo er eine Harzgebirgsdurchquerung mit seinem Bruder Gottfried und einem Freund schildert, die 1914 unternommen wurde. Sowohl Gottfried als auch der Freund, in der Erzählung heißt er Lothar Wendler, fallen wenig später im Krieg (JE M 228). Siehe auch Kapitel 4 »Der Schriftsteller Jürgen Eggebrecht«.
4. Die Zahl gibt Fehse 1973 in seinem Erinnerungsbeitrag für den kurz zuvor gestorbenen Günter Eich an. Willi Fehse, Ein ganz natürlicher junger Mann. In: Siegfried Unseld (Hg.), Günter Eich zum Gedächtnis. Frankfurt a.M. 1973, S. 30. Vgl. dazu auch Wilhelm Haefs, Martin Raschke (1905–1943). Chronik und Dokumentation. Dresden 1993, S. 9.
5. Klaus Mann zitiert nach Fredric Kroll/Klaus Täubert, Klaus-Mann-Schriftenreihe 2: 1906–1927. Unordnung und früher Ruhm. Wiesbaden 1977, S. 161.
6. Ebd., S. 36 und S. 161.
7. »Nie – ich habe dies unwiderrufliche Wort gewogen, ehe ich es hinschreibe – niemals fand eine lyrische Jugend in Deutschland mehr Stummheit und abweisende Indifferenz als die gegenwärtige. Sie hat keine Verleger. Sie hat keine Zeitschriften. Sie hat keine Förderung durch Preise wie die jungen Dramatiker. Sie hat keine materiellen Möglichkeiten. Und sie hat – dies am schmerzlichsten! – kein Publikum.« Ebd., S. 2.
8. Vgl. Detlev J. K. Peukert, Die Weimarer Republik. Krisenjahre der Klassischen Moderne. Frankfurt a.M. 1987.
9. Klaus Mann, Nachwort. In: Fehse/Ders. (Hg.), Anthologie, a.a.O., S. 161.
10. Ebd., S. 160.
11. Auf der Wanderschaft, S. 17.
12. Atem, ein Hauch nur, streift, S. 18.
13. Sie ist den allermeisten Gedichten der Anthologie Vorbild und trägt bei den Zeitgenossen zu einer überwiegend negativen Rezeption bei. Vgl. dazu Kroll/Täubert, Klaus-Mann-Schriftenreihe 2, a.a.O., S. 162 ff. Die Anthologie erlebte allerdings in relativ rascher Folge »vier oder fünf Auflagen«. Fehse, Ein ganz natürlicher Mann, a.a.O., S. 30.
14. Eggebrecht an Oda Schaefer, 12.09.1975 (OdS B 69).
15. Atem, ein Hauch nur, streift, S. 18.
16. Der Leuchtturmwärter, S. 16.
17. Christus der Jüngling, S. 19.
18. Eggebrecht an Hans-Josef Mundt, 17.09.1971 (JE B 273).
19. Das Gedicht findet sich im Nachlass unter JE M 92. Dort auch weitere unveröffentlichte Gedichte aus der Frühzeit, teils mit, teils ohne genaue Datumsangabe: »An Elfi« (Februar 1926), »Feierstunde« (2. April 1927), »Die Rosen« (August 1927); »Es wird Nacht« (ohne Datum); »Am Frühlingseck« (ohne Datum).
20. Du und das Gedicht (JE M 53). Der dazugehörige Zeitungstext in: Eßlinger Zeitung, 03.05.1952. Zweieinhalb Jahre später wird Eggebrecht ganze Passagen des Textes als Einleitung für seine Besprechung zu Georg von der Vrings gerade erschienenem Gedichtband »Kleiner Faden Blau« verwenden. Der Text heißt »Das Tribunal«. In: Welt der Arbeit, 10.12.1954.
21. Im Nachlass findet sich auch ein Gedicht »An Elfi«, das aus dem Jahr 1926 stammt. Es findet sich allerdings im zweiten Schub an Nachlassblättern, die die *Monacensia* erst kürzlich erhalten hat. Deshalb ist es noch nicht katalogisiert und besitzt auch noch kein Kürzel.
22. Die Wohnung, mittlerweile Eigentum der Familie, wird erst nach dem Tod von Elfi Eggebrecht verkauft.
23. Vgl. zu Gustav Stiehr Eggebrechts Erzählung »Der Onkel Arthur«, in der er Begegnungen mit der Familie seiner Frau literarisch verarbeitet. »Onkel Arthur« ist für den Funk geschrieben und wurde am 01.11.1978 vom NDR produziert und am 07.11.1978 im 3. Programm gesendet. Sprecher ist Jürgen Eggebrecht. Das geht aus den

Unterlagen des Deutschen Rundfunkarchivs hervor. Im Nachlass findet sich unter JE M 163 das Manus-kript »Onkel Arthur«.

[24] In welcher Zeitung »Stürmisch die Nacht … Joachim Ringelnatz zum 30. Todestag am 17. November« erschienen ist, lässt sich anhand des Nachlasses nicht feststellen. Der Text findet sich dort als Zeitungsausschnitt ohne Titel der Zeitung unter JE M 167. Eggebrecht liest den Text am 16.11.1964 auch für den Bayerischen Rundfunk in der Sendung »Der Kulturspiegel«. In einer gekürzten Version hat Eggebrecht den Text wiederveröffentlicht in Oda Schaefer (Hg.), Schwabing. Verliebt. Verrückt. Vertan. Vers und Prosa von 1900 bis heute. München 1972, S. 134, 135.

[25] Ebd., JE M 167.

[26] Aus der Fülle an Literatur zu Schwabing sei hier nur erwähnt: Dirk Heißerer, Wo die Geister wandern. Eine Topographie der Schwabinger Bohème um 1900. München 2001; siehe auch Schaefer (Hg.), Schwabing, a.a.O.

[27] Die Verwandlung. Gesendet am 03.02.1956 im NDR (JE M 194).

[28] Stürmisch die Nacht, a.a.O.

[29] Vgl. auch Funkmanuskript JE M 185 zur Sendung vom 12.01.1955. Literatur zu Ernst Penzoldt unter anderem: Christian Klein, Ernst Penzoldt. Harmonie aus Widersprüchen – Leben und Werk (1892–1955). Köln 2006; Suhrkamp-Verlag (Hg.), Leben und Werk von Ernst Penzoldt. Ein Brevier. Frankfurt a.M. 1962.

[30] Jürgen Eggebrecht, Ernst Penzoldt, der Zeichner. In: Ernst Penzoldt, Was der Welt ich abgeguckt. Mit 50 Zeichnungen. München 1956, S. 5.

[31] Der Begriff »Drahtzieher« in Anlehnung an die drei Kapitel »Drahtzieher im Literaturbetrieb« in dem von Helmut Böttiger unter Mitarbeit von Lutz Dittrich erarbeiteten Begleitbuch zur Ausstellung »Doppelleben. Literarische Szenen aus Nachkriegsdeutschland« Göttingen 2009. Mit den »Drahtziehern im Literaturbetrieb sind darin gemeint: Frank Thiess, Kasimir Edschmid, Hermann Kasack, S. 12–81.

[32] Dies geht hervor aus einem Brief Eggebrechts an Wulf Kirsten vom 18.12.1975 (JE B 243).

[33] Eggebrecht an Klaus Täubert, 19.08.1975 (JE B 487).

[34] Kroll/Täubert, Klaus-Mann-Schriftenreihe, a.a.O.

[35] Eggebrecht an Klaus Täubert, 19.08.1975 (JE B 487).

[36] Eggebrecht an Klaus Täubert, 13.09.1975 (JE B 487).

[37] Beides in dem Brief Eggebrechts an Wulf Kirsten vom 18.12.1975 (JE B 243) sowie Funksendung »Epitaph auf Martin Raschke« vom 03.03.1958 (JE M 81). Raschke studierte im Sommersemester 1925 in Leipzig, ab dem Wintersemester 1925/26 in Berlin, später auch in München Literaturwissenschaft, Kunstgeschichte und Philosophie. Vgl. dazu Haefs, Chronik, a.a.O., S. 7.

[38] Klaus Mann, Jüngste deutsche Autoren. In: Neue Schweizer Rundschau. Zitiert nach Haefs, Chronik, a.a.O., S. 8.

[39] Das geht aus dem Brief Eggebrechts an Wulf Kirsten vom 18.12.1975 hervor. Kirsten fragte zuvor bei Eggebrecht an, ob dieser ihm Informationen über *Die Kolonne* liefern könnte. Brief Kirstens vom 02.12.1975 an Eggebrecht (JE B 243).

[40] Vgl. ausführlich zur *Kolonne* neben Haefs, Chronik, v.a.: Ders./Walter Schmitz (Hg.), Martin Raschke (1905–1943). Leben und Werk. Dresden 2002. Die Rolle, die Eggebrecht innerhalb der *Kolonne* einnimmt, wird dort so gut wie gar nicht behandelt. Ja, er wird überhaupt nur in einigen wenigen Sätzen erwähnt.

[41] Jürgen Eggebrecht, Über Günter Eich. Eine Erinnerung – ein Jahr nach seinem Tod. In: SZ, 22./23.12.1973.

[42] JE M 228.

[43] Eggebrecht an Klaus Täubert, 19.08.1975 (JE B 487).

[44] Das Dokument datiert vom 11.08.1976 (JE B 429). Der offizielle Geburtstag von Herbert Schlüter ist der 16. Mai.

[45] Zu Leben und Werk von der Vrings: Dirk Dasenbrock, Georg von der Vring. 1889–1968. Vier Leben in Deutschland. Vechta 1997.

[46] In Paris (für W.E. Süskind). In: Otto Heuschele (Hg.), Junge deutsche Lyrik. Eine Anthologie. Leipzig 1928, S. 68, 69.

[47] Es wird Nacht, ebd., S. 67, 68.

[48] Eggebrecht an Klaus Täubert, 19.08.1975 (JE B 487).

[49] Joseph Breitbach an Eggebrecht, 14.01.1953 (JE B 52).

[50] Brief Eggebrecht an Joseph Breitbach vom

23.07.1953. Hier zitiert nach der Kopie des Originals, das sich im Deutschen Literaturarchiv in Marbach befindet. Die Kopie hat Wolfgang Mettmann, der Nachlassverwalter Joseph Breitbachs, dem Autor mit vielen weiteren wertvollen Informationen über die Freundschaft von Breitbach und Eggebrecht zugespielt. Dafür sei Herrn Mettmann an dieser Stelle ausdrücklich gedankt. Die »Drei Mohren« ist eine bis heute existierende Augsburger Traditionsgaststätte. Das erste Wiedersehen der beiden fand dann im Oktober 1953 in Hannover und Warberg statt (vgl. die Briefe unter JE B 52).

51 So vermutet es Wolfgang Mettmann, da der Vertrag für das Buch mit der Unterschrift des Generaldirektors der DVA, Gustav Kilpper, auf den 10. September 1928 datiert ist, Eggebrecht folglich am nächsten oder an den darauffolgen Tagen mit ihm im Gepäck zum Autor nach Augsburg gereist sein muss.

52 Eggebrecht an Joseph Breitbach, 21.10.1973. Hier zitiert nach der von Wolfgang Mettmann und Alexandra Plettenberg-Serban herausgegebenen Neuausgabe von »Rot gegen Rot«. Göttingen 2008, S. 486.

53 Eggebrecht an Joseph Breitbach, 19.09.1978. Hier zitiert nach Anm. 417 des Bandes: Ich muß das Buch schreiben [...] Briefe und Dokumente zu Joseph Breitbachs Roman »Die Wandlung der Susanne Dasseldorf«. Hg. von Alexandra Plettenberg-Serban und Wolfgang Mettmann. Göttingen 2006, S. 198, 199.

54 Ebd.

55 Joseph Breitbach an Eggebrecht, 17.11.1978 (JE B 52).

56 Vgl. dazu der Briefwechsel Eggebrechts mit der DVA unter JE B 79.

57 Hermann Glaser, Kleine Kulturgeschichte Deutschlands im 20. Jahrhundert. München 2002, S. 117.

58 Felix Berner an Eggebrecht, 11.12 1978 (JE B 79).

59 Eggebrecht an Felix Berner, 19.12.1978 (JE B 79). Großschreibung ebd.

60 Vgl. zum Paris-Aufenthalt Eichs Fehse, Ein ganz natürlicher junger Mann, a.a.O., S. 34–39 sowie Joachim W. Storck, Günter Eich 1907–1972. Marbacher Magazin 45 (1988). Marbach am Neckar 1988, S. 13ff.

61 Eggebrecht, Über Günter Eich, a.a.O.

62 Jürgen Eggebrecht, Adressenänderung. In: Unseld, Günter Eich zum Gedächtnis, a.a.O., S. 23.

63 Zur Biographie Peter Suhrkamps s. Siegfried Unseld unter Mitwirkung von Helene Ritzerfeld (Hg.), Peter Suhrkamp. Zur Biographie eines Verlegers in Daten, Dokumenten und Bildern. Frankfurt a.M. 1991; Suhrkamp Verlag (Hg.), In memoriam Peter Suhrkamp. Frankfurt a.M. 1959.

64 Jürgen Eggebrecht, Zum 75. Geburtstag von Peter Suhrkamp (JE M 179); Funktermin BR: 23.03.1966.

65 Friedhelm Kröll, Der Literator. In: Wolfgang Buhl/Ulf von Dewitz (Hg.), »Ich hatte Glück mit Menschen«. Zum 100. Geburtstag des Dichters Hermann Kesten. Texte von ihm und über ihn. Nürnberg 2000, S. 80.

66 Jürgen Eggebrecht, Zum 60. Geburtstag von Hermann Kesten. Eine Veröffentlichung ist nicht bekannt. Hier zitiert nach dem Manuskript im Monacensia-Nachlass Hermann Kesten (HK M 899).

67 Jürgen Eggebrecht, Die Vogelkoje, Hamburg 1949.

68 Eggebrecht an Horst Lange, 15.12.1945 (OdS B 69). Eggebrecht hat Horst Lange und dessen Frau, die Schriftstellerin Oda Schaefer, 1937, kennengelernt. Ausführlicher zur Beziehung Eggebrecht – Lange/Schaefer das folgende Kapitel.

69 Ebd.

70 Ebd.

71 Horst Lange an Eggebrecht, 18.12.1945 (JE B 280). Der Brief ermöglicht es, zwei Monacensia-Nachlässe direkt miteinander in Beziehung zu setzen: den von Schaefer/Lange und den von Jürgen Eggebrecht.

72 Günter Eich an Eggebrecht, 29.12.1945 (JE B 100).

73 Der Nachlass Eggebrecht gibt einigen Aufschluss über Eichs erste Ehefrau Else Burk, deren Morphiumsucht nach dem Kriege, und wie sehr Eich darunter gelitten hat. 1949 lässt sich Eich scheiden. Er zahlt fortan für seine Ehefrau Unterhalt, was ihn finanziell stark belastet. Sie erhält von Eich noch um 1950 Geld, stirbt aber wohl bald danach (s. die entsprechenden Briefe unter JE B 100).

74 Günter Eich an Eggebrecht, 29.12.1945 (JE B 100).

75 Ebd.

76 Etwa Georg von der Vring an Jürgen Eggebrecht, 15.05.1946 (JE B 518); viele weitere Vring-Briefe aus den Jahren 1946–1949 ebd. Eggebrecht hatte Vring persönlich am Ende seiner Stuttgarter Zeit kennengelernt. Vring lebte dort ab 1930.

77 »[…] lässt sich doch bei vielen Deutschen zugleich ein nicht zu unterdrückender Sinn- und Kulturhunger beobachten, der selbst dieser totalen Katastrophe noch eine tiefere Bedeutung abzuringen versucht.« Jost Hermand, Unbewältigte Vergangenheit. Westdeutsche Utopien nach 1945. In: Ders. (Hg.), Nachkriegsliteratur in Westdeutschland 1945–1949: Schreibweisen, Gattungen, Institutionen. Berlin 1982, S. 103. In dem zitierten Brief Langes vom 18.12.1945 spricht er auch von »der Kultur-Hysterie«, die in München ausgebrochen sei, und von der Oda Schaefer und er selber sich »vorübergehend elektrisieren« ließen. (JE B 280).

78 Eggebrecht an Horst Lange, 08.01.1946 (OdS B 69).

79 Siehe den Brief Eggebrechts an Annemarie Suhrkamp, 02.02.1947 (JE B 482). Am Briefende findet sich, noch ohne Überschrift, bereits das fünfzehnstrophige Langgedicht, das unter dem Titel »Sonnenblume« in die »Vogelkoje« Eingang finden wird.

80 Günter Eich an Eggebrecht, 14.03.1946 (JE B 100).

81 Günter Eich an Eggebrecht, 14.06.1946 (JE B 100).

82 Ebd.

83 Günter Eich an Eggebrecht, 07.07.1946 (JE B 100) Unterstreichung ebd.

84 Der Kuckuck. In: Vogelkoje, a.a.O., S. 12.

85 Aber der selige treibende Mut, S. 5.

86 Eggebrecht an Horst Lange, 08.01.1946 (OdS B 69).

87 Eggebrecht an Annemarie Suhrkamp, 02.02.1947 (JE B 482).

88 Warberg, S. 21, 22. Zitate ebd.

89 Zu Stifters Sanierungskonzepten katastrophaler Entwicklungen in der Figur der Nachträglichkeit: Gerhard Neumann, »Zuversicht«. Adalbert Stifters Schicksalskonzept zwischen Novellistik und Autobiographie. In: Walter Hettche et al. (Hg.), Stifter-Studien. Ein Festgeschenk für Wolfgang Frühwald zum 65. Geburtstag. Tübingen 2000, S. 163–187.

90 Der Ackermann, S. 36.

91 Friedrich Rasche, Panorama des modernen Gedichts. Benns »Gesammelte Gedichte« und Hinweise auf andere neue Versbücher. In: HP, o.D.

92 B.H., Terz des Schönen. Neue Gedichte von Jürgen Eggebrecht. In: HAZ, 17.08.1956.

93 Mein Haus, S. 21, 22. Zitate ebd.

94 Die alten Kameraden, S. 34. Zitate ebd.

95 Kindheit. In: Zeichen in der Nacht. Dülmen 1962, S. 1.

96 Günter Eich an Eggebrecht, 26.12.1952 (JE B 100).

97 Dass Eich sich an der Auswahl intensiv beteiligt, geht aus einem Brief Eggebrechts an Peter Suhrkamp hervor, 10.06.1955 (JE B 483). Dass der Band im Frühjahr erschienen sein muss, lässt sich aus einem Brief Peter Suhrkamps schließen. Am 28.03.1956 informiert er Eggebrecht: »Wir druckten eine Auflage von 1800 Exemplaren. Der Ladenpreis ist DM 3.80.« (JE B 483). Die erste Rezension erscheint Anfang Mai 1956, ihr Verfasser ist Karl Krolow. Krolow, Kleiner Zauberspiegel. In: Rheinische Post, 05.05.1956. Lange Zeit stand der Titel des Gedichtbandes nicht fest. Während Eggebrecht zwei Titel zur Auswahl stellte – »Schwalbensturz« und »In der Zukunft war ich schon«, plädierte der Suhrkamp-Verlag für »Verwandelte Nacht«. Eggebrecht machte sodann noch die Vorschläge »57 Gedichte« und »Zeugnis der Quellen«. Schließlich entschied man sich für »Schwalbensturz«. Siehe dazu die Briefe Eggebrechts an Peter Suhrkamp vom 14.09.1955 und vom 18.11.1955 (JE B 483) sowie an Georg von der Vring vom 27.10.1955 (JE B 518).

98 Günter Eich, Schwalbensturz. Ein Gedichtband von Jürgen Eggebrecht (1956), S. 599. Der Text ist als Typskript im Nachlass Eichs im Deutschen Literaturarchiv Marbach vorhanden. Abgedruckt findet er sich in Band IV »Vermischte Schriften« der von Axel Vieregg herausgegebenen Ausgabe »Günter Eich. Gesammelte Werke (Frankfurt a.M. 1991), S. 598–601. In der entsprechenden Fußnote informiert Vieregg, dass eine »Veröffentlichung sicher« sei. Wo allerdings konnte auch er nicht eruieren. Harald Eggebrecht vermutet, dass es sich bei dem Text um eine Rundfunkrezension handeln müsse. Eine Abschrift des Textes hat sich auch im Eggebrechtschen Nachlass erhalten. Hier wird der Text zitiert nach Vieregg.

99 Der Präsident des »Bündnisses«, das bis zum Juli 1966 existiert, ist Hans Werner Richter. Vgl. die betreffenden Dokumente unter JE B 255. Siehe auch Helga Raulff, Strahlungen. Atom und Literatur. Marbach a. Neckar 2008.
100 Eich, Schwalbensturz, a. a. O., S. 600.
101 Siegfried Lenz, Geheimnis und Trauer. In: Sonntagsblatt, 02.12.1956.
102 Die Wachtel. In: Schwalbensturz. Frankfurt a. M. 1956, S. 42.
103 Lenz, Geheimnis, a. a. O.
104 Jürgen Eggebrecht, Tiersymbolik. In: Gerhard Bahlsen (Hg.), Das Fünfminuten Lexikon. München 1953, S. 178.
105 Ebd., S. 208.
106 Clemens Heselhaus, Falter, Schwalben und Windhühner. In: FAZ, 17.11.1956.
107 Erhart Kästner, Zwei Dichter. In: Schwäbische Landeszeitung, 09.02.1957.
108 Lenz, Geheimnis, a. a. O.
109 Alfred Andersch an Eggebrecht, 04.02.1957 (JE B 7). Abgedruckt mit freundlicher Genehmigung: Alfred Andersch und Diogenes Verlag AG Zürich
110 Jürgen Eggebrecht, Für Dichten und Trachten (JE M 86).
111 Eggebrecht an Peter Suhrkamp, 18.11.1955 (JE B 483). Zur Tradition der Sänger in der Antike unter anderem Heinz Schlaffer, Einleitung. In: Jack Goody et al., Entstehung und Folgen der Schriftkultur. Frankfurt a. M. 1997³, S. 7–23. Dort S. 15: »Allerdings nimmt auch in der oralen Kultur die bedeutungsvolle, mit »poetischen« Mitteln ausgestattete Rede […] eine Sonderstellung ein, insofern die Abweichung von der Alltagssprache als Zeichen einer Inspiriertheit durch übermenschliche Mächte gilt: sie ist die Rede von und mit Göttern oder Dämonen […] Dieser Schein einer höheren Abkunft der poetischen Rede lebt fort in der Hochschätzung der Poesie und des Poeten […] auch im Zeitalter der Schriftlichkeit.«
112 Eggebrecht, Vogelzeichen, a. a. O., S. 209.
113 Über den genauen Verlauf der Krankheit informieren die Berichte der Krankenhäuser (JE D 10). Wie traumatisch die Düsseldorfer Erfahrung für Eggebrecht ist, lässt sich noch zwanzig Jahre später in einem Brief an Thilo Koch, den Generalsekretär des P.E.N. Deutschland, ablesen. Darin sagt Eggebrecht die Einladung zum P.E.N.-Kongress in Düsseldorf mit der Begründung ab: »Ich traue mich einfach nach Düsseldorf nicht wieder hin, so schockt mich diese Stadt.« Eggebrecht an Thilo Koch, 17.03.1976 (JE B 358).
114 Vgl. hierzu die Briefe im Nachlass in der Reihenfolge der oben genannten Namen: JE B 483, JE B 23, JE B 100 (für Eich wie Aichinger).
115 Adolf Grimme an Eggebrecht, 12.05.1957 (JE B 151).
116 Hermann Kasack an Eggebrecht, 10.05.1957 (JE B 233).
117 Bericht vom 08.10.1958 (JE D 10).
118 Ebd.
119 Alle Zitate aus Bericht vom 18.12.1958 (JE D 10).
120 Georg Schneider, Jürgen Eggebrecht. Zum 70. Geburtstag am 17. November 1968. In: Die Tat, 16.11.1968.
121 Jürgen Eggebrecht, Erinnerung an Georg Schneider. In: Die Tat, 15.09.1973.
122 Georg von der Vring an Eggebrecht, im März 1959 (JE B 518).
123 Dies geht hervor aus dem Kondolenz-Brief, den Eggebrecht am 28.04.1964 an Ingeborg Schuldt-Britting schickt. Georg Britting war am 27.04. gestorben (Bayerische Staatsbibliothek München, Ana 365, VIII).
124 Vgl. dazu Ingeborg Schuldt-Brittings Listen in der Bayerischen Staatsbibliothek München unter »Ana 365 Suppl. Aufzeichnungen von Ingeborg Schuldt-Britting«.
125 Eggebrecht an Oda Schaefer, 29.02.1964 (OdS B 69). Hintergrund könnte auch die Ablehnung von Eggebrechts Prosatext »Schiff hinter Grünau« für den Jahresring 1963/64 durch Rudolf de le Roi gewesen sein. Vgl. dazu das Kapitel 4 über den Schriftsteller Eggebrecht. Dort die entsprechenden Briefe in der Korrespondenz mit Hans Bender (JE B 34).
126 Ingeborg Schuldt-Britting, Sankt-Anna-Platz 10. Erinnerungen an Georg Britting und seinen Münchner Freundeskreis. München 1999, vor allem S. 214–265, dort über Eggebrecht: S. 252 bis 255. Britting etwa veröffentlichte nicht nur mehr als 80 Beiträge in der von Paul Alverdes und Karl Benno von Mechow von 1934–1944 herausgegebenen konservativen Monatsschrift *Das Innere Reich*, sondern auch »weit über 50 Texte im NS-Kampfblatt Krakauer Zeitung«. Ernst Klee, Kulturlexikon zum Dritten Reich. Wer war was

vor und nach 1945. Frankfurt a. M. 2009, S. 72. Zur zwiespältigen Haltung Brittings gegenüber dem NS-Regime auch den Eintrag bei Hans Sarkowicz/Alf Mentzer, Literatur in Nazi-Deutschland. Ein biografisches Lexikon. Hamburg 2002², S. 123–125. Dort auch zu Alverdes, S. 69–70. Die Einträge dort stets auch mit Angabe weiterführender Literatur. Zu *Das Innere Reich*: Marion Mallmann, »Das Innere Reich«. Analyse einer konservativen Literaturzeitschrift im Dritten Reich. Bonn 1978. Den Eindruck von Tratsch gewinnt man vor allem, wenn man Oda Schaefers Briefe an Eggebrecht aus der Zeit liest. Darin ärgert sich Schaefer unter anderem einmal über die enge Beziehung von Schneider und Eggebrecht und fragt spitz: »Wieso war er schon ab 1935 bei der Luftwaffe? Weil er politisch verfolgt war, eine ähnliche Flucht wie Benn in die Wehrmacht?« Oda Schaefer an Jürgen Eggebrecht, 22.08.1964. (JE B 416).

127 Jürgen Eggebrecht, Georg Schneider. Coburg, 28.04.1974 (JE B 435).

128 Georg von der Vring an Eggebrecht, 01.06.1957 (JE B 518).

129 Eggebrecht an Hans Bender, 16.05.1962 (JE B 34).

130 Charles Linsmayer, »Du wirst die Lösungen hören, wenn du schläfst«. Überlegungen zu Jürgen Eggebrechts Gedichtsammlung »Splitterlicht«. In: Die Tat, 27.06.1975.

131 Eggebrecht, Verwandtschaft. In: Schwalbensturz, a. a. O., S. 8.

132 Jürgen Eggebrecht, Splitterlicht. Gedichte. Ausgewählt aus neuen Gedichten. Frankfurt a. M. 1975.

133 Siegfried Unseld an Eggebrecht, 05.08.1974 (JE B 484).

134 Im Kern, S. 44.

135 Wolf-Dieter Bach, Erinnern gegen Erinnerung. Zu Jürgen Eggebrechts Lyrik. In: Eggebrecht, Splitterlicht, a. a. O., S. 57–60.

136 Holterdipolter, S. 45.

137 Zeit, S. 48.

138 Soviel Zuversicht, S. 22.

139 »In ungeheimen Verwandlungen/verspielt er Wörter,/die sein hintergründiges Lachen/hervorrufe. Er wechselt sie aus,/gebraucht sie wie einen abhandengekommenen/Schlüssel, der in das richtige Schloß/haargenau hineinpaßt.«

Wortwahl, S. 52. Das Gedicht freilich bezieht sich auf letzte Zusammenkünfte mit Günter Eich. Fast wortwörtlich übersetzt Eggebrecht Sätze, die er in seinem Erinnerungstext an Günter Eich, »Adressenänderung«, verwandte, ins Lyrische. In »Adressenänderung« heißt es: »Spuren hintergründigen Gelächters steckten in ihm. […] In ungeheimen Verwandlungen verspielt er Wörter, verknappt sie, wechselt sie aus, gebraucht sie wie einen abhanden gekommenen Schlüssel, der in jenes richtige Schloß haargenau hineinpaßt.« Jürgen Eggebrecht, Adressenänderung, a. a. O., S. 22. Auch viele andere »Splitterlicht«-Gedichte haben Beziehungen zu Freunden und Bekannten zum Inhalt: So »Besuch«, in dem es um einen Besuch des Schauspielers Klaus Stieringer geht; »Beerensucher«, in dem der mysteriöse Tod der Pädagogin Elisabeth Heimpel, Ehefrau des Göttinger Historikers Hermann Heimpel, verarbeitet wird. (Vgl. dazu auch die Briefe JE B 179). Schließlich »Für Ingeborg Bachmann« (vgl. auch die Briefe unter JE B 23) und »Nachricht vom preußischen Benn«. Zu letzterem Gedicht ausführlich das folgende Kapitel.

140 Sprache, S. 35.

141 Heinz Piontek, Licht des Erinnerns. Späte Gedichte von Jürgen Eggebrecht. In: NZZ, 12./13.07.1975.

142 Eggebrecht an Heinz Piontek, 19.07.1975 (JE B 366).

143 Eggebrecht an Wolf-Dieter Bach, 03.06.1977 (JE B 21).

144 Vgl. dazu Eggebrechts Korrespondenz mit der Zeitung unter JE B 489. Bzgl. der einzelnen Veröffentlichungen s. Anhang.

145 Walter Lobenstein, Jürgen Eggebrecht zum Gruß. In: Ders. (Hg.), Wegwarten. H. 69 (1978/79), S. 7.

146 »Die Wegwarten sind eine literarische Zeitschrift, aber auch mehr als das: ein Raum »für geistig-menschliche Begegnungen« heißt es in den *Horen* 1973. Zitiert nach Walter Lobenstein JE B 297.

147 Abschnitte. In: Wegwarten 82 (1982), S. 14. Das Gedicht ist zum ersten Mal im Heft 49 (1973/74) erschienen und ist somit ein Wiederabdruck.

148 Bernt Engelmann, Dies ist auch unser Hofbräuhaus! In: Ders. (Hg.), Bestandsaufnahme. V. Schriftstellerkongress VS. München 1980, S. 18.

149 Soldat. In: Engelmann, Bestandsaufnahme, a. a. O., S. 47.
150 Erster Mobilmachungstag. In: Engelmann, Bestandsaufnahme, a. a. O., S. 46.
151 Was aber sonst? In: Engelmann, Bestandsaufnahme, a. a. O., S. 49; Tannenzapfen, ebd., S. 46.
152 Facit. In: Engelmann, Bestandsaufnahme, a. a. O., S. 47.
153 Eggebrecht, Über Günter Eich, a. a. O.
154 Eggebrecht an Oda Schaefer, 06.08.1970 (OdS B 69). Vgl. auch Eggebrecht an Bernard Guillemin, 09.11.1970: »Am 1. April 1933 mußte ich diese Stellung aufgeben, weil ich der Nazipartei nicht angehören mochte.« (JE B 156).
155 Der Hinweis auf Eichs Mitgliedschaft in der Reichsschrifttumskammer bei Axel Vieregg, Der eigenen Fehlbarkeit begegnet? Günter Eichs Verstrickung ins »Dritte Reich«. In: Günter Rüther (Hg.), Literatur in der Diktatur: Schreiben im Nationalsozialismus und DDR-Sozialismus. Paderborn 1997, S. 173–194, hier S. 182.
156 Eggebrecht an die DVA, 24.11.1951 (JE B 79). Helene von Möllendorf ist eine Nachfahrin des Feldmarschalls Wichard Joachim Heinrich von Möllendorf (1724–1816). Die Möllendorfs sind ein altes altmärkisches Adelsgeschlecht. Helene von Möllendorf hatte vier Schwestern und einen Bruder.
157 Eggebrecht an Siegfried Unseld, 07.04.1973 (JE B 484).
158 Siehe Briefe unter JE B 484.
159 Eggebrecht, Über Günter Eich, a. a. O. Mit der *DAZ* ist die traditionsreiche, rechtskonservative *Deutsche Allgemeine Zeitung* gemeint, die sich seit dem Ende der zwanziger Jahre offen gegen das Parteiensystem der Weimarer Republik und für eine Regierungsbeteiligung Hitlers aussprach. Über die *DAZ* zur Zeit des Dritten Reiches schreibt Heinz-Dietrich Fischer: »Hitler war während all der Jahre seiner Herrschaft bemüht, aus dem internationalen Ruf der *DAZ* außenpolitisches Kapital zu schlagen, und in einem persönlichen Erlaß hieß es wörtlich: ›Aus außenpolitischen Gründen werden Zeitungen wie das *Berliner Tageblatt*, die *Deutsche Allgemeine Zeitung*, die *Frankfurter Zeitung* auf meinen Wunsch weitergeführt. Die inneren Verhältnisse dieser Verlage sind einwandfrei geregelt.« Heinz-Dietrich Fischer, (Hg.), Deutsche Zeitungen des 17. bis 20. Jahrhunderts. Pullach 1972, S. 278 ff, hier S. 280.
160 Sarkowicz/Mentzer, Einleitung. In: Dies., Literatur, a. a. O. S. 35, 36.
161 So gehörte etwa Ina Seidel im Oktober 1933 zu den 88 Schriftstellern, die das Treuegelöbnis für Adolf Hitler unterzeichneten. Vgl. dazu auch die entsprechenden Einträge in Klee, Kulturlexikon, a. a. O., sowie ausführlicher der Eintrag im stets sorgfältig und differenziert argumentierenden biografischen Lexikon von Sarkowicz/Mentzer, Literatur, a. a. O., S. 365–368.
162 Jürgen Eggebrecht, Unvergängliches aus der Weltliteratur. In: Adolf Grimme (Hg.), Die Schule. Monatsschrift für geistige Ordnung 11, 1946, S. 20, 21.
163 Jürgen Eggebrecht, Das Bleibende im Wechsel. Paul Fechter, Die Gärten des Lebens. In: Deutsche Zukunft, 17.12.1939.
164 Ebd. Auch bei Hans Brandenburg spricht Eggebrecht von einem »männlichen Werk«. Eggebrecht, Roman einer Familie. Hans Brandenburg, Vater Öllendahl. In: Deutsche Zukunft, 04.12.1938.
165 Sarkowicz/Mentzer, Literatur, a. a. O., S. 367 (Lexikoneintrag Ina Seidel). Freilich verschweigen die Autoren nicht, dass Seidel dann nur ein Jahr später zwei Elogen auf den 50. Geburtstag Hitlers verfasste.
166 Jürgen Eggebrecht, Ina Seidels neues Buch. In: Deutsche Zukunft, 06.11.1938.
167 Vgl. dazu das Kapitel 1, Eggebrecht an Annemarie Suhrkamp, 02.02.1947 (JE B 482). Dort auch die Interpretation zum Gedicht »Mein Haus«.
168 Eberhart Lämmert, Beherrschte Literatur. Vom Elend des Schreibens unter Diktaturen. In: Rüther, Literatur, a. a. O., S. 19.
169 Sarkowicz/Mentzer, Literatur, a. a. O., S. 29.
170 Eggebrecht, Über Günter Eich, a. a. O.
171 Vgl. Axel Vieregg (Hg.), Unsere Sünden sind unsere Maulwürfe. Die Günter-Eich-Debatte. Amsterdam 1996.
172 Hans Dieter Schäfer, Die nichtnationalsozialistische Literatur der jungen Generation im Dritten Reich. In: Ders., Das gespaltene Bewußtsein.

Deutsche Kultur und Lebenswirklichkeit 1933–1945. München 1981, S. 9. Hier zitiert nach Vieregg, Fehlbarkeit, a.a.O., S. 174.
173 Zu dem Hörspiel, auch im Hinblick der Kontroverse um Günter Eich, Hans-Ulrich Wagner, Günter Eich und der Rundfunk. Essay und Dokumentation. Potsdam 1999, v.a. S. 44–66 und S. 207–212.
174 Vieregg, Fehlbarkeit, a.a.O., S. 173 und S. 183. Auch Uwe Schoor, Schritt aufnehmen oder Verständigung »quer zum Politischen«? Anmerkungen zum Kolonne-Kreis im literarischen Leben nach 1933. In: Hermann Haarmann (Hg.), Katastrophen und Utopien. Exil und Innere Emigration (1933–1945). Berlin 2002, S. 167–186.
175 Sarkowicz/Mentzer, Literatur, a.a.O., S. 153 (Lexikoneintrag Günter Eich).
176 Ebd., Einleitung, S. 31.
177 Eggebrecht, Über Günter Eich, a.a.O.
178 Vieregg, Fehlbarkeit, a.a.O., S. 194.
179 Jürgen Eggebrecht, Werner Beumelburg. Seine Aufgabe und sein Werk. In: Die Neue Literatur H. 5, Mai 1935, S. 252–260. Wie Ina Seidel gehörte auch Will Vesper zu den Unterzeichnern des Treuegelöbnisses »88 deutsche Schriftsteller« für Adolf Hitler. Mit seiner Zeitschrift machte er sich allerdings im NS-Kulturbetrieb nicht nur Freunde. Vesper blieb auch nach 1945 ein überzeugter Nationalsozialist und Judenhasser. Vgl. zu seiner Biografie den Eintrag bei Klee, Kulturlexikon, a.a.O., sowie Sarkowicz/Mentzer, Literatur, a.a.O., S. 387–388.
180 Sarkowicz/Mentzer, Literatur, a.a.O., S. 97 (Lexikoneintrag Werner Beumelburg).
181 Sarkowicz/Mentzer, Einleitung, a.a.O., S. 28.
182 Stefan Busch, »Und gestern, da hörte uns Deutschland«. NS-Autoren in der Bundesrepublik. Kontinuität und Diskontinuität bei Friedrich Griese, Werner Beumelburg, Eberhard Wolfgang Möller und Kurt Ziesel. Würzburg 1998, S. 82. Ausführlich zu Leben und Werk Beumelburgs ebd, S. 82–143.
183 Eggebrecht an Muschelkalk, 24.05.1955 (JE B 333).
184 Ebd.
185 Ebd.
186 Das geht aus eben diesem Brief hervor.
187 Eggebrecht, Beumelburg, a.a.O., S. 253, 254.
188 Ebd., S. 253 und S. 254.
189 Ebd., S. 257.
190 Ebd., S. 258.
191 Jürgen Eggebrecht, Eine Freundschaft. In: Die Tat, 27.06.1970.
192 Ebd.
193 Ebd.
194 Eggebrecht, Stürmisch die Nacht, a.a.O.
195 Julius Gescher an Jürgen Eggebrecht, 15.03.1935 (JE B 137).
196 Zur Biografie Schaefers ausführlich, Monika Bächer, Oda Schaefer (1900–1988). Leben und Werk. Bielefeld 2006. Zur Biografie Langes, Hans Dieter Schäfer, Horst Langes Tagebücher 1939–1945. In: Ders., (Hg.), Horst Lange. Tagebücher aus dem Zweiten Weltkrieg, Mainz 1979, S. 291–322. Dort auch Oda Schaefer, Horst Lange. Ein Lebensbild, S. 261–289. S. auch die Einträge bei Sarkowicz/Mentzer, Literatur, a.a.O., S. 284–286 und S. 341–342.
197 Heinz Piontek, Licht des Erinnerns. Späte Gedichte von Jürgen Eggebrecht. In: NZZ, 12./13.7.1975.
198 Gottfried Benn an Jürgen Eggebrecht, Berlin, 13.01.1946. Eine Kopie des handschriftlichen Originals findet sich im Nachlass unter JE B 43a. Das Original selbst ist im Nachlass nicht mehr vorhanden. Der Brief findet sich abgedruckt schon in Gottfried Benn, Den Traum alleine tragen. Neue Texte, Briefe, Dokumente. Wiesbaden 1966, S. 211. Aus welchen Gründen auch immer endet dort der Brief aber mit »man weiß es nicht«, die letzten Sätze fehlen. Mit dem Sohn, auf den Benn anspielt, ist der 1939 geborene, heute in Berlin lebende bekannte Synchronsprecher Norbert Gescher gemeint.
199 Jürgen Eggebrecht an Horst Lange, 15.12.1945 (OdS B 69). Eggebrecht kannte Gottfried Benn vom 60. Geburtstag Heinrich Manns, wo dieser eine Rede hielt. Dies geht aus einem Brief hervor, den Eggebrecht am 19.07.1975 an Heinz Piontek schreibt (JE B 366).
200 Horst Lange an Jürgen Eggebrecht, 18.12.1945 (JE B 280).
201 Muschelkalk an Jürgen Eggebrecht, 25.12.1945 (JE B 333).
202 S. Eggebrecht, Freundschaft, a.a.O.
203 Oda Schaefer, Horst Lange. Ein Lebensbild. In: Horst Lange, Tagebücher aus dem Zweiten Weltkrieg. Hg. von Hans Dieter Schäfer. Mainz 1979, S. 283.

204 Ebd., S. 284. Vgl. dazu auch die Autobiographie Schaefers. Oda Schaefer, Auch wenn Du träumst, gehen die Uhren. München 1980, S. 295 – 297. Über die Erinnerungen sagt Eggebrecht: »Sie legen Zeugnis ab von ihren schriftstellerischen Gaben, jener zauberhaften Helligkeit besonders am Anfang und der bildkräftigen Anschaulichkeit ihrer Prosa, die sich bis ins Gespenstische steigert und zur Satire wird und das Großartig-Makabre erreicht in ihren letzten Kapiteln.« Jürgen Eggebrecht, Oda Schaefer. Eine Laudatio zum 03.12.1970 im Großen Sitzungssaal des BR (L 5059).

205 Ebd., S. 284.

206 Jürgen Eggebrecht, Horst Lange, Nekrolog gesprochen im P.E.N.-Zentrum der BRD, 6.–8. April 1972 (L 5055). Ähnlich schon in der Funksendung vom 11.10.1964, Zum Lesen empfohlen: »Schwarze Weide« mit einer Einführung von Jürgen Eggebrecht (L 5056). Siehe auch L 5059, a.a.O.

207 Leonarda Gescher (Muschelkalk Ringelnatz), Briefe von Gottfried Benn und Julius Gescher. In: Benn, Traum, a.a.O. S. 202–203, hier S. 202. Zur zwiespältigen Rolle Benns im Dritten Reich unter anderem der Eintrag bei Sarkowicz/Mentzer, Literatur, a.a.O., S. 82–86.

208 Ebd., S. 202.

209 Eggebrecht, Freundschaft, a.a.O.

210 Lange, Tagebücher, a.a.O., S. 135 ff.

211 »[...] zuvor hatte ich meinem Oberst Ziegler vorgeschlagen, das Kontingent für Buchdruckpapier unverzüglich zugewiesen zu erhalten. Es geschah.« Eggebrecht an W.E. Süskind, 30.01.1968 (JE B 481).

212 Eggebrecht an Oda Schaefer, 06.08.1970 (OdS B 69).

213 Zu den Vorkriegsjahren Jan-Pieter Barbian, Literaturpolitik im »Dritten Reich«. Institutionen, Kompetenzen, Beteiligungsfelder. München 1995. Dort auch kurz zur Papierkontingentierung während des Kriegs, S. 553–561.

214 Hans-Eugen Bühler in Verbindung mit Edelgard Bühler, Der Frontbuchhandel 1939–1945. Organisationen, Kompetenzen, Verlage, Bücher. Eine Dokumentation. Frankfurt a.M. 2002, S. 15, 16. Mit RMVP ist das von Joseph Goebbels geleitete »Reichsministerium für Volksaufklärung und Propaganda« gemeint. RSK bezeichnet die »Reichsschrifttumskammer«.

215 Vgl. ebd., S. 7.

216 Ebd., S. 11.

217 Ebd., S. 234.

218 Ebd., S. 233.

219 Ebd., S. 21.

220 Hans-Eugen Bühler/Olaf Simons, Die blendenden Geschäfte des Matthias Lackas. Korruptionsermittlungen in der Verlagswelt des Dritten Reichs. Köln 2004, S. 48. Bühler/Simons übersetzen die Akkürzung AWA hier irrtümlich mit »Allgemeines Wirtschaftsamt«. Im oben angeführten Zitat wurde dieser Fehler behoben und mit »Allgemeines Wehrmachtsamt« übersetzt. Ähnlich, wenn auch noch nicht so detailliert bei Bühler, Frontbuchhandel, a.a.O., S. 19 ff. (Kapitel: »Papierverknappung und Papierschecks der Wehrmacht«). Hier wird AWA stets mit »Allgemeines Wehrmachtsamt« richtig wiedergeben.

221 Zitiert nach Bühler, Frontbuchhandel, a.a.O., S. 15.

222 Ebd., S. 15.

223 Ebd., S. 28. Bühler irrt hier, wenn er das Buch »Korporal Mombour« Stefan Andres zuschreibt. Es stammt von Ernst Penzoldt; Friedrich Denk, Die Zensur der Nachgeborenen. Zur regimekritischen Literatur im Dritten Reich. Weilheim 1996, S. 307 ff. PPK steht für: »Parteiamtliche Prüfungskommission zum Schutze des nationalsozialistischen Schrifttums«.

224 Eggebrecht an Oda Schaefer, 06.08.1970 (OdS B 69). Ebenso in dem Brief vom 30.01.1968 an W.E. Süskind (JE B 481).

225 Bühler, Frontbuchhandel, a.a.O., S. 191–197. Bei einer Auflagenhöhe von 80.000 Stück pro Buch ergibt sich für die Soldatenbücherei eine Anzahl von etwa zehn Millionen Exemplaren. Die Liste umfasst neben Beumelburgs »Mont Royal« und Hans Grimms »Novellen aus Südafrika«, ein Frühwerk (1913) des überzeugten Nationalsozialisten (vgl. den Lexikoneintrag bei Sarkowicz/Mentzer, Literatur, S. 194–198) auch viele Klassiker wie Wilhelm Raabes »Der Hungerpastor« und Heinrich v. Kleist »Michael Kohlhaas«.

226 Penzoldt, Brevier, a.a.O., gibt über die Feldpostausgabe an: City-Trykkeriet, Oslo 1943. Dort S. 56.

227 Penzoldt-Lexikoneintrag bei Sarkowicz/Mentzer, Literatur, a. a. O., S. 327.
228 Ebd., S. 327. Denk, Zensur, a. a. O.
229 Penzoldt, Brevier, a. a. O., S. 56.
230 Zitiert nach Bühler, Frontbuchhandel, a. a. O., S. 114.
231 Vgl. zu diesen Jahren auch die Schilderung von Oda Schaefer, Auch wenn Du träumst, a. a. O., S. 259 ff., die bestätigen, was Hans Dieter Schäfer, Langes Tagebücher, a. a. O., S. 300 schreibt: »In Opposition zu dem in anderen Medien verkündeten nationalsozialistischen Heroismus rückte man im privaten Leben enger zusammen.«
232 Schäfer, Langes Tagebücher, a. a. O., S. 298.
233 Ebd., S. 298–302. Der Begriff »Herrschaftssicherung«, S. 298.
234 Sarkowicz/Mentzer, Literatur, a. a. O., S. 286 (Lexikoneintrag: Horst Lange).
235 Lange, Tagebücher, a. a. O., S. 22. Mit dem alten Bekannten ist Jürgen Eggebrecht gemeint. Generell für Langes Tagebücher gilt der Satz von Sarkowicz/Mentzer: »Langes Tagebücher aus dem Zweiten Weltkrieg [...] geben Zeugnis von seiner Ablehnung des Kriegs und dessen nationalistisch-rassistischer Motivation.« (Literatur, a. a. O., S. 286.)
236 Horst Lange, Eidesstaatliche Erklärung, 02.02.1949.
237 Eggebrecht, Zum Lesen empfohlen, a. a. O.
238 Schaefer, Lange, a. a. O., S. 279. Ebenso, Schaefer, Auch wenn Du träumst, a. a. O., S. 286.
239 Joachim W. Storck, Eich, a. a. O., S. 25.
240 Ebd., S. 25, 26.
241 Eggebrecht, Über Günter Eich, a. a. O.
242 Sarkowicz/Mentzer, Einleitung. In: Dies., Literatur, a. a. O. S. 45.
243 Eggebrecht an W. E. Süskind, 30.01.1968 (JE B 481).
244 Biografische Daten hier nach Unseld, Suhrkamp, a. a. O., v. a. S. 76–116.
245 Sarkowicz/Mentzer, Einleitung, a. a. O., S. 45, 46. Vgl. Bühler, Frontbuchhandel, a. a. O., wo Goethes »Kampagne in Frankreich« als »Ausgabe des Wehrmachtsbefehlshabers Norwegen« gelistet ist (S. 105). Der Suhrkamp-Verlag stand auch auf der Liste der Lizenzgeber für die »Soldatenbücherei« (ebd., S. 190).
246 Eggebrecht, 75. Geburtstag, a. a. O.
247 Vgl. hierzu den Brief vom 30.01.1968 an W. E. Süskind (JE B 481).
248 Zitiert wird im Folgenden aus dem Manuskript, das sich im Nachlass unter JE M 24 findet. Dort ist der Text allerdings mit »Friedrich Bischoff zum 60. Geburtstag« betitelt. Wahrscheinlich hat ihn Eggebrecht also schon zu Bischoffs 60. Geburtstag für den NDR verfasst, die BR-Sendung wäre dann eine Wiederverwertung. Der Text ist identisch mit der BR-Sendung. Ein NDR-Sendetermin von 1956 ist allerdings nicht bekannt.
249 Der Briefwechsel zwischen Eggebrecht und Friedrich Bischoff nach dem 2. Weltkrieg ist einsehbar unter JE B 42.
250 Ebd. Bei »Freund Roeseler« ist Dr. Hans Roeseler gemeint, der zu der Zeit Verlagsleiter des Deutschen Verlages (früher Ullstein) in Berlin ist. Hierzu Bühler, Frontbuchhandel, a. a. O., S. 114.
251 Bühler, Frontbuchhandel, a. a. O., S. 170, S. 191.
252 Der Öffentliche Kläger (Kult) für besondere Berufe bei dem Entnazifizierungs-Hauptausschuss im Reg. Bez. Hannover, 20.09.1948 (JE D 9). Ein Dokument zu dem Bescheid vom 20.09.1948 existiert nicht mehr.
253 Der Oberstaatsanwalt, Braunschweig den 24.06.1949 (JE D 9).
254 Der Öffentliche Kläger (Kult), a. a. O.
255 Horst Lange an den Licencing Adviser, 02.02.1949 (JE B 280). Alle Zitate im Folgenden dort.
256 Sarkowicz/Mentzer, Literatur, a. a. O., S. 415 (Lexikoneintrag: Kurt Ziesel). Erfolg hatte Ziesel v. a. mit der Anthologie »Krieg und Dichtung. Soldaten werden Dichter – Dichter werden Soldaten« (1940). Ausführlich beschäftigt sich mit Ziesel auch Busch, »Und gestern ...«, a. a. O., S. 209–286.
257 Kurt Ziesel, Das verlorene Gewissen. Hinter den Kulissen der Presse, der Literatur und ihrer Machtträger von heute. München 1959. S. 48. Das Buch erlebte bereits innerhalb eines Jahres fünf Auflagen, die zum Teil stark voneinander abwichen.
258 Sarkowicz/Mentzer, Literatur, a. a. O., S. 416.
259 Ziesel, Gewissen, a. a. O., S. 29.
260 Ebd., S. 29.
261 Ebd., S. 31. Hans Werner Richter und sein von ihm gegründeter »Grünwalder Kreis« trafen sich mit Ziesel am 12.03.1958 im Münchner Hotel

Platzl zu einer privaten Diskussion. Eggebrecht nahm an dieser Diskussion, der 25 Leute des Grünwalder Kreises beiwohnten (unter anderem Erich Kuby, Wolfgang Köppen, Theo Pirker) wohl jedoch nicht teil. Da das Treffen privat war, ist es nur dürftig dokumentiert. Vgl. hierzu ausführlich die Erläuterungen zu Hans Werner Richters Brief an den ebenfalls von Ziesel angegriffenen Rudolf Pechel vom 10.03.1958, also im Vorfeld des Treffens (Richter an Pechel: »Ich habe das angenommen, weil ich heut glaube, daß ein längeres Totschweigen außerordentlich gefährlich ist.«), in Hans Werner Richter, Briefe. Hg. von Sabine Cofalla. Berlin 1997, S. 254–258. Ähnlich schreibt Richter am 2. und 4. März an Eggebrecht und fragt ihn, ob er nicht kommen könne: »Man soll seinem Gegner nicht ausweichen. ›Das Weiße im Auge des Feindes‹, du weißt.« Hans-Werner Richter an Eggebrecht, 02.03.1958 (JE B 393, dort auch der Brief vom 04.03.1958).

262 Das geschah, so Harald Eggebrecht, freilich mündlich. Ein schriftliches Dokument, das diese Geschichte erhärten würde, fehlt (bislang).

263 Eggebrecht an Horst Lange, 13.06.1946 (OdS B 69). Zur Kulturliga, Schaefer, Auch wenn Du träumst, a.a.O., S. 341 ff.

264 Alle Zitate Jürgen Eggebrecht, Du und das Gedicht, a.a.O.

265 Jürgen Eggebrecht, Aufgenommen in Hannover, o.D. (JE M 10). Das exakte Datum geht aus dem Manuskript nicht hervor. Da Eggebrecht aber auch an einer Stelle das Niedersachsenstadion erwähnt, ist zu vermuten, dass der Text 1954 entstanden ist. Das neue Stadion wurde in diesem Jahr eingeweiht. Der Text findet dann ein Jahr später in einer leicht veränderten Fassung mit dem Titel »Als Fremdling aufgenommen« Eingang in: Heinz Lauenroth (Hg.), Hannover. Gesicht einer lebendigen Stadt. Hannover 1955. Wiederabgedruckt in: Norbert v. Frankenstein (Hg.), Hannover in alten und neuen Reisebeschreibungen. Düsseldorf 1991, S. 178–180.

266 Eggebrecht an Hans Werner Richter, 09.09.1952 (JE B 393). Zuvor hatte der Schriftsteller Eggebrecht mitgeteilt, dass *Die Literatur* weitergehe und er für die Zeitschrift Gedichte bräuchte (Brief vom 11.09.1952).

267 Jürgen Eggebrecht, Umziehen, Einziehen, Zuziehen. Sendung vom 23.10.1952 (JE M 222).

268 Zitiert nach Waldemar R. Röhrbein et al. (Hg.), Anpacken und Vollenden. Hannovers Wiederaufbau in den 50er Jahren. Ein Quellenlesebuch. Hannover 1993, S. 12. Vgl. auch Adam Seide, Die Stadt war ein Schutthaufen. In: Frankenstein, Hannover, a.a.O., S. 159ff.

269 Aus dem Arbeitsvertrag vom 01.10.1954 (JE B 344). Über das Jahr, in dem Jürgen Eggebrecht Leiter der Abteilung »Kulturelles Wort« geworden ist, gibt es unterschiedliche Angaben. Er selber gibt in diversen Biografien an, er sei schon 1949 Leiter geworden (so etwa für den P.E.N., JE B 358). Dem widerspricht allerdings der oben zitierte Vertrag. Auch in der Sekundärliteratur, sofern sie Eggebrecht einmal erwähnt, ist man sich uneins. Hans-Ulrich Wagner schreibt: » […] seit 1949 als Leiter des Kulturellen Worts am NWDR in Hamburg bzw. seit 1954 am NWDR in Hannover«. Wagner, Das Medium wandelt sich, die Autoren bleiben. Neubeginn und Kontinuität rundfunkerfahrener Schriftsteller (1930–1960). In: Monika Estermann/Edgar Lersch (Hg.), Buch, Buchhandel, Rundfunk 1950–1960. Wiesbaden 1999, S. 220. Dass Eggebrecht jemals in Hamburg gearbeitet hätte, ist nicht bekannt. Sicherlich meint Wagner für Hamburg, von Hannover aus, wo Eggebrecht ja seit 1951 lebt. Dass er für die eine oder andere Aufnahme nach Hamburg gereist ist, versteht sich von selbst. Für 1953 spricht, dass Peter Suhrkamp seine Briefe an Eggebrecht in diesem Jahr stets im Briefkopf an den »Leiter Wort« richtet. Ebenso schon Hermann Kesten, unter anderem am 18.08.1953 (HB K 1581). Für 1954 spricht, dass die Redaktion »Kulturelles Wort« offiziell 1954 von Hamburg nach Hannover verlegt worden ist. Möglicherweise waren in der Aufbauphase einzelne Positionen, obwohl man sie schon jahrelang bekleidete, vertraglich noch nicht festgezurrt.

270 Vgl. die Dokumente im Briefwechsel Peter Rusack (JE B 407).

271 Vgl. ihren Briefwechsel unter JE B 151. Für den Pädagogen, einstigen Volksbildungsminister (1946) und zeitweiligen niedersächsischen Kultusminister (1947) hatte Eggebrecht 1946 auch seinen ersten Artikel nach dem Krieg in der

Schule. Monatsschrift für geistige Ordnung verfasst (siehe vorheriges Kapitel). Grimmes damalige Eröffnungsrede in: Wolfram Köhler (Hg.), Das Funkhaus Hannover. Beiträge zur Geschichte des Rundfunks in Niedersachsen. Hannover 1987, S. 27–32.
272 »Das modernste Funkhaus Europas«: Günter Pipke, Über den »Geschäftszweig 7«. Meine einundzwanzig schönen Jahre in Hannover. In: Köhler, Funkhaus, a. a. O., S. 63.
273 Das Wunder von Hannover. In: Der Spiegel 23/1959 vom 03.06.1959, S. 56–69, hier S. 57.
274 Eggebrecht, Aufgenommen, a. a. O.
275 Jürgen Eggebrecht, Bei uns im Funk, März 1952 (JE M 18).
276 Aus der Einleitung der Sendung vom 13.04.1952 zum Thema »Die Bedrohung des Einzelnen in der Vergangenheit«. Die Teilnehmer des von Landesbischof Hans Lilje geleiteten Gesprächs: Hermann Aubin, Ulrich Scheuner, Hans Jürgen Baden und Jürgen Eggebrecht (JE M 71).
277 Adolf Grimme an Eggebrecht, 03.03.1952 (JE B 344).
278 Ebd.
279 1956 wird es dann eine eigene Reihe DAS ATOM – Aussichten und Gefahren mit insgesamt sieben Sendungen geben. Die Reihe beendet Eggebrecht am 22.09.1956 unter anderem: »[...] war es der Sinn dieser Vorträge, im Dienste der öffentlichen Meinung Tatsachen aus erster Hand zu vermitteln, über die nachzudenken keinem von uns allen erspart bleiben wird.« (JE M 79).
280 Francisco Sánches-Blanco, Ortega y Gasset: Philosoph des Wiederaufbaus? Anmerkungen zu einer unbeachteten Rezeption. In: Jost Hermand (Hg.), Nachkriegsliteratur in Westdeutschland. Bd. 2: Autoren, Sprache, Traditionen. Berlin 1984, S. 101–111. Umfangreich auch der Briefwechsel zwischen Eggebrecht und Hermann Heimpel sowie seiner Frau, der Pädagogin Elisabeth Heimpel (JE B 178 und JE B 179).
281 Eggebrecht an Annemarie Suhrkamp, 06.02.1954 (JE B 482).
282 Das Loccumer Gespräch. Beginn mit Ortega y Gasset. In: Norddeutsche Zeitung, 30.11.1953.
283 Weitere sind unter anderem: Wilhelm Lehmann, Karl Krolow, Fritz Dietrich. Die kontinuierliche Mitarbeit Vrings dokumentieren die Briefe vom 10.06.1955 und vom 11.02.1957 an Jürgen Eggebrecht (JE B 518).
284 Jürgen Eggebrecht, Vorwort zur Sendung »Stimmen der Dichter«, 18.03.1953 (JE M 199).
285 Aus unterschiedlichen Perspektiven etwa: Ludwig Fischer, Zur Sozialgeschichte der westdeutschen Literatur. In: Axel Schildt/Arnold Sywottek (Hg.), Modernisierung im Wiederaufbau. Die westdeutsche Gesellschaft der 50er Jahre. Bonn 1998, S. 551–562; Friedhelm Kröll, Literaturpreise nach 1945. Wegweiser in die Restauration. In: Hermand (Hg.), Nachkriegsliteratur, a. a. O., S. 143–164; Wagner, Medium, a. a. O.
286 Vgl. noch einmal die entsprechenden Einträge bei Sarkowicz/Mentzer, a. a. O. sowie speziell für von der Vring und die »Innere Emigration«, Dasenbrock, Vring, a. a. O., S. 91–126.
287 Zur Biografie und dem Buch« siehe Ralf Bröer, Wir wussten das. In: Die Zeit 48 (1995). Internetrecherche: http://www.zeit.de/1995/52/Unsichtbare_Flagge (zuletzt eingesehen am 14.01.2010).
288 Eggebrecht an Peter Bamm, 10.11.1954 (JE B 27).
289 Eggebrecht an Peter Bamm, 02.09.1954 (JE B 27).
290 Axel Schildt, Ein Jahrzehnt des Wiederaufbaus und der Modernisierung. Zur Sozialkultur und Ideenlandschaft der fünfziger Jahre. In: Estermann/Lersch, Buch, a. a. O., S. 19.
291 Axel Schildt, Ankunft im Westen. Ein Essay zur Erfolgsgeschichte der Bundesrepublik. Frankfurt a. M. 1999, S. 50.
292 Ebd., S. 51.
293 Axel Schildt, Hegemon der häuslichen Freizeit: Rundfunk in den 50er Jahren. In: Ders./Sywottek (Hg.), Modernisierung, a. a. O., S. 458–476.
294 Die Ausführungen in Anlehnung an die angegebenen Bücher von Schildt. Vgl. zur Häuslichkeit auch Dominik Geppert: »Die ersten beiden Drittel der fünfziger Jahre sahen eine deutsche Gesellschaft, die sich so stark auf den familiären und häuslichen Bereich zurückzog wie in keinem anderen Zeitraum des 20. Jahrhunderts.« Geppert, Die Ära Adenauer. Darmstadt 2002, S. 85.
295 Beide Zitate ebd., S. 465. »[...] besonderer Beliebtheit erfreuten (sich) Hörspiele mit heiterer oder kriminalistischer Note [...], während die seither von den Germanisten immer wieder

295 analysierten Funkwerke von Günter Eich und anderen vergleichsweise wenige Hörer fanden.« Schildt, Ankunft, a.a.O., S. 68, 69.
296 Vgl. Rolf Geserick, Vom NWDR zum NDR. Der Hörfunk und seine Programme 1948–1980. In: Wolfram Köhler (Hg.), Der NDR. Zwischen Programm und Politik. Hannover 1991, S. 149–226, v.a. S. 183 ff.; »Mit ihr konnte endlich die Vorherrschaft der Hamburger abgeschüttelt werden.« Hans Joachim Werbke, Die Entdeckung des Landes. Literatur und Region begeisterten die Nachkriegsgeneration. In: Köhler (Hg.), Funkhaus, a.a.O., S. 47.
297 04.04.1954 (JE M 74).
298 02.11.1954 (JE M 75).
299 09.02.1955 (JE M 185).
300 26.04.1955 (JE M 186).
301 JE M 106. Kippenberg ist am 21.09.1950 in Luzern gestorben.
302 So etwa am 04.01.1955 (JE M 187) und am 30.01.1956 (JE M 109).
303 Zur Biografie Mostars, der im März 1933 Deutschland verlässt: Unser Autor Herrmann Mostar zu seinem sechzigsten Geburtstag, geschrieben von Henry Goverts für das Herbstheft 1961 der Hauszeitschrift des Goverts Verlags »Der Schaukasten«. Sonderdruck mit persönlicher Widmung Goverts für Eggebrecht (JE B 149).
304 Reiner Hollmann, In Jürgen Eggebrechts Ära blühte das Mäzenatentum. In: NHP, 18.11.1973.
305 »Kesten kämpfte für eine wirtschaftliche, literatur- und diskurspolitische Wiederzulassung der Literatur und der Autoren des Exils auf dem deutschen Buchmarkt; Richter und seine Kollegen suchten sich – »ihre Generation« – auf demselben Markt auf Dauer durchzusetzen, gegebenenfalls auch in offener, erklärter Konkurrenz zur Literatur des Exils.« Stephan Braese, Vom »anderen Deutschland« zur »jungen Generation« – Hermann Kesten nach 1945. In: Walter Fähnders/Hendrik Weber, Dichter – Literat – Emigrant. Über Hermann Kesten. Mit einer Kesten-Bibliographie. Bielefeld 2005, S. 180. Allg. zum Verhältnis der Exilautoren und des Rundfunks: Rückkehr in die Fremde? Remigranten und Rundfunk in Deutschland 1945–1955. Zusammengetragen von Hans-Ulrich Wagner. Berlin 2000.
306 Vgl. Brief Hermann Kestens an Eggebrecht, 19.11.1958 (HK B 1581).
307 Carl Zuckmayer an Eggebrecht, 24.09.1957 (JE B 551).
308 Carl Zuckmayer an Eggebrecht, 02.10.1957 (JE B 551).
309 Die Ansage, Nr. 184, 07.07.1954. Hier zitiert nach Wagner, Eich, a.a.O., S. 271.
310 Weitere Termine: 25. und 26.12.1954. Vgl. hierzu Wagner, Eich, a.a.O., S. 281–284.
311 Günter Eich an Eggebrecht, 13.01.1956 (JE B 100). Zum NDR: Rolf Geserick, Vom NWDR zum NDR, a.a.O.
312 Ebd., S. 295 ff. Dort auch die Sendetermine.
313 Ebd., S. 296.
314 Nach Wagner, Medium, a.a.O., S. 216.
315 Ebd., S. 224. Insofern ist Wagners Einschätzung mit Bedacht zu sehen. Am 28.12.1953 schreibt Eich an Eggebrecht: »Aber im Großen Ganzen sehen wir fürs erste keine andere Möglichkeit für uns als das Hörspiel« (JE B 100).
316 Vgl. die Briefe Eggebrechts an Günter Eich, 06.02.1957 und 10.03.1958 (JE B 100).
317 Aus einem Brief vom 05.05.1956 (JE B 100).
318 Vgl. die Briefe Günter Eichs an Eggebrecht, 16.11.1953 (JE B 100) und 30.10.1956 (JE B 100)
319 Günter Eich an Eggebrecht, Brief aus dem Jahr 1959 ohne genaue Datumsangabe (JE B 100).
320 Dies geht aus einem Brief Eggebrechts hervor, in dem er sie über die Honoraranweisung informiert. Eggebrecht an Ilse Aichinger, 10.03.1958 (JE B 100).
321 Vgl. hierzu die vielen Einladungsschreiben Hans Werner Richters an Eggebrecht unter JE B 393. Das erste stammt vom 7. Oktober 1952. Das letzte vom Oktober 1967. Hier lädt Richter Eggebrecht zur 20 Jahrfeier der Gruppe in die Pulvermühle ein. Eggebrecht nimmt innerhalb der Gruppe aber keine so herausragende Stellung ein, wie es andere Journalisten und Kritiker, etwa Joachim Kaiser oder Marcel Reich-Ranicki, taten. Vgl. Dichter und Richter. Die Gruppe 47 und ihre Gäste. Gezeichnet von H. M. Brockmann. München 1962, S. 72.
322 Eggebrecht an Ingeborg Bachmann, 13.02.1957 und Ingeborg Bachmann an Eggebrecht, 15.02.1957 (JE B 23).
323 Vgl. die Briefe unter JE B 23.

324 Wolfgang Hildesheimer an Eggebrecht, 03.03.1958 und Eggebrecht an Wolfgang Hildesheimer, 21.03.1958 (JE B 192).
325 Eggebrecht an Peter Suhrkamp, 10.06.1955 (JE B 483). Die Aufnahme ist heute erhältlich im Hörverlag München.
326 Eggebrecht, Erinnerung an Thomas Mann. Sendung im BR, 09.06.1965.
327 Thomas Mann an Eggebrecht, 07.10.1954 (JE B 307).
328 Eggebrecht an Thomas Mann, 15.10.1954 (JE B 307).
329 Jürgen Eggebrecht, Zum Tode Thomas Manns. 14.08.1955 (JE M 140).
330 Jürgen Eggebrecht, Einführung zu Thomas Mann Lesung »Tonio Kröger« (JE M 61).
331 Ebd.
332 Franz B. Zons, Die hohe Zeit des Hörfunks. Erinnerungen an die fruchtbaren fünfziger Jahre. In: Köhler, Funkhaus, a.a.O., S. 56.
333 Alle Zitate Eggebrecht, Erinnerung, a.a.O.
334 Ebd.
335 Eggebrecht, Zum Tode, a.a.O.
336 Eggebrecht an Katia Mann, 29.08.1955 (JE B 306). Jürgen Eggebrecht spielt hier auf Thomas Manns Besuch in seiner Heimatstadt Lübeck an, wo der Schriftsteller am 20. Mai die Ehrenbürgerschaft erhalten hat.
337 Katia Mann an Eggebrecht, 27.09.1955 (JE B 306). »Uebersendung« ebd.
338 Walter Jens an Eggebrecht, 05.03.1957 (JE B 221).
339 Peter Bamm zum 60. Geburtstag von Jürgen Eggebrecht, 17.11.1958 (Zitiert nach dem Manuskript unter JE B 27).
340 Friedrich Rasche, 60 Jahre: Jürgen Eggebrecht. In: HP, 18.11.1958.
341 Reiner Hollmann, In Jürgen Eggebrechts Ära blühte das Mäzenatentum. In: NHP, 18.11.1973.
342 Martin Neuffer an Eggebrecht, 21.11.1978 (JE B 343).
343 Eggebrecht an Martin Neuffer, 21.11.1978 (JE B 343).
344 Zons, Zeit, a.a.O., S. 55.
345 Jürgen Eggebrecht, Das Wagnis des Gesprächs. In: FAZ, 22.12.1954.
346 Bamm, 60. Geburtstag, a.a.O.
347 Vgl. die entsprechenden Dokumente und Briefe unter JE B 358.
348 Eggebrecht an Horst Lange, 08.01.1946 (OdS B 69).
349 Jürgen Eggebrecht, Der Backofen. In: FAZ, 28.05.1960.
350 Jürgen Eggebrecht. Kinderkrankheit. Eine Jugenderinnerung. Süddeutscher Rundfunk, 15.08.1962. Text einsehbar unter JE M 115.
351 Brief Hans Benders vom 13.05.1962 an Jürgen Eggebrecht, in dem er ihm die Annahme der Geschichte mitteilt (JE B 34). Da die Jahresring-Ausgabe 1962/63 dann bereits über genügend Texte verfügt, erhält Eggebrecht im August von Bender jedoch eine vorübergehende Absage. Brief Benders vom 27.08.1962 (JE B 34). Ein Jahr später muss er Eggebrecht dann die endgültige Ablehnung des Textes mitteilen, nachdem Mitherausgeber Rudolf de le Roi den Text nicht drucken will (vgl. die Korrespondenz unter JE B 34).
352 Jürgen Eggebrecht, Schiff hinter Grünau. In: Benno Reifenberg/Wolfgang Weyrauch (Hg.), Federlese. Ein Almanach des Deutschen P.E.N.-Zentrums der Bundesrepublik. München 1967, S. 15–21.
353 Unzählig die Briefe, in denen sich Eggebrecht bei Freunden über die Arbeitsbelastung im Funkhaus Hannover beklagt, gleichzeitig von diesen zu mehr Ruhephasen ermahnt wird. Ausdruck des Arbeitspensums mag auch die Vermutung vieler sein, Eggebrechts Zusammenbruch auf der Frühjahrstagung der »Deutschen Akademie für Sprache und Dichtung« sei auf dieses zurückzuführen. Vgl. hierzu die Ausführungen im Kapitel 1.
354 Peter Suhrkamp an Eggebrecht, 01.11.1957 (JE B 483).
355 JE M 153. Zitate im Folgenden aus diesem Manuskript. Der Text wiederabgedruckt in der FAZ vom 08.04.1952.
356 Eggebrecht an Elisabeth Heimpel, 27.08.1971 (JE B 178).
357 Paul de Man, Autobiographie als Maskenspiel. In: Christoph Menke (Hg.), Die Ideologie des Ästhetischen. Frankfurt a.M. 1993, S. 131–146.
358 JE M 222. Zitate im Folgenden aus diesem Manuskript.
359 Was die Annahme verstärkt, dass das Vorbild für die Figur in Helene von Möllendorf zu suchen ist.
360 Eine der vier Schwestern Helene von Möllendorfs hieß übrigens Viktorine.

361 Vgl. die Schilderung in Kapitel 1.
362 Vgl. Jost Hermand, Unbewältigte Vergangenheit, a. a. O.
363 Jürgen Eggebrecht, Vaters Haus. Huldigung der nördlichen Stämme. München 1971. Im Folgenden wird aus dieser Ausgabe unter dem Kürzel VH zitiert. Das Buch wurde 1998 neu aufgelegt und trägt, wie Eggebrecht es sich ursprünglich gewünscht hatte, den Untertitel als Titel. Der Titel »Vaters Haus« entfiel ganz. Jürgen Eggebrecht, Huldigung der nördlichen Stämme. Berlin 1998. Zu der Neuausgabe hat Sten Nadolny eine luzide Einleitung verfasst. Sten Nadolnys Vater Burkhard war ein guter Freund von Jürgen Eggebrecht (vgl. hierzu JE B 334).
364 Einen Freund mit dem schönen Namen Fritze Hellmuth hat es im übrigen wirklich gegeben.
365 Jürgen Eggebrecht, Der Backofen, In: FAZ, 28.05.1960.
366 A.a.O., vgl. Anm. 349–351.
367 VH, S. 38.
368 »Die Zigeuner« unter eben diesem Titel in Die Tat, 21.06.1969; »Mein Homer« unter den Titeln »Tod am Mittag. Eine Erinnerung«. In SZ, 31.10., 01./02.11.1969 und »Sein Homer« in: Die Tat, 10.01.1970.
369 Post Festum. Eine Betrachtung. Gesendet am 26.12.1952. JE M 161. Alle Zitate ebd.
370 Ra., 36. Bücherstunde. Jürgen Eggebrecht. In: HP, 14.03.1953.
371 Altmärkische Ostern, JE M 7, S. 1.
372 VH, S. 33.
373 Altmärkische Ostern, JE M 7, S. 7.
374 VH, S. 12. Diese Geschichte hat nachhaltig auch Peter Suhrkamp beeindruckt. Dies berichtet Eggebrecht in seinem Funktext »Zum 75. Geburtstag von Peter Suhrkamp«, a. a. O.
375 Karl Krolow. Verwinkelte Welt von einst. In: Die Welt, 04.11.1971; Willi Fehse, Vaters Haus. Huldigung der nördlichen Stämme. In: Badische Neueste Nachrichten, 12.09.1971; Hermann Kesten, Mit Märchenmantel und Zauberstab. Jürgen Eggebrecht erzählt von seines Vaters Haus. In: SZ, 13.10.1971; Georg Schneider, Vaters Haus. Huldigung der nördlichen Stämme. In: Die Tat, 4. Dezember 1971.
376 VH, S. 136.
377 Schneider, a. a. O. Die Rezensenten, die 1998 die Neuauflage des Buches besprechen, erkennen hingegen zumeist, dass das Buch von den Kriegen des 20. Jahrhunderts unterminiert ist. So Lothar Müller, Verständige Zauberei. Zerzupfter Dunst: Jürgen Eggebrechts Wörterbuch der Kindheit. In: FAZ, 17.11.1998.
378 SL, S. 16
379 VH, S. 13.
380 VH, S. 56. Das Spielen mit Soldaten kam im Wilhelminismus groß in Mode. Vgl. dazu Stefan Poser, Kriegsspielzeug und Gewaltspiele. In: Ders./Joseph Hoppe/Bernd Lüke (Hg.), Spiel mit Technik. Berlin 2007, S. 114–119. »Vor dem Hintergrund der Militärbegeisterung im Kaiserreich wurde Kriegsspielzeug gegen Ende des 19. Jahrhunderts in weiten Kreisen des Bürgertums ein selbstverständlicher Bestandteil der Kindererziehung […]« (Ebd., S. 114.). Auch die Familie Bismarck ist eine altmärkische Familie. Vgl. zu ihrer Stendaler Herkunft: Hermann Reuter, Otto von Bismarck. Spuren und Wirkungen. Lingen 2000.
381 Alle Zitate VH, S. 45, 46.
382 Der Backofen, a. a. O.
383 VH, S. 60.
384 Vgl. zum theoretischen Hintergrund: Astrid Erll /Ansgar Nünning, Gedächtniskonzepte der Literaturwissenschaft. Berlin 2005.
385 Alle Zitate VH, S. 19, 20.
386 Die Heimkehr. In: FAZ, 15.09.1951. Alle Zitate nach diesem Artikel. Die Geschichte von der Heimkehr eines Soldaten integriert Eggebrecht auch in den letzten Teil seiner Funkreihe »Du und die Zeit«. Vgl. dazu JE M 222, Du und die Zeit, 23.10.1952.
387 Vgl. VH, S. 19.
388 VH, S. 22.
389 VH, S. 15.
390 VH, S. 94.
391 VH, S. 21.
392 VH, S. 60.
393 VH, S. 42.
394 VH, S. 125.
395 VH, S. 78.
396 JE M 228.
397 Fehse, Vaters Haus, a. a. O.
398 Schneider, Vaters Haus, a. a. O.
399 Kesten, Märchenmantel, a. a. O.

400 Jürgen Eggebrecht an Hermann Kesten, 15.10.1971 (HK B 232).
401 Kesten, Märchenmantel. Wohl deswegen funktionieren seine Texte gleichermaßen im Funk wie im Buch. Das erwähnte Kapitel »Schiff hinter Grünau« beweist es.
402 A. v. d. B., Den nördlichen Stämmen gehuldigt. In: Mannheimer Morgen, 02.12.1971. Alle Zitate ebd.
403 Walter Jens an Jürgen Eggebrecht, 05.03.1971 (JE B 221).
404 Dies tat auch Ulla Lentz-Penzoldt, die Tochter von Ernst Penzoldt. In einem langen Brief vom 22.09.1971 äußert sie sich begeistert über »Vaters Haus«, verschweigt aber nicht, dass ein Kapitel wie »Der reine Backofen« zwar gut sei, aber nicht so unvergleichlich wie in den Stehgreif-Stunden und resümiert: »Vielleicht ist dieses Stück einfach der mündlichen Überlieferung durch Dich vorbehalten.« (JE B 290).
405 Edwin Hartl, Verziertes Haus. In: Die Presse, 9./10. Oktober 1971.
406 Krolow, Verwinkelte Welt, a. a. O.
407 Jürgen Eggebrecht, Penzoldt, der Zeichner, a. a. O.
408 Alle folgende Zitate s. den Briefwechsel Klaus Piper-Jürgen Eggebrecht unter JE B 367.
409 Eggebrecht an Günter Eich und Ilse Aichinger, 07.07.1965 (JE B 100).
410 Eggebrecht an Hermann Kesten, 02.07.1966 (HK B 232).
411 Albrecht Roeseler an Eggebrecht, 22.08.1968 (JE B 367).
412 Brief vom 01.09.1968 (JE B 367).
413 Siegfried Unseld an Eggebrecht, 28.03.1968 (JE B 480).
414 Klaus Piper an Eggebrecht, 30.01.1969 (JE B 367). Unterstreichungen ebd. im Text.
415 Eggebrecht bezieht sich auf seinen Brief an Unseld vom 9. Februar 1969. Darin schreibt er: »Vielleicht mögen Sie den Text, vielleicht aber auch gar nicht? Er erzählt meine Kindheit bis zu meinem 15. Jahr, als der erste Weltkrieg begann.« (JE B 484)
416 Klaus Piper an Eggebrecht, 19.05.1969 (JE B 367).
417 Siegfried Unseld an Eggebrecht, 27.05.1969 (JE B 484).
418 Eggebrecht an Klaus Piper, 25.09.1969 (JE B 367).
419 Klaus Piper an Eggebrecht, 29.09.1969 (JE B 367).
420 Eggebrecht an Klaus Piper, 14.10.1969 (JE B 367).
421 Vgl. Eggebrechts Korrespondenz mit dem Desch Verlag unter JE B 273. Zuvor hatte Eggebrecht das Manuskript noch dem Hanser Verlag angeboten (vgl. JE B 170).
422 Oda Schaefer an Eggebrecht, 04.08.1971 (JE B 416).
423 Eggebrecht an Hermann Kesten, 10.07.1970 (HK B 232).
424 Vgl. Eggebrechts Brief an Mundt vom 15.08.1970 (JE B 273).
425 Ebd. und Mundts Brief an Eggebrecht vom 27.08.1970 (JE B 273).
426 Brief Eggebrechts vom 07.09.1970 (JE B 273).
427 Eggebrecht an Hermann Kesten, 13.12.1970 (HK B 232).
428 Erst die Neuauflage erscheint 1998 unter Eggebrechts ursprünglichem Wunschtitel »Huldigung der nördlichen Stämme«.
429 Eggebrecht an Hermann Kesten, 27.07.1973 (HK B 232).
430 Eggebrecht an Hermann Kesten, 29.07.1974 (HK B 232).
431 Eggebrecht an Hermann Kesten, 13.01.1976 (HK B 232).
432 JE M 163.
433 Eggebrecht an Siegfried Unseld, 09.12.1980 (JE B 484).
434 JE M 228.
435 Eggebrecht an Hermann Kesten, 29.07.1974 (HK B 232).
436 Joachim Kaiser, Preußischer Charme. Zum Tod von Jürgen Eggebrecht. In: SZ, 20.04.1982.
437 Karl Korn, Ein zarter Sänger. Zum Tod von Jürgen Eggebrecht. In: FAZ, 21.04.1982.
438 Reiner Hollmann, Leichte Hand für Pointen. Jürgen Eggebrecht starb mit 83 in der Wahlheimat Bayern. In: Hannoversche Neue Presse, 22.04.1982.
439 Hans-Joachim Werbke, Zeitgenosse jenseits der Zeitlichkeit. Zum Tod von Jürgen Eggebrecht. In: Die NDR-Zeitung, Nr. 27, Mai 1982.
440 Kaiser, Charme, a. a. O.
441 Korn, Sänger, a. a. O.
442 Ohne Titel, JE M 222.
443 Ohne Titel und genaues Datum, JE M 46.

Anhang
Ausführliche Zeittafel

1898	Jürgen Eggebrecht wird am 17. November 1898 als Hennig Heinrich Jürgen Eberhard Eggebrecht in Baben, Kreis Stendal (Altmark), als zweites Kind von Alwine Sophie Dorothee Eggebrecht (geb. Rademacher, 1867–1956) und Heinrich Wilhelm Gottfried Eggebrecht (1861–1941) geboren. Der Vater ist evangelischer Pfarrer zu Baben. Die Taufe findet am 27. Dezember 1898 in der Kirche zu Baben statt.
1915	Ende Januar: Der vier Jahre ältere Bruder Gottfried fällt als 7. Kürassier in Polen
1916	16. November: Eingezogen zur Fußartillerie im Range eines Gefreiten
1917	November: Eggebrecht kämpft in Flandern; Bauchschuss durch eine Granate
1918	17. August: Erhalt des Kriegsprüfungszeugnisses in Salzwedel durch die Königliche Prüfungskommission
1920–1925	Studium der Rechts- und Staatswissenschaften in Greifswald, Innsbruck und Würzburg; Promotion zum Dr. iur.; Bekanntschaft mit Ringelnatz und Martin Raschke in München
1924	Dezember: Verlobung mit Elfi Stiehr, geb. am 4. Januar 1905 in Freising als Elfriede Kathi Herta Martha Emmi Stiehr. Ihr Vater ist der Regierungsrat und Doktor phil. Gustav Karl Friedrich Stiehr (gest. 1940). Ihre Mutter Erna Sophie Wilhelmine Lucie Adolphine Stiehr, geb. Köpcke (1876–1969)
1926	Volontär bei Reinhard Piper in München
	Lernt Klaus Mann auf einem Faschingsfest bei W. E. Süskind in der Rosenbuschstraße kennen
1927	Erste Gedichtveröffentlichungen in der von Klaus Mann und Willi Fehse hg. »Anthologie jüngster Lyrik«, Enoch Verlag Hamburg (Vorwort v. Stefan Zweig; weitere Autoren, die zeitlebens Freunde von Eggebrecht waren: Erich Günter = Günter Eich; Martin Raschke, Willi R. Fehse, Herbert Schlüter, W. E. Süskind)
	Längerer Paris-Aufenthalt
1928	30. August: Heirat mit Elfi Stiehr in München

	Bekanntschaft mit Julius Gescher, der nach dem Tod von Ringelnatz (1934) dessen Frau Muschelkalk heiratet
1928–1933	Durch Vermittlung W. E. Süskinds Lektor der Deutschen Verlags-Anstalt, bis 1930 in Stuttgart (privat wohnhaft: Kelterstraße 57); Lektor von Joseph Breitbach »Rot gegen Rot«; ab 1930 in Berlin (privat wohnhaft: Gaisbergstraße 34); Verlagsadresse DVA: Matthäikirchplatz 2
1930	Februar: Kennenlernen von Günter Eich auf einem Faschingsfest in der Berliner Kurfürstenstraße; Eggebrecht hält Kontakt zum »Kolonne«-Kreis
	»Gefahr voraus! Aufzeichnungen eines Malers« (Übersetzung aus dem Französischen des Buches von Maurice de Vlaminck) erscheint in der DVA. Die erste Zeit wohnt Eggebrecht bei Julius Gescher in der Nürnberger Straße 19
	Lernt Hermann Kesten kennen
1932	Beginn der Freundschaft mit Peter Suhrkamp
1933	1. April: Entlassung aus der DVA, weil Eggebrecht nicht bereit ist, in die NSDAP einzutreten
1934	17. November: Tod von Ringelnatz. Eggebrecht ist mit Gescher und Asta Nielsen einer von neun Teilnehmern der Trauerfeier auf dem Waldfriedhof an der Heerstraße
1935	12. März: Geburt des ersten Sohnes Arne in München
1937	Lernt Horst Lange und Oda Schaefer in Berlin kennen
1938	Umzug nach Eichwalde b. Berlin, Kreis Teltow, Kronprinzenstraße 38 (später: Fontaneallee 38). Bis ca. 1945
1939	1. November: Eingezogen als Kriegsverwaltungsrat, späterer Heereskriegsrat d. Res. und dem OKW als Gruppenleiter III der »Abteilung Inland« überstellt
	Ab August 1942: Verantwortlich für das Buchpapierkontingent der Wehrmacht. Im Rahmen des sog. Frontbuchhandels Herausgabe von über 34 Millionen Feldbüchern: unter anderem Franz Grillparzer »Der arme Spielmann« und Ernst Penzoldt »Korporal Mombour«.
	7. November: Geburt des zweiten Sohnes Jörg in Berlin
1940	Tod des einzigen Schwagers Friedrich (Fritz) Wilhelm Alfred Maximilian Stiehr (1922–1940)
1943	24. November: Martin Raschke fällt in Russland

1945	25. Mai: Julius Gescher stirbt an Scharlach
	Juli: Entlassung von den Amerikanern in Burghausen/Bayern. Eggebrecht siedelt mit seiner Familie zu seinen Eltern nach Warberg über
1946	24. September: Geburt des dritten Sohnes Harald in Helmstedt
1949	24. Juni: Entnazifizierungsurkunde, Oberstaatsanwaltschaft Braunschweig
	Der Gedichtband »Vogelkoje« erscheint im Verlag Ellermann, Hamburg
1949–1951	Freier Mitarbeiter des NWDR, Hamburg, Hannover
1951	Beruflicher Umzug nach Hannover. Seit 1. September: Angestellter in der Abteilung »Kulturelles Wort« des NWDR, späteren NDR; seit 1953 Leiter und Stellvertretender Chefredakteur des Funkhauses Hannover; Wohnhaft zunächst in der Hohenzollernstraße 16, dann in der Hildesheimer Straße 206, Wohnung 86, bis 1959
1955	27. Januar: Ernst Penzoldt stirbt in München
1956	Der Gedichtband »Schwalbensturz« erscheint bei Suhrkamp
	Vorwort zu »Was der Welt ich abgeguckt«. Der Zeichner Ernst Penzoldt
1957	6. Mai: Zusammenbruch bei der Schriftstellertagung/Düsseldorf. Untersuchung in der neurochirurgischen Abteilung Göttingen. Zehnwöchige Kur in Bad Wiessee, danach Aufenthalt in Ascona
1957/58	Wiederaufnahme der Arbeit beim NDR
1958	7. Mai: Aufnahme in das Deutsche P.E.N.-Zentrum der Bundesrepublik
	24. Oktober: Schädeloperation im AK Heidberg; Entfernung eines Keilbeinmeningioms; Aphasie
	24. November – 18. Dezember 1958: Stationäre Behandlung im AK Altona
	Mühsame Wiedererlangung der Sprechfähigkeit
1959	31. März: Tod Peter Suhrkamps in Frankfurt a. M.
	Eggebrecht scheidet aus dem NDR aus
	Umzug nach München in die Wohnung Ungererstraße 30, in der seit 1905 die Familie Stiehr gewohnt hatte (Straßenumbennung 1971: Freystraße 2)

1960–1982	Veröffentlichung unter anderem von Gedichten und Erzählungen in der *SZ*, der *FAZ*, der Schweizer Wochenzeitschrift *Die TAT*; zahlreiche Rundfunkbeiträge; Arbeiten für das III. Programm des NDR; Sendungen für den BR
1962	Dezember: Der Gedichtband »Zeichen der Nacht« erscheint in der Reihe »Der Vier-Groschen-Bogen«. Blätter für zeitgenössische Literatur, Folge 13, hg. vom »Kreis der Freunde«
1963	27. August: Tod von Adolf Grimme
	September/Oktober: Berlin-Aufenthalt auf Einladung der »Berlin-Stiftung für Sprache und Literatur«
1968	1. März: Georg von der Vring stirbt in München
1971	Die Kindheitserinnerungen »Vaters Haus. Huldigung der nördlichen Stämme« erscheinen im Verlag Kurt Desch (Wiederschienen 1998 unter dem ursprünglich von Eggebrecht gewünschten Buchtitel: »Huldigung der nördlichen Stämme«. Mit einer Einleitung von Sten Nadolny. Nicolai Verlag Berlin)
	6. Juli: Tod von Horst Lange in München
1972	November: Tod von Georg Schneider
	20. Dezember: Günter Eich stirbt in Salzburg
1973	17. Oktober: Tod von Ingeborg Bachmann in Rom
1975	Der Gedichtband »Splitterlicht« erscheint im Suhrkamp Verlag
	2. Oktober: Verleihung des Verdienstkreuzes am Bande des Verdienstordens der Bundesrepublik Deutschland
1980	29. Februar bis 2. März: Teilnahme am V. Schriftstellerkongress des VS in München. Letzte öffentliche Lesung
1981	11. Dezember: Verdiensturkunde der Università delle Arti, Salsomaggiore Terme, Italien
1982	19. April: Stirbt um 3:20 Uhr im Städtischen Krankenhaus München-Schwabing

Bibliografie Jürgen Eggebrecht

Buchpublikationen

De Vlaminck, Maurice, Gefahr voraus! Aufzeichnungen eines Malers (Übersetzung aus dem Französischen von Jürgen Eggebrecht). Stuttgart 1930. (Wieder erschienen Stuttgart 1959 unter dem Titel »Gefährliche Wende«)

Die Vogelkoje. Gedichte. Hamburg 1949.

Schwalbensturz. Gedichte. Frankfurt a. Main 1956.

Zeichen in der Nacht. Gedichte (Vier-Groschenbogen 13. Folge). Dülmen 1962.

Vaters Haus. Huldigung der nördlichen Stämme. München 1971. (Wieder erschienen Berlin 1998 unter dem Titel »Huldigung der nördlichen Stämme«. Mit einer Einführung von Sten Nadolny)

Splitterlicht. Gedichte. Ausgewählt aus neuen Gedichten und mit einem Nachwort von W. D. Bach. Frankfurt a. M. 1975.

Beiträge in Buchpublikationen

Die Grazien; Moose; Die Sirenen; Tiersymbolik; Die Uhr; Vergil; Vogelzeichen; In: Bahlsen, Gerhard (Hg.), Das Fünfminuten Lexikon. München 1953, S. 78–80; S. 125–127; S. 168–169; S. 177–179; S. 188–189; S. 204–207, S. 207–209.

Ernst Penzoldt, der Zeichner. In: Penzoldt, Ernst, Was der Welt ich abgeguckt. München 1956, S. 5–11.

Schiff hinter Grünau. In: Reifenberg, Benno und Wolfgang Weyrauch (Hg.), Federlese. Ein Almanach des Deutschen P.E.N.-Zentrums der Bundesrepublik. München 1967, S. 15–21.

Erinnerung an Ringelnatz. In: Schaefer, Oda (Hg.), Schwabing. Verliebt, verrückt, vertan. Vers und Prosa von 1900 bis heute. München 1972, S. 134–135.

Adressenänderung. In: Unseld, Siegfried (Hg.), Günter Eich zum Gedächtnis. Frankfurt a. M. 1973, S. 22–25.

Kein Geheimnis; Bestätigung; Tannenzapfen; Erster Mobilmachungstag; Der Soldat; Fazit; Fahrten; Melancholie; Was aber sonst?; Robert Walser; Sauerbruch, gemalt von Max Liebermann; Lawrence Sterne nach Reynolds. In: Engelmann, Bernt (Hg.), Bestandsaufnahme. V. Schriftstellerkongress VS. München 1980, S. 44–51.

Als Fremdling aufgenommen. In: von Frankenstein, Norbert (Hg.), Hannover in alten und neuen Reisebeschreibungen. Düsseldorf 1991, S. 178 bis 180. Wiederabdruck aus: Als Fremdling aufgenommen. In: Lauenroth, Heinz (Hg.), Hannover. Gesicht einer lebendigen Stadt. Hannover 1955.

Beiträge in Zeitungen und Zeitschriften/Prosa

Werner Beumelburg. Seine Aufgabe und sein Werk. In: Die Neue Literatur 5, 1935, S. 252–260.

Ina Seidel, Lennacker. Das Buch einer Heimkehr. In: Deutsche Zukunft, 06.11.1938, S. 14, 15. [Rezension]

Hans Brandenburg, Vater Öllendahl, Roman einer Familie. In: Deutsche Zukunft, 04.12.1938, S. 26. [Rezension]

Paul Fechter, Die Gärten des Lebens. In: Deutsche Zukunft, 17.12.1939. [Rezension]

Unvergängliches aus der Weltliteratur. In: Grimme, Adolf (Hg.), Die Schule. Monatsschrift für geistige Ordnung. H. 11 (November 1946), S. 20–21. [Rezension]

Sie nannte sich Paulinchen. In: Kasseler Zeitung, 24.09.1949. [Kurzprosa]

Ein südamerikanischer Napoleon. Katharina von Dombrowski, Land der Frauen. Roman eines untergegangenen Volkes. In: HAZ, 23.12.1949. [Rezension]

Alfred Döblin – ein Chronist unserer Leiden. In: HAZ, 10.01.1950. [Rezension]

Die Herrschaft der Vernunft. Paul Hazard, Die Herrschaft der Vernunft. Das europäische Denken im 18. Jahrhundert. In: HAZ, 14.01.1950. [Rezension]

Die Heimkehr. In: FAZ, 15.09.1951. [Erzählung]

Du und das Gedicht. In: Eßlinger Zeitung, 03.05.1952. [Feuilleton]

Merkwürdiges Gesicht. In: FAZ, 28.01.1954. [Anekdote]

Das Tribunal. In: Welt der Arbeit, 10.12.1954. [Feuilleton]

Das Wagnis des Gesprächs. In: FAZ, 22.12.1954. [Feuilleton]

Der Backofen. In: FAZ, 28.05.1960. [Erzählung]

Der Tod des Erzählers und seine Wiederauferstehung. In: NZZ, 21.04.1961. [Feuilleton]

Die Agende. In: FAZ, 24.02.1962. [Erzählung]

Die Schauspielschule. In: FAZ, 28.06.1966. [Anekdote]
Der posthume Goethe. In: Rhein-Neckar-Zeitung, 17./18.12.1966. [Anekdote]
Günter Eich zum 60. In: Rhein-Neckar-Zeitung, 13.02.1967.
Georg Schneider zum 65. In: Die Tat, 15.04.1967.
»Seismograph zu sein«. Zum Kurt-Wolff-Briefwechsel. In: Rhein-Neckar-Zeitung, 06./07.05.1967. [Rezension]
Der posthume Goethe. In: Die Tat, 27.05.1967. [Anekdote]
Ernst Penzoldt zum 75. Geburtstag: In: Die Tat, 06.06.1967.
Erinnerung an Ernst Penzoldt. Zum 75. Geburtstag des Dichters. In: Rhein-Neckar-Zeitung, 14.06.1967.
Die Schauspielschule oder die Lehre vom Stil. In: Die Tat, 01.07.1967. [Anekdote]
Die drei Karten. In: HAZ, 12.02.1968. [Erzählung]
Georg von der Vring zum Gedächtnis. In: Die Tat, 16.03.1968. [Gedicht]
Die Agende. Eine Kindheitserinnerung. In: Die Tat, 06.07.1968 [Erzählung]
Paris, Paris. In: HAZ, 05./06.10.1968. [Anekdote]
Zwei sind eine Macht. In: HAZ, 09./10.11.1968. [Erzählung]
Bittschön, gehört das Ihnen? In: HAZ, 28./29.12.1968. [Anekdote]
Die Zigeuner, In: Die Tat, 21.06.1969. [Erzählung]
Tod am Mittag. Eine Erinnerung. In: SZ, 31.10./01./02.11.1969 [Erzählung]
Nach verschollenen Noten. Gedichte von Georg Schneider. In: HAZ, 10./11.11.1969.
Auf nach Reykjavik. In: Die Tat, 13.12.1969 [Kurzprosa]
Sein Homer. In: Die Tat, 10.01.1970. [Erzählung]
Eine Freundschaft. In: Die Tat, 27.06.1970. [Erinnerung]
Der Tod des Erzählers und seine Wiederauferstehung. In: Die Tat, 20.01.1971. [Feuilleton]
Zwei sind eine Macht. In: Die Tat, 20.02.1971. [Erzählung]
Meister des Unsagbaren. In: Neue HP, 01.02.1972.
Georg Schneider zum 70. In: Frankenland. Zeitschrift für das Frankenvolk und seine Freunde, April 1972.
Adressenänderung. Für Günter Eich. In: Die Tat, 03.02.1973.

Adressenänderung. Für Günter Eich. In: FAZ, 05.02.1973.
Und Janos tanzte auf dem Seil. In: HAZ, 02.08.1873. [Erzählung]
Erinnerung an Georg Schneider. In: Die Tat, 15.09.1973.
Hermann Kesten, Revolutionäre mit Geduld. In: Die Tat, 22.12.1973 [Rezension]
Über Günter Eich. Eine Erinnerung – ein Jahr nach seinem Tod. In: SZ, 22./23.12.1973.
Johannes Aventinus – Baierische Chronik. In: Die Tat, 28.11.1975. [Rezension]
Hans Walter – Das Heraion von Samos. Ursprung und Wandel eines griechischen Heiligtums. In: Die Tat, 17.12.1976. [Rezension]

Beiträge in Zeitungen und Zeitschriften/Lyrik

Herbst. In: Münchner Neueste Nachrichten, 10.09.1933.
Ende Februar. In: Die Neue Zeitung, 25.02.1952.
Vom Süllberg abends. In: HP, 12.03.1953.
Einsicht. In: HP, 20.03.1953.
Die Lilie. In: Die Zeit, 09.04.1953.
Der Lauthalsbläser. In: Die Neue Zeitung, 15.07.1953.
Junger Brief. In: Die Neue Zeitung, 28.10.1953.
Der Pferdeknecht. In: FAZ, 02.02.1954.
Liebesbrief im Winter. In: Die Neue Zeitung, 19.02.1954.
Der Mond. In: FAZ, 13.07.1954.
Parasol; August. In: Akzente. Eine Zeitschrift für Dichtung. Hg. von Walter Höllerer und Hans Bender. 4/1954, S. 301.
Liebespaar. In: FAZ, 30.10.1954.
Carmin. In: FAZ, 01.11.1954.
Meine Schritte wohin? In: FAZ, 28.12.1954.
Der Karpfen. In: Die Zeit, 24.02.1955.
Gestirn. In: Die Zeit, 24.03.1955.
Sonett. In: FAZ, 18.05.1955.
Einsicht. In: HAZ, 19.05.1955.
Junger Brief. In: FAZ, 21.09.1955.
Am Kohlstättenweg. In: FAZ, 21.09.1955.
Die Terz. In: FAZ, 25.10.1955.
Der Drachen. In: Die Zeit, 03.11.1955.
Der Pferdeknecht. In: Die Zeit, 05.01.1956.
Wir Rothäute. In: Die Zeit, 19.01.1956.
Der dicke Mann. In: Die Freie Stunde. (Für alle Sparer). 2/1956.

Der Teppich. In: Die Zeit, 19.04.1956.
Die Farben. In: FAZ, 18.05.1956.
Großer Bär. In: HAZ, 17.08.1956.
Aber wie lange noch? In: Südkurier, 05.04.1958.
Der Mond. In: Sozialdemokratischer Pressedienst, 14.11.1958.
So Tag für Tag. In: FAZ, 19.10.1959.
Freunde. In: FAZ, 16.03.1960.
Mutter singt. In: Die Welt, 11.05.1963.
Grasgarten. In: Fremdenverkehrsverband Seefeld (Hg.), Seefeld-Tirol. Kur- und Reisezeitung H. 20 (1963), S. 18.
Der Kuckuck. In: Fremdenverkehrsverband Seefeld (Hg.), Seefeld-Tirol. Kur- und Reisezeitung H. 21 (1966), S. 19.
Liebesbrief im Winter; Jetzt zur Weihnachtszeit. In: Die Tat, 17.12.1966.
Bethlehem. In: Die Tat, 24.12.1966.
Schneeglöckchen. In: Rhein-Neckar-Zeitung, 25./26.02.1967.
Schneeglöckchen. In: Die Tat, 10.03.1967.
Gedenkstein. In: Die Tat, 28.10.1967.
Ende Oktober. In: Rhein-Neckar-Zeitung, 28./29.10.1967.
Gedenkstein; Zum Express. In: FAZ, 04.12.1967.
Weihnachten. In: Die Tat, 22.12.1967.
Weihnachten. In: FAZ, 23.12.1967.
Zeit. In: FAZ, 09.03.1968.
Georg von der Vring zum Gedächtnis. In: Die Tat, 16.03.1968.
Nachsommer; Mit einem Satz. In: Die Tat, 05.10.1968.
Endymion. In: Die Tat, 07.12.1968.
Steigende Nebel. In: Die Tat, 10.05.1969.
Liebesbrief an Ulla. In: FAZ, 23.05.1969.
Im Oktober. In: Die Tat, 01.11.1969.
Liebeslied im Winter. In: HAZ, 27./28.12.1969.
Der Nacht voraus. In: HAZ, 18./19.4.1970.
Spätes Liebesgedicht. In: Die Tat, 17.10.1970.
Bauerngarten. In: Die Tat, 14.11.1970.
Herbst kam herauf; Weihnachten. In: Die Tat, 25.12.1970.
Im Januar. In: Die Tat, 30.01.1971.
In jede Zukunft. In: Die Tat, 20.02.1971.
Im Anschaun. In: Die Tat, 06.03.1971.
Wiederkehr am Aetna. In: Die Tat, 26.06.1971.
Lea, In: Die Tat, 07.08.1971.
Herbstlied, In: Die Tat, 16.09.1971.
Über Länder. In: Die Tat, 13.11.1971.

Thema. In: Die Tat, 05.02.1972.
Verwandelte Nacht. In: Die Tat, 12.02.1972.
Der Jüngling. In: Die Tat, 19.02.1972.
Frieden. In: Die Tat, 26.02.1972.
Erfüllung. In: Die Tat, 04.03.1972.
Mückentanz. In: Die Tat, 11.03.1972.
Vergessenheit wie nie. In: Die Tat, 26.08.1972.
Die Farben. In: Fremdenverkehrsverband Seefeld (Hg.), Seefeld-Tirol. Kur- und Reisezeitung H. 22 (1972), S. 11.
Für Georg Schneider. In: Die Tat, 02.12.1972.
Altglashütten. In: Die Tat, 09.12.1972.
Adressentausch. In: Die Tat, 20.01.1973.
Schauinsland. Für Günter Eich. In: Die Tat, 03.02.1973.
Liebesbrief für Elfi. In: Die Tat, 24.02.1973.
Rufer. In: Die Tat, 20.10.1973.
Im Sauerstoffzelt. Für Ingeborg Bachmann. In: Die Tat, 27.10.1973.
Augenblickslang. In: Die Tat, 23.12.1973.
Abschnitte. In: Lobenstein, Walter (Hg.), Wegwarten, H. 49 (Winter 1973/74), S. 9.
Nächster Tag. In: Die Tat, 02.02.1974.
Raben. In: Die Tat, 16.03.1974.
Aufstieg. In: Die Tat, 30.03.1974.
Robert Walser. In: Die Tat, 12.10.1974.
Winterzeiten. In: Die Tat, 07.12.1974.
Neujahr. In: Die Tat, 28.12.1974.
Facit. In: Die Tat, 27.06.1975.
Geschenk. In: Die Tat, 21.11.1975.
Mobile. In: Die Tat, 12.12.1975.
Commedia dell'Arte. In: Die Tat, 16.01.1976.
Am Wasser. In: Die Tat, 25.03.1976.
Paralipomenon. In: Lobenstein, Walter (Hg.), Wegwarten, H. 58 (Frühling 1976), S. 18.
Zu Häupten Wildgänse. In: Die Tat, 27.08.1976.
Der Gesang Rosa. In: Die Tat, 25.11.1976.
Obertöne. In: Die Tat, 24.12.1976.
Kindheit. In: Die Tat, 18.02.1977.
Vorgebirge. In: Die Tat, 25.02.1977.
Ausstellung. In: Die Tat, 18.03.1977.
Hyazinthe. In: Lobenstein, Walter (Hg.), Wegwarten, H. 66 (Frühling 1978), S. 10.
Alter; Weihnachten; In kleiner Schneewehe. In: Lobenstein, Walter (Hg.), Wegwarten, H. 69 (1978/79), S. 7, S. 9.
Liebesbrief. In: Lobenstein, Walter (Hg.), Wegwarten, H. 70 (1979), S. 11.

Winter. In: Lobenstein, Walter (Hg.), Wegwarten, H. 72 (Herbst 1979), S. 6.
Chiffre. In: Lobenstein, Walter (Hg.), Wegwarten, H. 7 (1981), S. 2.
Futur; Aussicht. In: Lobenstein, Walter (Hg.), Wegwarten, H. 8 (1981), S. 23.
Abschnitte. In: Lobenstein, Walter (Hg.), Wegwarten 82 (1982), S. 14.

Gedichte in Anthologien/Büchern

Der Leuchtturmwächter; Auf der Wanderschaft; Atem, ein Hauch nur, streift; Christus der Jüngling. In: Fehse, Willi R. und Klaus Mann (Hg.), Anthologie jüngster Lyrik. Mit einem Geleitwort von Stefan Zweig. Hamburg 1927, S. 16–19.
Gestaltwandel; Unsere liebe Frau (für Elfi Stiehr geschrieben); Alte Liebe; Bitte; St. Germain en Lare; Landschaft; Es wird Nacht; In Paris (für W. E. Süskind). In: Heuschele, Otto (Hg.), Junge deutsche Lyrik. Stuttgart 1928, S. 63–69.
Zur Nacht; Der Lauthalsbläser. In: Fehse, Willi R. (Hg.), Neue deutsche Lyrik. Kevelaer 1955, S. 11.
Roggenmuhme; Der dicke Mann. In: Fehse, Willi R. (Hg.), Deutsche Lyrik der Gegenwart. Stuttgart 1955, S. 54, 55.
Einsicht; Unterwegs; Die Wachtel. In: Dichten und Trachten. Jahresschau des Suhrkamp Verlages. Frankfurt a. M. 1958, S. 86–87.
Mein Rabe; Bunter Oktober. In: Bender, Hans (Hg.), Widerspiel. Deutsche Lyrik seit 1945. München 1962, S. 75, 76.
Mutter singt. In: Brückner, Christine (Hg.), An mein Kind, Deutsche Gedichte des 20. Jahrhunderts. Berlin 1962, S. 29.
Wohin? Nachts. In: Kulturkreis im Bundesverband der deutschen Industrie (Hg.), Jahresring 64/65. Beiträge zur deutschen Literatur und Kunst der Gegenwart. Stuttgart 1964, S. 105.
Finkelnanger. In: Hädecke, Wolfgang und Ulf Miehe (Hg.), Panorama moderner Lyrik deutschsprechender Länder. Von der Jahrhundertwende bis zur jüngsten Gegenwart. Gütersloh 1966, S. 289.
De söte Kost. In: Arnold, Heinz-Ludwig (Hg.). Dein Leib ist mein Gedicht. Anthologie erotischer Gedichte Bern 1970, S. 233.
August. In: Lindemann, Gisela (Hg.), Epochen der deutschen Lyrik. 1900–1960. Nach den Erstdrucken in zeitlicher Folge. Zweiter Teil. München 1974, S. 394.
Roggenmuhme; Die Möwe; Bunter Oktober. In: Bender, Hans (Hg.), Deutsche Gedichte 1930 bis 1960. Stuttgart 1983, S. 189–191.

Rundfunksendungen

Da viele Angaben von den Rundfunkanstalten im Laufe der Jahre gelöscht worden sind, entspricht die Zahl der Sendungen nicht den tatsächlich gesendeten Beiträgen Jürgen Eggebrechts. Die Auflistung richtet sich nach den im Nachlass in der *Monacensia* München zu ermittelnden Sendungen sowie einer Anfrage an das Deutsche Rundfunkarchiv. Das angegebene Datum stellt das Erstsendedatum dar. Sollte es sich um das Aufnahme-/Produktionsdatum handeln, ist dies im Einzelfall angegeben. Bei Sendungen mit mehreren Beiträgern wurden alle namentlich erwähnt. Allerdings wurde nur der Beitrag von Jürgen Eggebrecht mit Titel aufgeführt. Auf die Nennung des zuständigen Redakteurs, der zuständigen Redaktion wurde ebenso verzichtet wie auf die Nennung des genauen Produktionsortes, der Dauer der Sendung und der Angabe, ob es sich bei manchen Beiträgen um Umschnitte handelt. All dies hätte den Rahmen der Auflistung bei weitem gesprengt. Die zahlreichen Sendungen, in denen Eggebrecht Bücher besprochen hat, wurden ohne Angaben der Bücher aufgenommen. Im Nachlass befinden sich zudem zahlreiche Funkmanuskripte ohne Angabe eines Sendedatums. Sie wurden hier nicht aufgeführt.

NWDR/NDR

09.05.1951: Werke von Wilhelm Busch und Jürgen Eggebrecht (Der Kuckuck).
03.08.1951: Jürgen Eggebrecht liest eigene Gedichte: Karpfen/Die Lilie/Sommer vorbei/Der Elm.
23.10.1951 – 23.10.1952: Du und die Zeit [29. Folgen].
20.01.1952: Buchbesprechung.
13.04.1952: Einleitung zum Gespräch am runden Tisch: Der Einzelne und die Mächte.
13.04.1952: Einleitung zum Gespräch am runden Tisch: Der Einzelne und die Mächte.
24.5.1952 (Aufn.-/Prod.datum): Autoren des Nachtprogramms erzählen Stegreifgeschichten (Peter Bamm, Gregor von Rezzori, Norbert Jacques,

- Jürgen Eggebrecht). Jürgen Eggebrecht: »Bettler in Paris«.
- 15.06.1952: Jürgen Eggebrecht liest eigene Gedichte: Auf, Apollon!/Frühling im Tessin/Die Farben/Mondesaufgang.
- 11.08.1952: Die Musen.
- 23.11.1952: Acht Gesänge vom Tod – von Jürgen Eggebrecht.
- 23.11.1952: Betrachtung zum Totensonntag.
- 10.12.1952: Bücherschau.
- 26.12.1952: Post Festum – Eine Betrachtung von Jürgen Eggebrecht.
- 28.01.1953: Buchbesprechung
- 21.02.1953: Jürgen Eggebrecht liest sein Gedicht »Bei der Nacht«.
- 18.03.1953: Vorwort zur Sendung »Stimmen der Dichter«.
- 18.03.1953: Buchbesprechung.
- 25.03.1953: Buchbesprechung.
- 03.04.1953: Warum hast du mich verlassen – Gedichte von Jürgen Eggebrecht. Gelesen von Hermann Schomberg, Bernhard Minetti, Kurt Ehrhardt.
- 21.04.1953: Buchbesprechung.
- 14.05.1953: Anekdoten aus einer heiteren Stadt. Ein Reisebericht aus Paris von Jürgen Eggebrecht.
- 24.08.1953: Einführung zu Ludwig Curtius Vortrag: Archäologie – Aufgaben und Arbeiten des Deutschen Archäologischen Instituts in Rom.
- 24.09.1953: Buchbesprechung.
- 27.10.1953: Buchbesprechung.
- 04.11.1953: Buchbesprechung.
- 27.11.1953: Einführung zum Eugen Roth-Abend.
- 15.12.1953: Buchbesprechung.
- 02.02.1954: Buchbesprechung.
- 05.03.1954: Einleitung zur Sendung »Hermann Kesten, Meine Freunde, die Poeten«.
- 07.03.1954: Zum 75. Geburtstag von Otto Hahn. Einführung von Jürgen Eggebrecht. (Mit Werner Heisenberg, Lise Meitner)
- 10.03.1954: Die Verluste der öffentlichen Kunstsammlungen in Mittel- und Ostdeutschland 1943–1946. Kommentar von Jürgen Eggebrecht.
- 14.03.1954: Zum 75. Geburtstag von Albert Einstein. Einleitung von Jürgen Eggebrecht.
- 31.03.1954: Buchbesprechung.
- 04.04.1954: Einleitung der Sendereihe »Nächtliche Zwiegespräche«.
- 08.04.1954: Buchbesprechung.
- 23.04.1954: Ostfriesland. Ein Hörbild.
- 25.04.1954: Das Wagnis des Gesprächs.
- 26.04.1954: Zum Tode des Verlegers Eugen Claassen am 25.04.1954.
- 15.07.1954: Nächtliches Zwiegespräch: Gerhart Herrmann Mostar und Jürgen Eggebrecht: Über die Todesstrafe/Über das Benehmen der Deutschen im Ausland.
- 15.08.1954: Aus neuen Reisebüchern.
- 10.10.1954: Aus neuen Büchern.
- 28.10.1954: Was steht hinter A-I? Überlegungen zur neuen Ausgabe des »Grossen Brockhaus«
- 02.11.1954: Einleitung zur Sendereihe »Das Tribunal«.
- 03.11.1954: Für und wider zu neuen Büchern: Thomas Manns »Felix Krull«; Gesprächsleitung: Jürgen Eggebrecht; Gesprächspartner: Ernst Penzoldt, Karl August Horst.
- 23.11.1954: Aus Anlass von Von der Vrings »Kleiner Faden blau«.
- 14.12.1954: Buchbesprechung.
- 15.12.1954: Kleine Geschenkbücher.
- 12.01.1955: Das Tribunal: Kulturspiegel.
- 09.02.1955: Das Tribunal: Kulturspiegel.
- 01.05.1955: Die Wochenchronik.
- 08.05.1955: Die Wochenchronik.
- 22.05.1955: Die Wochenchronik.
- 29.05.1955: Die Wochenchronik.
- 06.06.1955: Glückwunsch an Thomas Mann.
- 14.08.1955: Zum Tode von Thomas Mann.
- 16.08.1955: Zum Tode von Thomas Mann. Nachruf von Jürgen Eggebrecht.
- 19.08.1955: Zum Tode von Thomas Mann. Ein erster kritischer Versuch über sein Werk.
- 13.09.1955: Tribunal der Literatur.
- 01.11.1955: Die Manesse-Bibliothek.
- 07.12.1955: Das Tribunal – Von neuen Büchern.
- 12.12.1955: Das Tribunal – Von neuen Büchern.
- 20.12.1955: Buchbesprechung.
- 30.01.1956: Kalender 1956.
- 03.02.1956: Die Verwandlung. Anekdote.
- 20.02.1956: Das Tribunal – Von neuen Büchern.
- 05.06.1956: Celle – poetisch gesehen.
- 06.09.1956: Von neuen Büchern.
- 23.09.1956: Einleitung zur Sendung »Das Buch 1956«.
- 23.10.1956: Friedrich Bischoff liest aus »Wassermann«. Einleitende Worte von Jürgen Eggebrecht.

06.11.1956: Jürgen Eggebrecht liest eigene Gedichte: Meine Schritte wohin?/Verwandtschaft/Der Kuckuck/Sonnenblume/Der blaue Fisch/Die Wachtel/Für meinen Freund »C«/Einsicht/Belebtes Holz/Bunter Oktober/Februar/Der Lauthalsbläser.

6.12.1956: Eine Würdigung zum 55. Geburtstag von Werner Heisenberg. Jürgen Eggebrecht spricht die Glückwünsche des NDR, Carl Friedrich von Weizsäcker würdigt Heisenberg.

17.01.1957: Autoren des Nachtprogramms erzählen Stegreifgeschichten (Gregor von Rezzori, Peter Bamm, Jürgen Eggebrecht). Jürgen Eggebrecht: »Französischer Marquis« und »Gipsgießer Fröhlich«.

20.01.1957: Friede durch den Mut. Zum 60. Geburtstag von Max Tau.

21.01.1957. Von Jahr zu Jahr. Jürgen Eggebrecht gibt einen Überblick über neue Kalender.

23.01.1957: Autoren des Nachtprogramms erzählen Stegreifgeschichten (Siegfried Lenz, Ernst Schnabel, Jürgen Eggebrecht). Jürgen Eggebrecht: »Zugbekanntschaft«.

26.01.1957: Kuriose Erlebnisse mit Joachim Ringelnatz. Jürgen Eggebrecht erzählt von Ringelnatz.

27.01.1957: Ägäische Inselreise. Schlusswort von Jürgen Eggebrecht zu der achtteiligen Sendereihe Peter Bamms.

03.03.1958: Epitaph für Martin Raschke.

18.03.1958: Siegfried von Vegesack zum 70. Geburtstag.

21.04.1958: Einführung zu »Träume – Aphorismen von G. Chr. Lichtenberg«.

17.11.1958: Peter Bamm zum 60. Geburtstag von Jürgen Eggebrecht/Jürgen Eggebrecht liest ausgewählte Gedichte.

29.08.1961: Das literarische Porträt. Hermann Mostar zum 60.

11.10.1964: Zum Lesen empfohlen: Horst Lange »Die Schwarze Weide«. Mit einer Einführung von Jürgen Eggebrecht.

17.11.1968: Korrespondenz – neue Gedichte von Jürgen Eggebrecht. Lesung mit einer Einführung von Peter Bamm.

30.07.1969: Der Ring. Essay von Jürgen Eggebrecht.

21.11.1969: Jürgen Eggebrecht liest »Die Zigeuner«.

17.05.1971: Zu Willi Fehses 65. Geburtstag.

17.4.1975: Jürgen Eggebrecht liest eigene Gedichte: Posthorn/Krankenhaus/Soviel Zuversicht/Das Enkelchen/Für Ingeborg Bachmann/Erinnerung an Göttingen/Sprache/Ostern/Die Auferstehung.

07.11.1978: Der Onkel Arthur, Der Rest – Jürgen Eggebrecht liest seine Texte.

29.02.1980: Anthologie live – Autorenlesung anlässlich des 5. Schriftstellerkongresse des VS. Mitschnitt im Hofbräuhaus München. Jürgen Eggebrecht liest: Kein Geheimnis; Bestätigung; Tannenzapfen; Erster Mobilmachungstag; Der Soldat; Fazit; Fahrten; Melancholie; Was aber sonst?; Robert Walser; Sauerbruch, gemalt von Max Liebermann; Lawrence Sterne.

BR

16.11.1964 (Aufn.-/Prod.datum): Jürgen Eggebrecht zum 30. Todestag von Joachim Ringelnatz.

09.06.1965 (Aufn.-/Prod.datum): Erinnerung an Thomas Mann.

26.01.1966 (Aufn.-/Prod.datum): Jürgen Eggebrecht: Friedrich Bischoff im 2. Weltkrieg.

23.03.1966: Zum 75. Geburtstag von Peter Suhrkamp.

14.06.1967 (Aufn.-/Prod.datum): Zum 75. Geburtstag von Ernst Penzoldt.

14.04.1972: Zum 70. Geburtstag von Georg Schneider.

WDR

13.08.1962: Huldigung an die nördlichen Stämme. Erzählung von Jürgen Eggebrecht.

26.03.1963: Mein Paulinchen – Eine Geschichte von Jürgen Eggebrecht.

SDR/SWF

28.12.1959: Georg von der Vring zum 70. Geburtstag.

05.05.1960: Die Heimkehr; Paulinchen. Zwei Geschichten von Jürgen Eggebrecht.

15.08.1962: Kinderkrankheit. Eine Jugenderinnerung von Jürgen Eggebrecht.

17.11.1963: Die Schauspielschule; Der posthume Goethe.

24.11.1963: Die neun Gedichte vom Tode.

01.02.1965: Schiff hinter Grünau. Erzählung von Jürgen Eggebrecht.

14.02.1965: Ernst Penzoldt zum 10jährigen Todestag.

23.01.1966: Der kaputte Globus. Erzählung von Jürgen Eggebrecht.

Über Jürgen Eggebrecht

18.11.1971 (Radio Bremen): Neues vom Büchermarkt (Elisabeth Castonier, Das seltsame Muster; Jürgen Eggebrecht, Vaters Haus; Johannes Urzidil, Morgen fahr ich heim). Von Joachim Schondorff.

30.01.1972 (NDR): Bücher, die mir auffielen (Jürgen Eggebrecht, Vaters Haus; Hans Bender, Aufzeichnungen einiger Tage; Wolfgang Weyrauch, Wie geht es Ihnen?). Von Hermann Kesten.

14.2.1973 (NDR): Zum 75. Geburtstag von Jürgen Eggebrecht. Von Christian Gneuss.

11.11.1978 (NDR): Zum 80. Geburtstag von Jürgen Eggebrecht. Von Christian Gneuss.

20.04.1982 (NDR): Übrig bleibt nur das verdächtige Herz. Nachruf auf Jürgen Eggebrecht. Von Wolf Dieter Bach.

16.12.1984 (NDR): Liege an dieser Wand voller Rätselsprüche – Porträt des Lyrikers Jürgen Eggebrecht von Rolf Strube.

17.11.1998 (NDR): Jürgen Eggebrecht. Huldigung der nördlichen Stämme. Mit einem Vorwort von Sten Nadolny. Rezension von Wilhelm Heinrich Pott.

Fernsehsendungen Südwestrundfunk Baden-Baden

22.12.1956: Weihnachtlicher Büchertisch (mit W. E. Süskind).

15.12.1957: Weihnachtlicher Büchertisch.

Rezensionen zu Jürgen Eggebrecht
(Chronologisch, nur längere Artikel)

Vogelkoje 1949
Fehse, Willi, Ein Halbdutzend Gedichtbände. In: Literarische Welt, 25.11.1952.

Schwalbensturz 1956
Krolow, Karl, Kleiner Zauberspiegel. In: Rheinische Post, 05.05.1956.

Rasche, Friedrich, Panorama des modernen Gedichts. Benns »Gesammelte Gedichte« und Hinweise auf andere neue Versbücher. In: HP, o. D.

H. B., Das Gedicht. In: Rheinischer Merkur, 06.07.1956.

B. H., Terz des Schönen. Neue Gedichte von Jürgen Eggebrecht. In: HAZ, 17.08.1956.

Heselhaus, Clemens, Falter, Schwalben und Windhühner. In: FAZ, 17.11.1956.

Lenz, Siegfried, Geheimnis und Trauer. Sonntagsblatt, 02.12.1956.

Kästner, Erhart, Zwei Dichter. In: Schwäbische Landeszeitung, 09.02.1957.

Eich, Günter, Schwalbensturz. Ein Gedichtband von Jürgen Eggebrecht. Typoskript im Nachlass Marbach. Eine Veröffentlichung ist sicher.

Vaters Haus 1971
Michael, Friedrich, Jener Juli. Jürgen Eggebrechts Erinnerungen. In: FAZ, 08.09.1971.

Fehse, Willi, Jürgen Eggebrecht: Vaters Haus. Huldigung der nördlichen Stämme. In: Badische Neueste Nachrichten, 12.09.1971.

Ders., Jürgen Eggebrecht: Vaters Haus. Huldigung der nördlichen Stämme. In: Wiesbadener Kurier, 08.10.1971.

Hartl, Edwin, Verziertes Haus. In: Die Presse, 09./10.10.1971.

Kesten, Hermann, Mit Märchenmantel und Zauberstab. Jürgen Eggebrecht erzählt von seines Vaters Haus. In: SZ, 13.10.1971.

Krolow, Karl, Verwinkelte Welt von einst. Erzählungen von Jürgen Eggebrecht. In: Die Welt, 04.11.1971.

Kesten, Hermann, Auf dem Trapez der Phantasie. Das anmutige und absonderliche Bravourstück eines Poeten. In: Nürnberger Nachrichten, 05.11.1971.

Ders., Preußen Glanz und Gloria. In: Kölner Stadt-Anzeiger, 01.12.1971.

A. v. d. B., Den nördlichen Stämmen gehuldigt. In: Mannheimer Morgen, 02.12.1971.

Schneider, Georg, Jürgen Eggebrecht: Vaters Haus. Huldigung der nördlichen Stämme. In: Die Tat, 04.12.1971.

Splitterlicht 1975
Linsmayer, Charles, »Du wirst die Lösungen hören, wenn du schläfst«. Überlegungen zu Jürgen Eggebrechts Gedichtsammlung »Splitterlicht«. In: Die Tat, 27.06.1975.

Piontek, Heinz, Licht des Erinnerns. Späte Gedichte von Jürgen Eggebrecht. In: NZZ, 12./13.07.1975.

Piontek, Heinz, Das verdächtige Herz. Zeitgenössische Lyrik bis zur Schallgrenze. In: Rheinischer Merkur, 22.08.1975.

HULDIGUNG DER NÖRDLICHEN STÄMME 1998
Strube, Rolf, Indianer im Land des Großen Kurfürsten. Wiederentdeckt: Jürgen Eggebrechts »Huldigung der nördlichen Stämme«. In: Der Tagesspiegel, 08.11.1998.
Müller, Lothar, Verständige Zauberei. Zerzupfter Dunst: Jürgen Eggebrechts Wörterbuch der Kindheit. In: FAZ, 17.11.1998.
Schirnding, Albert von, Mittendrin in der Geschichte. Zur Neuausgabe des Erinnerungsbuches von Jürgen Eggebrecht, der heute hundert Jahre alt würde. In: SZ, 17.11.1998.
Kahrs, Axel, Jürgen Eggebrecht, Huldigung der nördlichen Stämme. Mit einem Vorwort von Sten Nadolny. In: Altmark-Blätter, 27.02.1999.

Über Jürgen Eggebrecht in Zeitungen und Zeitschriften
Ra., 36. Buchstunde: Jürgen Eggebrecht. In: HP, 14.03.1953.
»Das Loccumer Gespräch«. Beginn mit Ortega y Gasset. In: Norddeutsche Zeitung, 30.11.1953.
Rasche, Friedrich, 60 Jahre: Jürgen Eggebrecht. In: HP, 18.11.1958.
Schneider, Georg, Anreger, selbst ein Dichter. Zu Jürgen Eggebrechts 70. In: :FAZ, 15.11.1968.
Schneider, Georg, Jürgen Eggebrecht. Zum 70. Geburtstag am 17.11.1968. In: Die Tat, 16.11.1968.
Schneider, Georg, Aus anderen Tiefen. Jürgen Eggebrecht zum 70. In: Coburger Zeitung, 16.11.1968.
W. E. Süskind, Jürgen Eggebrecht 70. In: Süddeutsche Zeitung, 16./17.11.1968.
Hollmann, Reimar, Er schuf Kontakte: Jürgen Eggebrecht. In: HP, 16./17.11.1968.
Hollmann, Reimar, In Jürgen Eggebrechts Ära blühte das Mäzenatentum. In: Neue Hannoversche Presse, 18.11.1973.
Go, Jürgen Eggebrecht 80 Jahre. In: SZ, o. D. 1978.
F.A.Z., Jürgen Eggebrecht 80 Jahre. Lektor und Schriftsteller. In: FAZ, o. D. 1978.
Schlüter, Herbert, Jürgen Eggebrecht 80 Jahre. In: Neue Deutsche Hefte 4 (1978), S. 888–889.
Lobenstein, Walter, Jürgen Eggebrecht zum Gruß. In: Ders. (Hg.), Wegwarten, H. 69 (1978/79), S. 7–9.

Nachrufe
J. K., Preußischer Charme, Zum Tod von Jürgen Eggebrecht. In: SZ, 20.04.1982.
K. K., Ein zarter Sänger. Zum Tod von Jürgen Eggebrecht. In: FAZ, 21.04.1982.
Hollmann, Reiner, Leichte Hand für Pointen. Jürgen Eggebrecht starb mit 83 in der Wahlheimat Bayern. In: Hannoversche Neue Presse, 22.04.1982.
R. L., Ein Meister der Sprache. Zum Tode von Jürgen Eggebrecht. In: HAZ, 23.04.1982.
Werbke, Hans-Joachim, Zeitgenosse jenseits der Zeitlichkeit. Zum Tod von Jürgen Eggebrecht. In: Die NDR-Zeitung Nr. 27, Mai 1982.

Literaturverzeichnis

Assmann, Michael und Herbert Heckmann (Hg.), Zwischen Kritik und Zuversicht. 50 Jahre Deutsche Akademie für Sprache und Dichtung. Göttingen 1999.
Baasner, Rainer, Schrift oder Stimme? Materialität und Medialität des Briefs. In: Schöttker, Detlev (Hg.), Adressat: Nachwelt. Briefkultur und Ruhmbildung. München 2008, S. 53–70.
Bächer, Monika, Oda Schaefer (1900–1988). Leben und Werk. Bielefeld 2006.
Barbian, Jan-Pieter, Literaturpolitik im »Dritten Reich«. Institutionen, Kompetenzen, Beteiligungsfelder. München 1995.
Ders., Die vollendete Ohnmacht? Schriftsteller, Verleger und Buchhändler im NS-Staat. Ausgewählte Aufsätze. Wetzlar 2008.
Benn, Gottfried, Den Traum alleine tragen. Neue Texte, Briefe, Dokumente. Wiesbaden 1966.
Berliner Hefte zur Geschichte des literarischen Lebens 8 (2008). Das literarische Jahr 1959.
Bollenbeck, Georg, Die fünfziger Jahre und die Künste: Kontinuität und Diskontinuität. In:

Ders. und Gerhard Kaiser (Hg.), Die janusköpfigen 50er Jahre. Kulturelle Moderne und bildungsbürgerliche Semantik III. Wiesbaden 2000, S. 190–213.

Braese, Stephan, Vom »anderen Deutschland« zur »jungen Generation« – Hermann Kesten nach 1945. In: Fähnders, Walter und Hendrik Weber (Hg.), Dichter – Literat – Emigrant. Über Hermann Kesten. Mit einer Kesten-Bibliographie. Bielefeld 2005, S. 173–192.

Breitbach, Josef, Rot gegen Rot. Hg. von Wolfang Mettmann und Alexandra Plettenberg-Serban. Göttingen 2008.

Bühler, Hans-Eugen in Verbindung mit Edelgard Bühler, Der Frontbuchhandel 1939–1945. Organisationen, Kompetenzen, Verlage, Bücher. Eine Dokumentation. Frankfurt a. M. 2002.

Ders., Die blendenden Geschäfte des Matthias Lackas. Korruptionsermittlungen in der Verlagswelt des Dritten Reichs. München 2004.

Buhl, Wolfgang und Ulf von Dewitz (Hg.), »Ich hatte Glück mit Menschen«. Zum 100. Geburtstag des Dichters Hermann Kesten. Texte von ihm und über ihn. Nürnberg 2000.

Busch, Stefan, »Und gestern, da hörte uns Deutschland«. NS-Autoren in der Bundesrepublik. Kontinuität und Diskontinuität bei Friedrich Griese, Werner Beumelburg, Eberhard Wolfgang Möller und Kurt Ziesel. Würzburg 1998.

Cofalla, Sabine (Hg.), Hans Werner Richter. Briefe. München 1997.

Darchinger, Josef Heinrich, Wirtschaftswunder. Deutschland nach dem Krieg 1952–1967. Köln 2008.

Dasenbrock, Dirk, Georg von der Vring. 1889–1968. Vier Leben in Deutschland. Vechta 1997.

de Man, Paul, Autobiographie als Maskenspiel. In: Ders., Die Ideologie des Maskenspiels, hg. von Christoph Menke. Frankfurt a. M. 1993, S. 131–146.

Denk, Friedrich, Die Zensur der Nachgeborenen. Zur regimekritischen Literatur im Dritten Reich. Weilheim i. OB. 1996.

Dichter und Richter. Die Gruppe 47 und ihre Gäste. Gezeichnet von H. M.-Brockmann. München 1962.

Doering-Manteuffel, Anselm, Die Kultur der 50er Jahre im Spannungsfeld von »Wiederaufbau« und »Modernisierung«. In: Schildt, Axel und Arnold Sywottek (Hg.), Modernisierung im Wiederaufbau. Die westdeutsche Gesellschaft der 50er Jahre. Bonn 1998, S. 533–540.

Doppelleben. Literarische Szenen aus Nachkriegsdeutschland. 2 Bände. Begleitbuch zur Ausstellung erarbeitet von Helmut Böttiger unter Mitarbeit von Lutz Dittrich; Materialien zur Ausstellung hg. von Busch, Bernd und Thomas Combrink. Göttingen 2009.

Engelmann, Bernt (Hg.), Bestandsaufnahme. V. Schriftstellerkongress VS. München 1980.

Erll, Astrid und Ansgar Nünning, Gedächtniskonzepte der Literaturwissenschaft. Berlin 2005.

Estermann, Monika und Edgar Lersch (Hg.), Buch, Buchhandel und Rundfunk 1945–1949. Wiesbaden 1997.

Dies. (Hg.), Buch, Buchhandel und Rundfunk 1950–1960. Wiesbaden 1999.

Fähnders, Walter und Hendrik Weber (Hg.), Dichter – Literat – Emigrant. Über Hermann Kesten. Mit einer Kesten-Bibliographie. Bielefeld 2005.

Fischer, Heinz-Dietrich, Deutsche Allgemeine Zeitung, Berlin 1861–1945. In: Ders. (Hg.), Deutsche Zeitungen des 17. bis 20. Jahrhunderts. München 1972.

Fischer, Ludwig, Zur Sozialgeschichte der westdeutschen Literatur. In: Schildt, Axel und Arnold Sywottek (Hg.), Modernisierung im Wiederaufbau. Die westdeutsche Gesellschaft der 50er Jahre. Bonn 1998, S. 551–562.

Garbe, Detlef, Äußerliche Abkehr, Erinnerungsverweigerung und »Vergangenheitsbewältigung«: Der Umgang mit dem Nationalsozialismus in der frühen Bundesrepublik. In: Schildt, Axel und Arnold Sywottek (Hg.), Modernisierung im Wiederaufbau. Die westdeutsche Gesellschaft der 50er Jahre. Bonn 1998, S. 693–716.

Geppert, Dominik, Die Ära Adenauer. Darmstadt 2002.

Geserick, Rolf, Vom NWDR zum NDR. Der Hörfunk und seine Programme 1948–1980. In: Köhler, Wolfram (Hg.), Der NDR. Zwischen Programm und Politik. Beiträge zu seiner Geschichte. Hannover 1991, S. 149–226.

Glaser, Hermann, Kleine Kulturgeschichte Deutschlands im 20. Jahrhundert. München 2002.

Ders., Die 50er Jahre. Deutschland zwischen 1950 und 1960. Hamburg 2007.

Gnosa, Ralf und Michael Peter Hehl (Hg.), Hans Bender – Walter Höllerer. Konturen und Akzente des Literaturbetriebs. Briefwechsel 1953–1954. Sulzbach-Rosenberg 2009.

Goltermann, Svenja, Die Gesellschaft der Überlebenden. Deutsche Soldaten und ihre Erinnerungen an den Zweiten Weltkrieg. München 2009.

Dies., Spuren der Gewalt. Vom Umgang mit der Nazivergangenheit in westdeutschen Familien. In: ZEIT Geschichte. 1949. Deutschlands doppelter Neubeginn. 1/2009, S. 62–65.

Grimme, Adolf, Die Brücke zwischen Welt und Heimat. Der NWDR-Generaldirektor bei der Einweihung. In: Köhler, Wolfram (Hg.), Das Funkhaus Hannover. Beiträge zur Geschichte des Rundfunks in Niedersachsen. Hannover 1987, S. 27–32.

Großkopff, Rudolf, Unsere 50er Jahre. Wie wir wurden, was wir sind. Frankfurt a. M. 2005.

Haefs, Wilhelm, Martin Raschke (1905–1943). Chronik und Dokumentation. Dresden 1993.

Ders. und Walter Schmitz (Hg.), Martin Raschke (1905–1943). Leben und Werk. Dresden 2002.

Ders. (Hg.), Nationalsozialismus und Exil 1933 bis 1945 (= Hansers Sozialgeschichte der deutschen Literatur vom 16. Jahrhundert bis zur Gegenwart Bd. 9). München 2009.

Hanuschek, Sven, Geschichte des bundesdeutschen P.E.N.-Zentrums von 1951–1990. Tübingen 2004.

Heißerer, Dirk, Wo die Geister wandern. Eine Topographie der Schwabinger Bohème um 1900. München 2001.

Hermand, Jost, Unbewältigte Vergangenheit. Westdeutsche Utopien nach 1945. In: Ders. (Hg.), Nachkriegsliteratur in Westdeutschland 1945–1949: Schreibweisen; Gattungen; Institutionen. Berlin 1982, S. 102–127.

Höller, Hans, Ingeborg Bachmann. Reinbek bei Hamburg 2006.

Klee, Ernst, Kulturlexikon zum Dritten Reich. Wer war was vor und nach 1945. Frankfurt a. M. 2009.

Klein, Christian, Ernst Penzoldt. Harmonie aus Widersprüchen – Leben und Werk (1892–1955). Köln 2006.

Köhler, Wolfram (Hg.), Das Funkhaus Hannover. Beiträge zur Geschichte des Rundfunks in Niedersachsen. Hannover 1987.

Ders. (Hg.), Der NDR. Zwischen Programm und Politik. Beiträge zu seiner Geschichte. Hannover 1991.

Kröll, Friedhelm, Literaturpreise nach 1945. Wegweiser in die Restauration. In: Hermand, Jost (Hg.), Nachkriegsliteratur in Westdeutschland 1945–1949: Schreibweisen; Gattungen; Institutionen. Berlin 1982, S. 143–164.

Ders., Der Literator. In: Buhl, Wolfgang und Ulf von Dewitz (Hg.), »Ich hatte Glück mit Menschen«. Zum 100. Geburtstag des Dichters Hermann Kesten. Texte von ihm und über ihn. Nürnberg 2000, S. 80–85.

Kroll, Fredric und Klaus Täubert, Klaus-Mann-Schriftenreihe 2: 1906–1927. Unordnung und früher Ruhm. Wiesbaden 1977.

Krüger, Merle, Der ›Dritte Weg‹ der ›jungen Generation‹. Hans Werner Richter und der »Der Ruf«. In: Hermand, Jost (Hg.), Nachkriegsliteratur in Westdeutschland. Bd. 2: Autoren, Sprache, Traditionen. Berlin 1984, S. 28–40.

Lämmert, Eberhard, Beherrschte Literatur. Vom Elend des Schreibens unter Diktaturen. In: Rüther, Günther (Hg.), Literatur in der Diktatur: Schreiben im Nationalsozialismus. Paderborn 1997, S. 15–38.

Mallmann, Marion, »Das Innere Reich«. Analyse einer konservativen Literaturzeitschrift im Dritten Reich. Bonn 1978.

Mettmann, Wolfgang und Alexandra Plettenberg-Serban (Hg.), Ich muß das Buch schreiben … Briefe und Dokumente zu Joseph Breitbachs Roman »Die Wandlung der Susanne Dasseldorf«. Göttingen 2006.

Neumann, Gerhard, »Zuversicht«. Adalbert Stifters Schicksalskonzept zwischen Novellistik und Autobiographie. In: Hettche, Walter et al. (Hg.), Stifter-Studien. Ein Festgeschenk für Wolfgang Frühwald zum 65. Geburtstag. Tübingen 2000, S. 163–187.

Pipke, Günter, Über den »Geschäftszweig 7«. Meine einundzwanzig schönen Jahre in Hannover. In: Köhler, Wolfram (Hg.), Das Funkhaus Hannover. Beiträge zur Geschichte des Rundfunks in Niedersachsen. Hannover 1987, S. 61–74.

Poser, Stefan et al. (Hg.), Spiel mit Technik. Berlin 2007.

Raulff, Helga, Strahlungen. Atom und Literatur. Marbach a. Neckar 2008.

Reuter, Hermann, Otto von Bismarck. Spuren und Wirkungen. Die Bismarcks und die Altmark/Das Phänomen der Bismarck-Türme und -Denkmäler/Bismarck'sche Kultur- und Wirkungsgeschichte. Lingen 2000.

Sánches-Blanco, Francisco, Ortega y Gasset: Philosoph des Wiederaufbaus? Anmerkungen zu einer unbeachteten Rezeption. In: Hermand, Jost (Hg.), Nachkriegsliteratur in Westdeutschland. Bd. 2: Autoren, Sprache, Traditionen. Berlin 1984, S. 101–111.

Sarkowicz, Hans und Alf Mentzer, Literatur in Nazi-Deutschland. Ein biografisches Lexikon. Hamburg 2000².

Schaefer, Oda, Schwabing. Verliebt, verrückt, vertan. Vers und Prosa von 1900 bis heute. München 1972.

Dies., Auch wenn Du träumst, gehen die Uhren. Erinnerungen bis 1945. München 1980.

Dies., Die leuchtenden Feste über der Trauer. Erinnerungen aus der Nachkriegszeit. München 1977.

Schäfer, Hans Dieter (Hg.), Horst Lange, Tagebücher aus dem Zweiten Weltkrieg. Mit einem Lebensbild Horst Langes von Oda Schaefer. Mainz 1979.

Schildt, Axel, Moderne Zeiten. Freizeit, Massenmedien und »Zeitgeist« in der Bundesrepublik der 50er Jahre. Hamburg 1995.

Ders. und Arnold Sywottek (Hg.), Modernisierung im Wiederaufbau. Die westdeutsche Gesellschaft der 50er Jahre. Bonn 1998.

Ders., Hegemon der häuslichen Freizeit: Rundfunk in den 50er Jahren. In: Ders. und Arnold Sywottek (Hg.), Modernisierung im Wiederaufbau. Die westdeutsche Gesellschaft der 50er Jahre. Bonn 1998, S. 458–476.

Ders., Ankunft im Westen. Ein Essay zur Erfolgsgeschichte der Bundesrepublik. Frankfurt a. M. 1999.

Ders., Ein Jahrzehnt des Wiederaufbaus und der Modernisierung. Zur Sozialkultur und Ideenlandschaft der fünfziger Jahre. In: Estermann, Monika und Edgar Lersch (Hg.), Buch, Buchhandel und Rundfunk 1950–1960. Wiesbaden 1999, S. 9–32.

Ders., Der doppelte Anfang. Die Geschichte der Aufbaujahre in Ost und West. In: ZEIT Geschichte. 1949. Deutschlands doppelter Neubeginn. 1/2009, S. 16–28.

Schlaffer, Heinz, Einleitung. In: Goody, Jack et al., Entstehung und Folgen der Schriftkultur. Frankfurt a. M. 1997.

Schöttker, Detlev (Hg.), Adressat: Nachwelt. Briefkultur und Ruhmbildung. München 2008.

Schoor, Uwe, Schritt aufnehmen oder Verständigung »quer zum Politischen«? Anmerkungen zum »Kolonne«-Kreis im literarischen Leben nach 1933. In: Haarmann, Hermann (Hg.), Katastrophen und Utopien. Exil und innere Emigration (1933–1945). Berlin 2002, S. 167–186.

Schuldt-Britting, Ingeborg, Sankt-Anna-Platz 10. Erinnerungen an Georg Britting und seinen Münchner Freundeskreis. München 1999.

Sommer, Klaus P., Eine Frage der Perspektive? Hermann Heimpel und der Nationalsozialismus. In: Kaiser, Tobias et al. (Hg.), Historisches Denken und gesellschaftlicher Wandel: Studien zur Geschichtswissenschaft zwischen Kaiserreich und deutscher Zweistaatlichkeit. Berlin 2004, S. 199–226.

Strobel, Jochen (Hg.), Vom Verkehr mit Dichtern und Gespenstern. Figuren der Autorschaft in der Briefkultur. In: Ders. (Hg.), Vom Verkehr mit Dichtern und Gespenstern. Figuren der Autorschaft in der Briefkultur. Heidelberg 2006, S. 7–32.

Storck, Joachim W., Günter Eich 1907–1972. Marbacher Magazin 45 (1988). Marbach am Neckar 1988.

Suhrkamp Verlag (Hg.), In memoriam Peter Suhrkamp. Privatdruck. Frankfurt a. M. 1959.

Suhrkamp Verlag (Hg.), Leben und Werk von Ernst Penzoldt. Ein Brevier. Frankfurt a. M. 1962.

Tworek, Elisabeth und Marietta Piekenbrock (Hg.), Dichter Hand Schrift. München 2004.

Unseld, Siegfried, Günter Eich zum Gedächtnis. Frankfurt a. M. 1973.

Ders. unter Mitwirkung von Helene Ritzerfeld (Hg.), Peter Suhrkamp. Zur Biographie eines Verlegers in Daten, Dokumenten und Bildern. Frankurt a. M. 1991.

Vieregg, Axel (Hg.), Günter Eich. Gesammelte Werke in vier Bänden. Revidierte Ausgabe. Band IV. Vermischte Schriften. Frankfurt a. M. 1991.

Ders. (Hg.), »Unsere Sünden sind Maulwürfe«. Die Günter-Eich-Debatte. Amsterdam 1996.

Ders. (Hg.), Der eigenen Fehlbarkeit begegnet? Günter Eichs Verstrickung ins »Dritte Reich«. In: Rüther, Günther (Hg.), Literatur in der Diktatur: Schreiben im Nationalsozialismus. Paderborn 1997, S. 173–194.

Wagner, Hans-Ulrich, Günter Eich und der Rundfunk. Essay und Dokumentation. Potsdam 1999.

Ders., Das Medium wandelt sich, die Autoren bleiben. Neubeginn und Kontinuität rundfunkerfahrener Schriftsteller (1930–1960). In: Estermann, Monika und Edgar Lersch (Hg.), Buch, Buchhandel und Rundfunk 1950–1960. Wiesbaden 1999, S. 201–229.

Walther, Peter (Hg.), Günter Eich 1907–1972. Nach dem Ende der Biographie. Berlin 2000.

Weigel, Sigrid, Ingeborg Bachmann. Hinterlassenschaften unter Wahrung des Briefgeheimnisses. Wien 1999.

Wende, Waltraud, Einen Nullpunkt hat es nie gegeben. Schriftsteller zwischen Neuanfang und Restauration – oder: Kontinuitäten bildungsbürgerlicher Deutungsmuster in der unmittelbaren Nachkriegsära. In: Bollenbeck, Georg und Gerhard Kaiser (Hg.), Die janusköpfigen 50er Jahre. Kulturelle Moderne und bildungsbürgerliche Semantik III. Wiesbaden 2000, S. 17–29.

Werbke, Hans Joachim, Die Entdeckung des Landes. Literatur und Region begeistern die Nachkriegsgeneration. In: Köhler, Wolfram (Hg.), Das Funkhaus Hannover. Beiträge zur Geschichte des Rundfunks in Niedersachsen. Hannover 1987, S. 43–50.

Wirth, Uwe, Dialogische Zeichen. Der Brief im Spannungsfeld von Autorschaft und Herausgeberschaft. In: Schöttker, Detlev (Hg.), Adressat: Nachwelt. Briefkultur und Ruhmbildung. München 2008, S. 87–106.

Zoff, Otto, Tagebücher aus der Emigration (1939–1944). Mit einem Nachwort von Hermann Kesten. Heidelberg 1968.

Zons, Franz B., Die hohe Zeit des Hörfunks. Erinnerungen an die fruchtbaren fünfziger Jahre. In: Köhler, Wolfram (Hg.), Das Funkhaus Hannover. Beiträge zur Geschichte des Rundfunks in Niedersachsen. Hannover 1987, S. 51–60.

Quellen

Der für eine umfassende Recherche sämtlicher Zeitungen und Zeitschriften erforderliche Zeitaufwand konnte im Rahmen dieser Arbeit nicht geleistet werden. Von daher wurden viele der im Nachlass sich befindlichen Manuskripte, die nicht eindeutig einer Zeitung/Zeitschrift zugeordnet werden konnten, nicht berücksichtigt. Dasselbe gilt für die vielen Manuskripte von Rundfunksendungen. Mehrere hundert unveröffentlichte Gedichte von Jürgen Eggebrecht finden sich im Nachlass unter den Siglen JE M 224 und JE M 225. Sie wurden hier nicht aufgeführt.

Münchner Stadtbibliothek, Monacensia, Literaturarchiv: Nachlass von Jürgen Eggebrecht: Briefe von und an Jürgen Eggebrecht, Manuskripte von Jürgen Eggebrecht, Beiträge von Jürgen Eggebrecht in Zeitungen und Zeitschriften, Pressestimmen zu Jürgen Eggebrecht und seinem Werk. Nachlass von Oda Schaefer; Nachlass von Horst Lange; Nachlass von Hermann Kesten; Nachlass von Georg Schneider; Nachlass von Herbert Schlüter.

Bayerische Staatsbibliothek München, Abteilung für Handschriften: Vringiana; Ana 365 Suppl. Aufzeichnungen von Ingeborg Schuldt-Britting.

Bildnachweis

Deutsches Literaturarchiv Marbach: S. 16, 26 (unten), 42, 48 (oben), 66 (unten), 68, 78, 82, 94, 96 (oben und unten), 126
Hamm, Manfred: S. 38, 43, 44, 109, 113
Schmeken, Regina: S. 35 (rechts unten)

Fotos aus Publikationen:
Köhler, Wolfram (Hg.), Der NDR. Zwischen Programm und Politik. Hannover 1991, S. 92.
Köhler, Wolfram (Hg.), Das Funkhaus Hannover. Beiträge zur Geschichte des Rundfunks in Niedersachsen. Hannover 1987, S. 87, 88.
Rückkehr in die Fremde? Remigranten und Rundfunk in Deutschland 1945–1955. Zusammengetragen von Hans-Ulrich Wagner mit einem Essay von Peter Steinbach. Berlin 2000, S. 137.

Alle anderen Fotos aus: Monacensia, Literaturarchiv und Bibliothek, Nachlässe von Jürgen Eggebrecht, Oda Schaefer, Horst Lange, Hermann Kesten, Klaus Mann, Georg Schneider, Herbert Schlüter.

Danksagung

Für Rat und praktische Hilfe, für Unterstützung bei der Einholung der Rechte und die großzügige Überlassung von Leihgaben danke ich: Akademie der Wissenschaften und der Literatur Mainz, Archiv der Peter Suhrkamp Stiftung, Radu Barbulescu (Literaturarchiv Monacensia), Hans Bender, Berliner Akademie der Künste, Dr. Jan Bürger (Deutsches Literaturarchiv Marbach), Deutsches Literaturarchiv Marbach, Diogenes Verlag AG Zürich, Dr. Harald Eggebrecht, Miriam Eich, Gabriele Eitzinger (Literaturarchiv Monacensia), Tanja Fengler-Veit (Deutsches Literaturarchiv Marbach), Manfred Forster (Literaturarchiv Monacensia), Dr. Christa Geitner, Norbert Gescher, Dr. Wolfram Göbel (Allitera Verlag), Maria Guttenbrunner, Manfred Hamm, Hans Werner Richter Stiftung, Dr. Michael Peter Hehl (Literaturarchiv Sulzbach-Rosenberg), Silvia Hildesheimer, Ulrike Hochenwarter, Dr. Eberhard Horst, Dr. Inge Jens, Dr. Lisbeth Exner, Friederike Kasack, Katharina Kuhlmann, Literaturarchiv Monacensia, Literaturarchiv Sulzbach-Rosenberg, Renate von Mangoldt, Prof. Dr. Frido Mann, Wolfgang Mettmann, Dr. Nino Nodia (Bayerische Staatsbibliothek München), Dietlind Pedarnig (Allitera Verlag), Dr. Ernst Piper, Dr. Hartmut Rahn (Hans Werner Richter Stiftung), Regina Schmeken, Frank Schmitter (Literaturarchiv Monacensia), Dr. Wolfgang Schopf (Archiv der Peter Suhrkamp Stiftung), Sylvia Schütz (Literaturarchiv Monacensia), Marian Strauss Houston, Suhrkamp Verlag Berlin, Klaus Täubert, Dr. Elisabeth Tworek (Literaturarchiv Monacensia), Wilma Valeri, Clemens von der Vring, Carl Friedrich von Weizsäcker-Stiftung.

Register

Aichinger, Ilse 10, 47, 95, 96, 125, 145, 153, 156
Alverdes, Paul 77, 145, 146
Amery, Carl 56
Andersch, Alfred 45, 92, 145
Andres, Stefan 73, 89, 149
Aristophanes 46
Aymé, Marcel 95

Bächler, Wolfgang 56
Bachmann, Ingeborg 10, 42, 47, 96, 146, 153, 160, 163, 166, 170, 172
Bach, Wolf-Dieter 52, 54, 146, 161, 167
Bahlsen, Gerhard 85, 145
Bahlsen, Hermann 85
Bamm, Peter 89, 90, 93, 101, 103, 138, 152, 154, 164, 166
Bang, Hermann 78
Baur, Wilhelm 74
Bender, Hans 51, 145, 146, 154, 162, 164, 167, 170, 173
Benn, Gottfried 68, 75, 148, 149
Benn, Herta 70
Beyle, Henry 122
Bischoff, Friedrich 78, 79, 150, 165, 166
Blixen, Tanja 94, 95, 138
Böll, Heinrich 56, 136
Bormann, Martin 77
Brandenburg, Hans 59, 147, 161
Breitbach, Joseph 26, 28, 30, 143, 158, 169
Britting, Georg 50, 51, 89, 145, 146, 171
Brockes, Barthold Heinrich 22
Brod, Max 55
Bühler, Edelgard 71, 149, 169
Bühler, Hans-Eugen 71, 149, 169
Burk, Else 95, 143

Chevalier, Maurice 23
Claassen, Eugen 92, 165
Claudius, Matthias 15, 38, 78
Cooper, James Fenimore 94

Denk, Friedrich 73, 74, 149, 150, 169
Döblin, Alfred 93, 161
Domin, Hilde 55
Drewitz, Ingeborg 56
Ebermayer, Erich 21

Eichendorff, Joseph von 29
Eich, Günter 9, 10, 11, 22, 27, 28, 29, 31, 32, 33, 38, 39, 41, 42, 44, 47, 53, 58, 59, 61, 62, 67, 75, 77, 94, 95, 96, 125, 126, 127, 130, 138, 141, 142, 143, 144, 145, 146, 147, 148, 150, 152, 153, 156, 157, 158, 160, 161, 162, 163, 167, 171, 172, 173
Einstein, Albert 99, 165
Ellermann, Heinrich 30, 159
Engelmann, Bernt 56, 146, 147, 161, 169
Erckmann, Rudolf 72

Fechter, Paul 59, 147, 161
Fehse, Willi R. 11, 14, 21, 116, 123, 141, 157
Fontane, Theodor 106, 122

Gerstäcker, Friedrich von 94, 95
Gescher, Julius 63, 65, 66, 69, 70, 148, 149, 158, 159
Gescher, Norbert 148, 173
Ginsberg, Ernst 66
Goethe, Johann Wolfgang von 78, 129, 162, 166
Göring, Hermann 63
Grass, Günter 56
Grimme, Adolf 47, 59, 86, 88, 145, 147, 152, 160, 161, 170
Gurion, Ben 28

Haegert, Wilhelm 74
Haffner, Sebastian 75
Hahn, Otto 88, 165
Hartl, Edwin 124, 156, 167
Heilborn, Ernst 29
Heimeran, Ernst 20
Heimpel, Elisabeth 146, 152, 154
Heimpel, Hermann 88, 146, 152, 171
Hellmert, Wolfgang 14, 24
Hering, Gerhard F. 104
Heselhaus, Clemens 145, 167
Heuschele, Otto 142, 164
Hildesheimer, Wolfgang 84, 96, 153, 159, 173
Hillebrecht, Rudolf 86
Hochhuth, Rolf 56
Hoffmann-Zampis, Wolfgang 73
Hollmann, Reiner 102, 136, 153, 154, 156, 168
Hörschelmann, Rolf von 19, 111

Huchel, Peter 22 28 75
Huch, Ricarda 59

Jauss, Annemarie 66
Jünger, Ernst 55

Kaiser, Joachim 62 117 136 153 156 169 171 172
Karsunke, Yaak 56
Kasack, Hermann 22 47 48 95 104 142 145 173
Kaschnitz, Marie Luise 138
Kästner, Erhart 44 145
Kästner, Erich 30
Keitel, Wilhelm 82
Kessel, Martin 104
Kesten, Hermann 9 26 29 30 93 96 116 123 124 126 130 132 134 140 143 151 153 155 156 158 162 165 167 169 170 172 173
Kiepenheuer, Gustav 30
Kinndt, Karl 66
Kipling, Rudyard 95
Klepper, Jochen 28
Korn, Karl 52 75 136 137 156
Kraemer, Friedrich Wilhelm 86
Krolow, Karl 45 55 116 125 136 144 152 155 156 167
Kunert, Adolf Artur 21 95

Lange, Horst 30 50 67 68 80 82 105 143 149 158 160 166 171
Lämmert, Eberhard 60 147 170
Langgässer, Elisabeth 28
Lehmann, Wilhelm 62 152
Lenz, Siegfried 42 43 44 145 166 167
Leuwerik, Ruth 42
Lichtenhahn, Gerd 86
Linsmayer, Charles 53 146 167
Lobenstein, Walter 55 146 163 164 168
Loerke, Oskar 62

Mann, Erika 15 17
Mann, Heinrich 59
Mann, Katia 100 154
Mann, Klaus 9 11 14 21 24 93 141 142 157 164 173
Mann, Thomas 20 96 97 98 99 100 136 154 165 166
Mechow, Karl Benno von 77 145
Mentzer, Alf 61 78 81 146 147 148 149 150 152 171
Mitterer, Erika 14
Möllendorf, Helene von 58 108 147 154

Möser, Fritz 55
Mosley, Leonard O. 85
Mostar, Gerhart Herrmann 91 93 96 153 165 166
Mundt, Hans-Josef 16 130 141 156
Muschelkalk 63 64 65 66 68 69 70 148 149 158

Neuffer, Martin 102 154
Nielsen, Asta 19 20 66 158
Nossack, Hans Erich 55

Oesterlen, Dieter 86
Ortega y Gasset, José 88 152 168 171

Pagel, Karl 28
Paul, Jean 9 109 122 169
Pelliot, Paul 28
Penzoldt, Ernst 20 21 24 25 74 88 89 96 99 104 125 142 149 150 156 158 159 161 162 165 166 170 171
Philipp, Isidor 22
Piontek, Heinz 53 67 146 148 167 168
Piper, Klaus 125 126 127 128 129 134 156
Piper, Reinhard 16 17 157
Podewils, Clemens 50
Polgar, Alfred 99
Proust, Marcel 138

Raabe, Wilhelm 114
Rasche, Friedrich 38 41 101 144 154 167 168
Raschke, Martin 11 21 22 28 61 67 75 141 142 157 158 166 170
Reger, Max 136
Richter, Hans Werner 9 81 82 84 141 145 150 151 153 169 170 173
Rilke, Rainer Maria 55
Ringelnatz, Joachim 9 19 20 21 65 66 69 104 111 129 142 149 157 158 161 166
Roeseler, Albrecht 126 156
Roeseler, Hans 150
Rombach, Otto 28
Roth, Joseph 30 93 165
Rowohlt, Ernst 66
Rühmkorf, Peter 56
Rusack, Peter 85 86 98 151

Sarkowicz, Hans 61 78 81 146 147 148 149 150 152 171
Schaefer, Oda 22 50 58 67 68 71 73 77 130 140 141

142 143 144 145 146 147 148 149 150 151 156
158 161 171
Schauwecker, Franz 63
Schiller, Friedrich 97 122
Schlüter, Herbert 14 23 24 28 142 157 168 172 173
Schmid, Carlo 32 88
Schmidt, Arno 122
Schnabel, Ernst 85 91 98 166
Schneider, Georg S. 12 24 48 49 50 106 116 123 130
145 146 155 160 162 163 166 167 168 172 173
Scholz, Wilhelm von 94 95
Schröder, Rudolf Alexander 104
Schuldt-Britting, Ingeborg 50 145 172
Schweikart, Hans 66
Seidel, Ina 59 66 147 148 161
Sterne, Lawrence 16 28 131 132 161 166
Stiehr, Gustav 17 32 141 157 158 159 164
Süskind, W. E. 9 14 15 21 23 24 25 26 28 142 149
150 157 158 164 167 168
Suhrkamp, Annemarie 34 60 89 144 147 152
Suhrkamp, Peter 10 27 29 34 46 47 58 59 68 77 78
79 97 104 129 143 144 145 151 153 154 155 158
166 171 173
Sung-Lin, Pu 94 95

Täubert, Klaus 21 23 141 142 170 173
Troll, Thaddäus 56

Unold, Max 66
Unseld, Siegfried 52 54 58 127 128 129 132 141 143
146 147 150 156 161 171

Vesper, Will 63 148
Vester, Grete 66
Vieregg, Axel 61 62 144 145 147 148 172
Vlaminck, Maurice de 27 29 158 161
Vring, Georg von der 11 24 49 50 51 89 96 104 142
144 145 146 152 160 162 163 166 169 173

Wagner, Hans-Ulrich 95 148 151 152 153 172 173
Wegener, Paul 66
Weizsäcker, Carl Friedrich von 88 166 173
Werbke, Hans-Joachim 136 153 156 168 172
Weyrauch, Wolfgang 55 154 161 167

Ziesel, Kurt 81 82 148 150 151 169
Zons, Franz B. 84 86 92 98 99 103 154 172
Zuckmayer, Carl 93 94 96 153
Zweig, Stefan 11 14 93 141 157 164